生命哲学研究丛书

本丛书属于国家社会科学基金重大项目"欧洲生命哲学的新发展"（批准号：14ZDB018）最终研究成果

Collection of
Life Philosophy
Research

生 命 哲 学
研 究 丛 书

高宣扬 / 主编

绵延与生命

——柏格森与康吉莱姆的生命哲学

邓　刚◎著

Duration and Life

——The Philosophy of life in Bergson and in Canguilhem

人民出版社

责任编辑：洪　琼

图书在版编目（CIP）数据

绵延与生命：柏格森与康吉莱姆的生命哲学/邓刚 著. —北京：人民出版社，
　2024.5
（生命哲学研究丛书/高宣扬主编）
ISBN 978－7－01－026327－4

Ⅰ.①绵…　Ⅱ.①邓…　Ⅲ.①生命哲学-研究-法国　Ⅳ.①B565.5

中国国家版本馆 CIP 数据核字（2024）第 035257 号

绵延与生命

MIANYAN YU SHENGMING

——柏格森与康吉莱姆的生命哲学

邓　刚　著

人民出版社 出版发行
（100706　北京市东城区隆福寺街 99 号）

北京汇林印务有限公司印刷　新华书店经销

2024 年 5 月第 1 版　2024 年 5 月北京第 1 次印刷
开本：710 毫米×1000 毫米 1/16　印张：16.5
字数：250 千字

ISBN 978－7－01－026327－4　定价：79.00 元

邮购地址 100706　北京市东城区隆福寺街 99 号
人民东方图书销售中心　电话（010）65250042　65289539

总　序

高　宣　扬

　　每个人都有自己独特的生命,但并不是每个人都真正了解和珍惜自己的生命。正如中世纪神学家和思想家奥古斯丁所说,每个人都在时间中度过,但一旦问起"什么是时间",人们却茫然失措,无以言答。当现代化越来越紧迫的进程把越来越多的人卷入紧张的生活节奏的时候,许多人只顾埋头工作,一心专注于眼前的事务,把完成议事日程上的具体活动当作主要的生活内容,使自己的生命耗费在近乎盲目的简单重复性运动中,而把至关重要的自身生命问题置之度外,也逐渐忘却了现代化本身的创新使命及其与自身生命的内在联系。

　　诺贝尔奖获得者奥地利理论物理学家、量子力学奠基人之一薛定谔(Erwin Schrödinger, 1887 — 1961)并没有把自己限制在物理实验室的工作中,而是把自己的事业视为自己的生命,"关注生命"和"热衷于创新"交融在一起,构成他生命的原动力,使他在 1944 年发表《什么是生命》,试图以热力学、量子力学和生物化学理论来解释生命的本性与价值,强调生命靠"负熵"(Negentropie)来保障其自身有序的系统组织性,使生命有可能持续地实现自我创造和自我更新。薛定谔说得对:"我们的任务不是去发现别人还没有发现的东西,而是针对所有人都看见的东西做一些从未有过的思考",一语道破现代化的创新精神,也喊出了生命本身发自其内在本质的强有力的创新呼声。

　　其实,早在现代化的黎明时期,意大利政治哲学家、修辞学家、历史学家兼诗人维科(Giambattista Vico, 1668 — 1744)就明确指出:生命的真正价值在于不断创新;有了生命,光是活着,或仅仅空想,不实行创新活动,就辜负了生命的价值。他说:"真理本身是做出来的"(verum esse ipsum factum;the true itself is made);要使生命的存在价值发挥出来,就必须创造性地"做",有所作为。维科反对笛卡尔过于倚重"我思",反对使生命的创造行动纳入格式化的理性逻辑中。他认为,重要的问题,不是形而上学地反思理性所想到的一切,而是分析出导致创新行动的思想原因。1725年维科发表的《新科学》(Scienza Nuova)更明确地论证了现代化时期新科学的基本精神:珍惜生命本身的创造性力量,发扬古人的诗性智慧,充分发挥想象的威力,不断开辟新视野,创造出前无古人的新作品。

生命的存在归根结底是一种自我创造活动。最早的时候,希腊人用Autopoiesis这个词表示"自我创造":Auto就是自身,poiesis表示"创造"或者"生产"。很发人深思的是,希腊人用同一个词根表示"生产"和"诗歌",把创造、生产和诗歌当成是一回事。在天真的古希腊人看来,生产和创造的共同特点,就是实现"从无到有"的过程,都是开创性和实验性的探险活动,它们是人类所固有的自由的思想创造活动,因此,唯有诗歌、诗人,才有资格被当成是人类这种固有的创造精神的典范。

但人类只是经历千百年来的长期艰苦的科学探索以及实际体验之后,才对生命自身的自我创造性获得越来越深刻的认识,直到1972年,"自我创造"(Autopoiesis)这个词才由智利的生命科学家洪贝尔多·马图拉纳(Humberto Maturana,1928—)和弗朗西斯科·瓦列拉(Francisco Varela,1946—2001),正式首次引入当代生命科学中。从那以后,"自我创造"成为生命哲学的一个重要概念,集中凸显生命本身的基本特征,并由此突破了原来生命科学的狭小范围,成为推动整个自然科学和哲学人文社会科学发展的一个典范式的概念。

从此以后,在自然科学中,首先是直接研究生命的各个学科,诸如生物学、医学、生物化学、生物分子、生物物理、纳米科学、基因工程、胚胎学等;其次是所有与生命的生存及其条件紧密相关的学科和现代技术,包括环境科学、伦理学、认知科学、语言学、生理学、心理学等,都以突飞猛进的姿态,向生命哲学研究提出越来越紧迫的挑战。

正如牛津大学生命科学院的成立宣言所说:"生命科学是一门令人激

动并正在迅速发展的学科,它涉及越来越多的学科领域,也采用了越来越复杂的方法,因而,生命科学本身正在演化和分化成越来越多的分支科学,包括'维持生命的生命科学'、'分子基因学'等"。生命科学不仅在自身越来越复杂的各个分支中,开创性地使用越来越深入细致的严谨细腻的新方法,而且,也越来越高速地膨胀到更多的领域,扩展到令人难以置信的新学科,开辟越来越多的前沿学科,富有挑战性地把生命研究同自然科学中生物学之外的各个学科连接在一起,使生命研究在自然科学领域内成为最有领导地位的"牵动性学科",不只是带动生物物理、生物化学、分子物理学、基因工程等朝向微观世界的精密科学,同时也带动天体物理、宇宙生成学、宇航生物学、太阳粒子研究等朝向宏观世界的新型学科,而且,也把哲学、社会科学及人文科学联系在一起,使人类的创新活动导向史无前例的新方向。

从 20 世纪中叶开始,国外环绕生命哲学研究所涉及的主题和内容,就其原始资料而言,远的不说,在近 30 年间,包括各种论文、专著及文献等,已达成千上万,毫不夸大地说,可以用"汗牛充栋"来形容;数量之多,论题之复杂,涉及面之广,多学科之穿插性,新概念和新方法之多样化,都是史无前例的。研究状况之热烈气氛及其丰富性,一方面表示这一研究课题的广泛性、传统性、延续性、多样性及其含糊性和前瞻性;另一方面也显示生命哲学探索的迫切性、前沿性及其重大意义。

国内学术界对于生命科学和生命哲学的研究和探索,自改革开放之后,有了长足的进步和发展。近 40 年来,特别是在改革开放中成长的新一代哲学家和人文社会科学研究者,已经注意到当代生命科学的划时代成果及其对当代哲学改造的决定性意义。

正是在此基础上,自 2014 年 11 月国家社科基金重大项目"欧洲生命哲学的新发展"(批准号:14ZDB018)获准立项以来,研究组成员充分发挥积极主动的创造精神,一方面全面深入研究和吸收西方生命科学与生命哲学的最新成果;另一方面发扬中国传统生命哲学的优秀成果,试图创建一个符合新时代的生命哲学。

在欧洲生命哲学研究中,有过多次试图吸纳东方和中国传统生命概念的尝试,例如,在叔本华和尼采生命思想中,有对禅宗生命思想的向往;在

"后现代"思想家中也出现倾向于东方思想的趋势,但欧洲思想家对中国生命思想的认识及其实际经验的缺乏,远远大于中国思想家对西方生命思想的认识程度,使他们的各种相关努力都无法从根本上实现突破性进展。

而且,在对待科学的态度上,欧洲哲学家也往往满足于理性主义和经验主义的框架,始终处理不好科学发展中"科学理性"与"生活理性"之间极其复杂的关系,他们没有认真地从中国科学发展史、中国医学史和中国思想史的丰富经验中总结出对于生命的自然淳朴概念,阻碍了新型生命哲学的创建。

因此,实现具有时代意义的新生命哲学研究的突破口,恰恰就在于克服欧洲生命哲学的功利性和工具性,深入批判西方传统哲学的西方中心主义和主体中心主义,彻底摆脱福柯所说的"正常与异常的割裂"的西方传统思想模式①,针对欧洲生命概念中的"理性"与"非理性"、"生命"与"非生命"、"科学"与"哲学"、"主体"与"客体"的割裂和对立,以中国传统生命观中"有形与无形"和"阴与阳"的辩证法,从"天、地、人"相互紧密结合的广阔视野,积极地从哲学理论的高度,总结当代科学技术的最新成果,将中国漫长哲学思想中的积极潜在创造力量,特别是中国生命哲学和医学中的自然的淳朴性质加以发扬光大,坚持在生命自身的生活过程中,把生命的哲学意义同自然科学意义结合起来,避免欧洲生命哲学一再重复的"身心两分法"或"科学和哲学的学科逻辑区分原则",朝着开创新生命哲学的方向,进行尽可能全面而灵活的新型哲学探索。

在中国哲学史上,首先是《易经》,接着是老子和孔子等人,在社会和文化发生重大转变的历史时刻,准确地把握了自身的历史使命,而他们的最大贡献,就在于始终以"生命"作为哲学研究的焦点,创建天人合一的独具特色的生命哲学。这种建立在中国思想文化传统基础上的中国哲学,从先秦的原初形式,经历两汉至魏晋时代而与外来的佛教哲学相结合之后,进一步丰富了生命哲学的内涵,特别是提升了生命存在的工夫理论风格,使此后的中国生命哲学具有生命本体论与生命存在工夫论相互渗透的特点。

---

① Foucault, M. *Folie et Déraison. Histoire de la folie à l'âge Classique*, Paris, Plon, 1961:5-20.

所以,开拓生命哲学创新的空间,存在于两大方向的研究和努力。首先,通过此项研究,以客观的态度,克服迄今为止欧洲生命哲学各个学派所走过的"各持己见"的偏向,通过认真的生命哲学史的科学梳理,全面总结和吸收法国、德国和英国等各国生命哲学的研究成果,同时,根据各个学派之间的历史和当代争论,归纳出各个学派生命理论中的特点,特别是揭示其弱点,作为我们继续进行研究的突破口。其次,结合当代西方科学技术的新成果,在发扬中国生命哲学传统的基础上,纳入源自中国传统的科学风格和生命智慧,开拓出我们自己的富有民族特色的生命哲学的广阔发展空间,为中国现代化所急需的民生建设和全球生命共同体的幸福生活前景,提供符合时代精神的新型生命哲学的中国创新版。这一切,不但是必要的和可能的,而且也是可行的。

长期以来,中国哲学研究,特别是生命哲学研究的短处及其症结,就在于忽视当代科学技术的最新成果,又把"中(中国哲学)、西(西方哲学)、马(马克思主义哲学)"分得很清楚,同时也很少关注哲学以外的人文社会科学,特别是自然科学和技术的发展,致使中国哲学中的生命哲学,基本上只研究"儒释道"三大家的传统理论观点,而国内研究西方生命哲学的学者,既不了解中国传统生命哲学,又不熟悉自然科学和现代技术的发展成果。

改革开放以来,中国科学技术取得了许多可喜的成果,其中有些甚至直接为我们创建中国版的新型生命哲学提供新的科学基础。最鲜明的例子,就是20世纪80年代山东大学张颖清教授所创建的"细胞全息理论",其对创建我们自己的新型生命哲学具有重要的意义。按照"细胞全息理论",生物体从细胞到整体之间普遍存在中间结构层次及其内在联系,由此提出了生物体结构的全息胚学说,创立了全息生物学,使人们对生物体的认识发生了根本性的和观念性的改变。我国著名生物学家,中国细胞生物学奠基人之一汪德耀教授指出:细胞全息理论的提出同细胞的发现以及细胞学说的提出有着相同的重要科学意义。"如果说伟大的达尔文进化论打破了物种的种与种之间的绝对界限,形成生物系统的进化论,那么,全息胚学说就打破了生物个体的整体与部分、部分与部分之间的绝对界限,是生物个体的新型进化论"。张颖清教授以及我国其他生命科学、纳米技术、控制论等方面的研究成果,尚未提升到哲学理论的层面,有待中国新型生命哲学进行总结。

在全球化和现代化的21世纪,生命越来越成为社会发展的核心问题,它关系到社会发展的方向和基本目标,也直接关系到人的社会命运,还关系到全球人类生命共同体的未来幸福生活。

具体地说,生命哲学研究具有四个方面的重要的学术价值和社会意义。

首先,生命哲学的新成果将全面重建21世纪的哲学,使之成为以新的生命观为核心、紧密结合全球化和中国现代化的丰富经验、结合中西思想文化传统和当代科学技术成果的新哲学,而这种新哲学的创造动力正是来自它对生命的极度关怀。当然,在创建以生命哲学为核心的21世纪新哲学的时候,不能忘记,恰恰是中国哲学始终坚持对于生命的研究传统。在中国哲学源远流长的传统中,生命论题始终是研究的焦点,生命哲学构成了中国哲学的基本内核,是中华民族的宇宙观、自然观、生命观、伦理观、社会观、文化观和运筹观的基石,集中了中国思想文化的精华,凝聚了中华民族传统智慧的强大而持久的精神力量,同时也历史地见证了中华民族对生命本身的持久珍爱情怀以及对生命认真负责的至诚品德,集中体现了贯穿于中国思想文化的"尊道贵德"的生命价值观的哲学意义,运载着持久推动中华民族思想文化不断更新的生命活力。

探讨新时代生命观,我们首先必须珍视集中总结了中华民族生活智慧的优秀国学宝典,尤以《易经》、《道德经》、《黄帝内经》、《论语》、《孙子兵法》为典范,一方面从"天地人三才"和"易与天地准"的纵深广阔视野,坚持"天人合一"和"心物一元"的中国传统生命观的哲学本体论基础,探索和发扬国学优秀传统中具有重要历史意义的宇宙观、自然观、生命观、伦理观、运筹观的内在核心价值及其相互关联,突出宇宙自然化生万物之大德,置"尊道贵德"于首位,贯彻"善生"的为人之道;另一方面,集中环绕人的"万物之灵"性能,深入探索人类生命"心身合一"的精微复杂特征,揭示人为"万物之灵"的真正意义,针对新时代生态危机对于生命的威胁,结合最新生命科学研究成果,以创新精神,重新评估《黄帝内经》等医学宝典对于生命的"易且深"的珍贵总结,发扬《黄帝内经》关于"精气神为生命之本"、"阴阳为万物纲纪"的基本原则,维护生命的价值和意义,使越来越多的人灵活巧妙地发扬"医病医国同道"的伟大精神,把个人修身养性、行善施仁和治病健身营卫的实践,相互结合起来,遵循共同理性的原则,以新时代精神,积极运筹人生,合理调控心身关系,以科学的营养卫生,维护和发展生命,使个人生命、社会生命、国家生命、自然生命、世界生命及宇宙生命等不同的命运共同体,获得全面健康的发展。

其次,生命哲学的研究将有力地促进哲学与科学技术之间的对话、交流和相互转化,使哲学与科学技术环绕生命的论题,实现和谐发展和同步更新,保障哲学和科学技术在新世纪的全面复兴。

再次,对于生命的哲学研究的推进,势必联系到对人本身的整体研究,将同时地改变21世纪的人文思想,使之成为以关注生命为中心的新人文思想,不仅创建新的人的概念,而且也全面地改变人与"非人"(包括动植物、周在世界和整个自然界)的关系,把哲学、科学、艺术、生态研究结合起来,为创造一个全球范围内的和谐幸福的人类命运共同体奠定思想基础。

最后,为推进现代化的民生建设提供符合时代精神的生命哲学理论,保障21世纪人类生命共同体的健康发展,同时也为努力开创全球和整个宇宙生命共同体的和谐生态环境,作出必要的贡献。

未来新世纪的科学更新,无疑将是以新生命科学为中心而展开,从这个意义上说,21世纪正在明显地成为生命科学的世纪。生命性质本身极其复杂,从科学研究的实际过程及其经验教训来看,它是一切科学研究对象中最复杂和最难以解决的问题。这显然源自生命自身的高度变动性、创造性、变化可能性,它是世界上一切现象中最复杂的现象,它本身原本就是世界和宇宙发展的最高产物,科学史和世界发展进程的历史,人类知识的发展史以及哲学研究史,都证明生命现象的高度复杂性及其难以攻克解决的大难度。但同时,在中西方哲学史和人类科学研究中,生命研究是最有挑战性的,因为它在向人类智力提出高难度问题的同时,又向研究者发出富有启发性的暗示,因为生命的活生生性质及其自我创造性特质,从研究者本身的角度,产生出进行自我挑战和自我提示的复杂反应,促使具有生命创造力的科学研究者和生命哲学研究者,不断地向生命难题挑战,并一再尝试使自身进入生命研究的旋涡中,试图在来回研究和发出难题之间,进行无止境的研究游戏,促使研究者在向作为对象的难题进行研究的时候,也同时向研究主体自身焕发出研究智慧,给予研究者进入难题研究的兴趣和乐趣,让生命研究者和研究对象之间产生互动,在互动中,研究者和研究对象两方面,双双获得相互认识和相互挑战的激情。

生命研究的进程,特别是近来在对各种病毒研究中出现的既奇特、又富有引诱力的现象,就是研究者越发现被研究的病毒的更多奥秘,就越获得对付作为对象的病毒的新奇科学手段;更加神奇的是,作为研究对象的病毒,面对新的科学成果,就越以更灵活的方式,更新其生存形态,甚至产生新的更复杂和更高一级的免疫力,以提升病毒本身具备攻击外在生命的能力,促使研究者与被研究者之间的相互认识和相互克服的互动状态,一再地提升到更高水平,同样也促进对于生命的研究的更深入发展。

所以,生命哲学研究和生命科学研究一样,一方面将不可避免地遭遇生命奥秘的更多难题;另一方面又一再地产生和开辟揭示生命奥秘的新动力和新智慧,让生命科学研究和生命哲学研究,在面临难题与解决难题的互动游戏中,一步一步地深入生命的迷宫中,并从中同时地享受生命运动以及生命研究活动的乐趣,积极地推动人类社会文化在 21 世纪的全面复兴。

从根本上说,创新就是生命本身的内在需要。生命在本质上是一种不断地进行自我创造的活动性存在;也就是说,只要生命存在于世,它就永远处于变化革新中。生命的运动性和创造性,表明生命本身的缺乏性。薛定谔在《什么是生命》一书中论证了生命通过自我消耗不断寻求自我更新的"负熵"运动性质。既然生命永远寻求创新,永远使自己处于缺乏状态,所以,生命总是要在缺乏中实现无止境的超越,试图一再地填补自身的欠缺;但它又永远无法完全克服自身的缺乏状态。这样一来,"缺乏"反而成为生命存在的基本状态,同时又成为生命实现自我创造的永不枯竭的动力。

这样一来,以新型生命哲学为理论基础而创建的 21 世纪新人文精神,将充分展现人类的创造力量以及人类力图不断提升自身生存能力的基本特征,它集中了人类自然本性及其文化创造的积极能量和无限潜力,同时也体现了未来人类文化创造的基本模式,旨在不断地丰富人性本身的内容及其持续发展的可能性。实际上,21 世纪人文艺术精神是人类生命本身不断更新和不断重建的思想精神力量,它充分地体现在生命自身的持续自我重建和不断自我创造过程,它的持续性及其在 21 世纪的自我展现,标志着人类思想文化发展的新转折。

不同于传统的人文思想,21 世纪的新人文艺术精神把人文与艺术紧密地结合在一起;"人文的艺术化"和"艺术的人文化"同时进行,致使当代人类一切创造活动都显示出人文与艺术的高度结合,它集中体现了当代"科技人文"、"生态人文"、"数字人文"的基本特点,也集中体现 21 世纪新型人文思想的"人文—艺术—科技—生态"的"四合一"基本结构,在这个结构中,艺术是贯穿整体结构的基本力量。

未来新世纪的科学创新,无疑将是以新生命科学为中心而展开;21 世纪正在明显地成为生命科学独占鳌头的时代。生活在这样的新时代,每个人都应该为自己的生命的创造精神而自豪。为了不辜负生命本身和全球现代化时代赋予我们的使命,让我们共同努力创新,展现出生命无限超越的潜在性、可能性及其现实性,永葆生命的青春活力!

2018 年秋末于上海交通大学

代 序

重新评价柏格森及其对当代哲学研究的现实意义①

高 宣 扬

2007 年是柏格森著作《创造的进化》(*L' Évolution créatrice*)发表 100 周年。柏格森以其敏锐的观察力,在这部划时代的哲学著作中,指明了现代哲学研究的关键论题,把生命当成哲学思考的焦点和原动力,使哲学不仅更紧密地与人的生活命运结合在一起,而且也使哲学与自然科学找到了相互结合的关节点。当代哲学、科学技术和整个社会在一个世纪以来的发展进程,已经、并将继续证实柏格森的思想的深刻性和前瞻性。为此,2007 年成为当代法国哲学家环绕柏格森而重新思考人类文化和哲学的生命本身的历史契机,力图把握 21 世纪全球社会发展的珍贵转折机遇,以柏格森的思路为主要参照点,重新探索哲学与科学相结合共同揭示生命奥秘和实现文化创新的可能前景。

一、柏格森哲学的生命力

在 2007 年法国及整个西方哲学界围绕柏格森著作《创造的进化》所召开的各种研讨会以及为此发表的各种最新著作,主要是重新探索《创造的进化》的重要意义,并由此全面重新估价柏格森哲学思想在法国乃至整个西方哲学史上的地位。

一位思想家的卓越贡献,往往不会在一次性的探索中全面完成;这是因为:一方面,任何一位真正思想家的创造过程本身,总是内含活跃的生命力,

---

① 本文原为高宣扬教授在 2008 年 4 月 26—28 日参加"纪念芜湖会议 30 周年暨中华全国外国哲学史学会和中国现代外国哲学学会成立 30 周年"的学术会议上的发言稿。

代
序
一

其内容和思路是复杂而富有波动性;另一方面,历史也具有其自身的生命,时时或隐或显地重组,形成历史生命的各种力量相互牵制,构成紧张的张力网,其方向潜在着多维度的发展可能性,其内容也不断地发生变化。所以,任何历史评估都势必一再地反复进行,特别是要依据和结合各个时代的具体条件来进行。

关于柏格森哲学的性质及其在哲学史上的应有地位,哲学界向来有很多争论①。在当代法国哲学史上,柏格森哲学的命运和遭遇是多变和曲折的②。当他在世时,他的哲学才华及其著作的文风魅力,曾经广泛地吸引大多数人对他的尊重,以致在 20 世纪最初 30 年内达到将他个人神秘化、并对他产生崇拜的程度。

柏格森少年时代就显露数学天才,在 1877 年全国数学竞赛中以优异成绩解答了帕斯卡(Blaise Pascal,1623—1662)在两百多年前遗留下来而始终无人解决的数学难题。但柏格森在第二年竟然放弃报考数学的志愿而选择巴黎高等师范学院的人文科学研究,在著名哲学家拉维森(Félix Ravaisson,1813—1900)和拉舍里耶(Jules Lachelier,1832—1918)的指导下,与同窗杜尔凯姆(Emile Durkheim,1858—1917)和让·若累斯(Jean Jaurès,1859—1914)等学术和社会精英一起,钻研哲学、人类学、社会学与心理学,试图超越当时已经流行起来的实证主义的视野,重新思考人的认识、经验与人的内在本性的复杂关系。

---

① Le Roy, *Une philosophie nouvelle*. Paris. Alcan. 1912; Russell, *The Philosophy of Bergson*. In< *The Monist*>, No. 22, 1912; Thibaudet, *Le bergsonisme*. Paris. NRF. 1924; Chevalier, *Bergson*. Paris. Plon. 1926; Jankélévitch, *Bergson*. Paris. P. U. F. 1932; Benda, *Le Bergsonisnme. Une philosophie de la mobolité*. Mercure de France. 1912; Benda, *Trahison des Clercs*. 1927; Gouhier, *Bergson et le Christ des Evangiles*. Fayard. 1961; Husson, *L' intellectualisme de Bergson*. P. U. F. 1948; Crocker, *The Oscillating Now*; *Heidegger on the Failure of Bergsonism*. In "*Philosophy Today*", Fall 1997; Pearson, *Philosophy and the Adventure of the Virtual*: *Bergson and the Time of Life*. London. Routledge. 2002; Azouvi, *La gloire de Bergson*. Gallimard. 2007.

② Dekhomme, *Nietzsche et Bergson*: *La représentation de la vérité*. In 《*Les études bergsoniennes*》, vol. 5, 1960; Deleuze, *Le bergsonisme*. P. U. F. 1966; Cariou, *Bergson et le fait mysthique*. Aubier. 1976; Lacey, *Bergson*. New York. 1989; Cariou, *Begson et Bachelard*. P. U. F. 1995; Gilson, *La révision Bergsonienne de l' esprit*. Paris. Vrin, 1996; Soulez et Worms, *Bergson*. P. U. F. 2002.

柏格森在 1881 年的毕业论文,就是以哲学和人文社会科学的多学科分析为基础探索"当代心理学的价值",显示他对生命的内在精神心灵力量的高度关注;而在 1886 年,柏格森比弗洛伊德更早地在论述催眠的论文《论催眠状态中的无意识伪装模拟》中论证了潜意识对人的生活及其对世界的关系的重要意义。

1889 年至 1934 年,柏格森先后发表《论意识的直接材料》(*Essai sur les données immédiates de la conscience*,1889)、《物质与记忆》(*Matière et mémoire*,1896)、《论笑》(*Le rire*,1899—1900)、《形而上学导论》(*Introduction à la métaphysique*,1903)、《创造的进化》(*L'évolution créatrice*,1907)、《精神能量》(*L'énergie spirituelle*,1919)、《道德与宗教的两个来源》(*Les deux sources de la morale et de la religion*,1932)及《思想与运动》(*La pensée et le mouvant*,1934)等重要著作,使他不仅在 1900 年被选上法兰西学院院士,而且也在 1928 年获得诺贝尔文学奖。

柏格森哲学的独创精神,使他在法兰西学院的课程,总是座无虚席;著名作家查理·贝居(Charles Péguy,1873—1914)、艾略特(Thomas Stearms Eliot,1888—1965)、哲学家马里坦(Jacques Maritain,1882—1973)、吉尔松(Etienne Gilson,1884—1978)、让·瓦尔(Jean Wahl,1888—1974)及许多科学家等人,都成为他的忠实听众。

但第二次世界大战之后,柏格森渐受冷落,尽管当时名噪一时的萨特①、梅洛-庞蒂②和列维纳斯等人均直言不讳地声称柏格森思想对他们的深刻影响。

应该感谢安德列·罗比奈(André Robinet)和德勒兹(Gilles Deleuze,1925—1995),因为前者在 1959 年柏格森百年诞辰时,特地发表纪念文章③,倡议隆重纪念这位思想家,还为他编辑出版了《柏格森著作文集》④;后者则

---

① Sartre,*L'Imagination*.Paris.1936.

② Merleau-Ponty,*Phénoménologie de la perception*,Paris.1945;*Le visible et l'invisible*.Paris. 1964;*L'union de l'âme et du corps chez Malebranche*,*Biran et Bergson*.Paris.1978.

③ Robinet,*Le passage à la conception biologique de la perception*,*de l'image et du souvenir chez Bergson*.In *Etudes philosophiques*.Vol.15,No.3,1960.

④ *Oevres completes de Henri Bergson*.Ed.par Andre Robinet et introduction par Henri Gouhier. Paris.P.U.F.1959.

在风起云涌的 1968 年学生运动前夕,发表《论柏格森主义》,强调柏格森哲学的主要贡献就在于提出"多质多元性"(la multiplicité)的概念①。德勒兹在柏格森哲学宝库中的新发现,不但推动了柏格森思想的研究,而且也促使人们重新思考启蒙以来的现代性原则对整个哲学史研究的复杂影响。由此出发,从 20 世纪 70 年代至今,柏格森的哲学一再地被重估,并因此推动了当代法国哲学的更新。

为了尽可能准确把握柏格森思想的精华,既要具体地探索贯穿于他的著作中的基本思路,又要环绕他所面对的历史论题,寻找他所处时代的哲学争论的焦点。所以,从 20 世纪 90 年代起,法国哲学界研究分析柏格森的著作,几乎涉及各个方面,其中最重要的包括:维亚德·巴伦著《柏格森》②、加利佑著《柏格森导读》③、巴尔巴拉斯著《经验的转向》④、布拉多著《论当场显现与超越的场域:柏格森哲学中的意识与否定性》⑤及沃尔姆著《"物质与记忆"导读》⑥等。

在此基础上,研究柏格森的专家、巴黎高等师范学院"法国现代哲学研究中心"主任弗列德里克·沃尔姆教授(Frédéric Worms, 1964—   ),在发生世纪转折的 2000 年,倡议召开题为"关键时刻 1900 年的哲学"(Le moment 1900 en philosophie)的研讨会,以柏格森哲学为轴心,集中探讨 20 世纪转折时期的哲学氛围及其焦点。研讨会并不单纯表面地只比较当时出版的各个重要哲学著作及其思想,也不停留在观察当时流行的各个学派及其理论,而是试图发现 1900 年的哲学思考的中心论点及其历史根源和广阔的人文社会科学基础,同时又使之与 2000 年加以比较,以便总结出贯穿前后两个时期的本质性思想特征⑦。

---

① Deleuze, *Le Bergsonisme*. Paris. P. U. F. 1966.

② Vieillard-Baron, *Bergson*. P. U. F. 1991.

③ Cariou, *Lectures Bergsoniennes*. P. U. F. 1990.

④ Barbaras, *Le tournant de l' expérience*. Paris. Vrin. 1997.

⑤ Prado, *Présence et champ transendental: Conscience et négativité dans la philosophie de Bergson*. Hildes heim. Oms Verlag. 2002.

⑥ Worms, *Introduction à Matière et Mémoire*. P. U. F. 1998.

⑦ *Le moment 1900 en philosophie*. Etudes réunies sous la direction de Frédéric Worms. Paris. 2004, pp. 7-14.

弗列德里克·沃尔姆在他的最新文章中画龙点睛地概括了柏格森的主要贡献。沃尔姆说:柏格森的天才发现,就是明确而具体深入地揭示了作为哲学研究主题的"生命"中所隐含的"思想与时间之间的矛盾"(la contradiction entre la pensée et le temps)①。正是这个思想核心,使柏格森哲学无愧成为法国哲学史发展的新转折点:它宣告了统治 300 年之久的"笛卡尔时代"的终结以及新哲学时代的开始②。

"生命中的思想与时间之间的矛盾"这一命题,实际上已经以最浓缩的象征性语言,概括了一个世纪以来西方哲学的整个理论争论的基本精神。

二、作为"绝对"的精神生命

柏格森的思想的珍贵性,恰恰在于他自觉地视思想创造为生命,并比他的同时代人更深刻地把握了文化和哲学创造的焦点论题,以他人无法企及的广阔视野和敏锐洞察力,试图在对于生命的哲学探讨中把握解决关键论题的钥匙。

柏格森一生始终不停地思考哲学和生命的基本问题,并试图一再地探寻新的可能性,重新依据科学和文化的最新成果的启发,推动他的哲学思路在生命自身的创造演进中不断更新。所以,他从一开始就怀疑传统形而上学和认识论的基础,试图根据当时科学的最新发现,全面反思达尔文进化论及其他实证科学的基本原理,再反过来重复思考从生命的角度进行哲学改造的可能取向。

实际上,从 19 世纪下半叶开始,以生物科学和生命科学的发展为基础而发生的技术革命及其对全球经济乃至整个社会结构的冲击,使西方哲学从 19 世纪末起,就面对如何更新哲学基础研究的挑战性问题;分析哲学、现象学、生命哲学、存在主义、新马克思主义、新托马斯主义、人格主义等学派,都纷纷以其基本观点为基础试图和盘托出改造哲学的新方案。不仅著名的哲学家,而且,杰出的自然科学、人文社会科学家、文学家和艺术家,包括罗

---

① Worms,F.*Bergson ou les deux sens de la vie*.Paris.P.U.F.2004.

② Gouhier,H.*Introduction*.In *Bergson Œuvres*.P.U.F.Paris,2001[1959],p.XIV.

素、胡塞尔、柏格森、爱因斯坦、彭加莱、韦伯、杜尔凯姆、弗洛伊德、狄尔泰、普鲁斯特等,都纷纷在同一时期接二连三地围绕类似主题发表著作,其共同点就在于揭示:科学技术的进步及其后果,已经使古典传统哲学的思维模式及其基本方法论完全失效;哲学、文学和科学创造必须环绕生命论题而关怀人的命运。

当时,如果说爱因斯坦以其天才的相对论颠覆了旧科学认识及其机械论思考的典范,那么,柏格森就在哲学上敏锐地抓住了"时间"论题的要害,试图使哲学彻底打破旧形而上学的桎梏,实现哲学本身的科学改造。然而,号称最符合科学精神的分析哲学代表人物罗素,却在 1910 年强烈地攻击柏格森新哲学的基本范畴直观性(Intuition),并不惜回溯到启蒙时代,借用伏尔泰对卢梭的批评语词,嘲笑柏格森"试图把我们拉回蜜蜂和蚂蚁群的生活方式"①。

其实,罗素只是把哲学改造的关键问题建立在数学的逻辑研究的基础上,而其重点是建构真理语句表述的基本模式。柏格森为此指出:他所感兴趣的,毋宁是无法通过数学还原的"非空间化的无形的生命时间",即"在思想中运作的生命的绵延";它既不是笛卡尔、牛顿、康德等人源自自然科学模式的时间概念,也不是罗素、爱因斯坦等用最新数理逻辑或相对论公式所可以简单概括的。

生命的奥秘,在柏格森看来,就在于穿透在时间复杂脉络中的本质性思想的"创造的演进"。因此,真正的科学以及以科学为基础的现代哲学,必须以揭示"生命""思想""时间"和"语言"的四重交错关系及其运作逻辑为己任。从这个意义上说,"生命时间"就是现代哲学所必须优先思考的"绝对"(L'Absolu)。

柏格森尖锐地指出:不但不能单靠现代数学以及以它为基础而建构的现代科学,而且也不能局限于理性、经验形式的分析及语句上的逻辑模拟推演。哲学家有什么理由,非要把具有生命价值的人的思想和行为,局限在理性和经验所划定的界限之内? 从日常生活行为到艺术、哲学和宗教的各种

---

① Russell,*The philosophy in Bergson*,In *The Monist*,1912.

更高一层的创造活动,难道不是一次又一次地超越理性和经验,并不断地显示与难于言表的复杂内心变化的密切关系吗?

有趣的是,柏格森的同时代人维特根斯坦(Lugwig Wittgenstein,1889—1951),也从另一个角度尖锐地揭露了以罗素为代表的剑桥学派热衷于"科学语言"逻辑分析的缺陷。正如布雷斯威特(Richard Bevan Braithwaite,1900—1990)所指出:"我们可以事先肯定,宣称从逻辑上必然的前提出发,凭借逻辑上必然的蕴涵,派生出有意义的经验命题,在某些方面是错误的。"①维特根斯坦从20世纪30年代之后甚至还向前走得更远,直接导向《哲学研究》的语言游戏思维模式。维特根斯坦的思维方向,从另一个侧面与柏格森思索哲学改造的路径相呼应,并显示了它的可取性。

显然,如果说,柏格森极端重视哲学与科学的新型关系的话,那么,他所理解的科学,绝不是理性主义和经验主义框架中的科学,而是对于生命发展中的思想、经验、语言、感情、意志和艺术创作想象力等复杂因素以及带有一定神秘性力量的交错多变网络的观察和直观体验,特别是必须通过生命在时间的无形隧道中的"创造性进化",去把握世界的存在奥秘。如果哲学要与科学相结合而实现科学化,那么,它所应该探索的,恰恰就是这样的复杂网络。21世纪初的生命科学成果本身,也已经以科学发展的事实,证实了柏格森生命哲学原则的重要意义。

1. 生命的特征就是创造

在柏格森之前,从19世纪中叶开始,在自然科学迅速发展的影响下,就已经出现像斯宾塞这样的杰出哲学家,主张采纳达尔文进化论的模式,批判传统形而上学。斯宾塞的思想给予柏格森深刻的启示。尽管"斯宾塞的哲学旨在把握事物的真迹并以事实的细节作为模式",但它仍然"未能避免从含糊不清的一般性中跳出的缺陷"②。更确切地说,斯宾塞并没有真正把握生命进化的特征,即它的永远创造精神。

生命的无限创造精神,既表现在肉体行为在时空上的不断运动变化,也

---

① Braithwaite,*Philosophy*.In *Cambridge Studies*.Cambridge:Nicolson and Watson.1933.

② Bergson,*La pensée et le mouvant*.In *Bergson Œuvres*.Paris.2001[1959],p.1254.

表现在精神生活在质的层面的无限多样的异动可能性。肉体和精神心灵的生命的创造性演进，并不是单纯停留在可观察到和有形的现实世界，而是在现实与可能相交错的复杂场域中进行；必须超越现实和"客观存在"的领域，探索可能性、潜在性和偶然性及其与现实的交错关系。

因此，生命的绵延并不只是体现在可观察的时间连续性，也不只是呈现为单向的一线性延续，而是与极其复杂的中断性、断裂性和交错性形成盘根错节的乱麻团，同时又内含着难以预测的张力关系的变动可能性。

归根结底，生命的这种绵延性，主要是由其内在本能的"生命冲动"（élan vital）所推动。因此，它在本质上是质的多样变动性的呈现，因而也往往导向超越现实的多种异质倾向。实证主义所关心的重点，是现实地"客观"存在的对象或"事实"，而他们所依据的知识、理性和经验，都只能停留在对于事物的表面认识和"检验"，所以，这种方法虽然号称"科学"，但始终无法揭示生命的内在创造本质。

生命的创造的演进，固然远远超出实证主义的观察范围，而且也不同于海德格尔的现象学存在论。让·伊波利特（Jean Hypolitte，1907—1968）在比较柏格森与海德格尔的时间观的时候，特别强调两者的生命观和时间观的差异。①

伊波利特指出：海德格尔批判传统形而上学的努力，无疑推动了哲学家对生命的探索进程。但海德格尔仍然强调具有一定"主体"意义的单个性的特殊"此在"（Dasein）的中心地位，使生命的复杂性、偶然性、断裂性、重复性、深不可测性、突发性、细腻差异性以及多方向进取性等，都被"此在"的"在世生存"所限定。

柏格森认为，实证科学固然难以理解生命的奥秘，而且，单个的"此在"的任何"抉择""诠释"和超验努力，也都无法掌握生命深层隐含的"非人性"创造力量。所以，伊波利特得出结论说："整个柏格森哲学可以压缩成这样一句话：哲学应该成为超越人的一般条件的努力"（Toute la philosophie de Bergson pourrait se condenser dans ce texte：La philosophie devrait être un

---

① Hypolitte，*Bergson et Heidegger*．Paris．1948．

effort pour dépasser la condition humaine）。①

2. 生命就是自我启动和自我限定

生命不是现实存在中的有形体和客观对象；它不在它的目的、表现过程和终点中表现它的本质。生命固然有生有死，有时间和空间的存在形式及其限制，但它的本质却不在现实展现出来的"结果""形式"或"结构"上；生命的真正奥秘，深藏于其根源及其原动力。这是超越时空限制的"生命冲动"，它是其自身内部的生命倾向的自我表演，它始终是自我展示、自我决定、自我选择、自我限定和自我变动的多种趋势的力量合成。

3. 生命运动的可能性和不可预测性

柏格森强调指出：生命始终处于运动中，而且，由于它的动向和绵延趋势只决定于内在的"生命冲动"，所以，生命属于可能性的范畴。传统的因果关系、前后系列观以及具体和抽象的对立关系等，都不能真正把握生命时间的本质，尤其无法揭示其可能倾向。正因为这样，柏格森很重视最新数学和自然科学对可能性、或然性、潜在性、偶然性和混沌领域的探索成果。

柏格森曾经和彭加莱以及爱因斯坦等数学家、物理学家一起探索相对论、微积分、混沌理论等，试图从中受到启示，进一步说明生命的可能的复杂变动趋向及其内在根源。尽管如此，柏格森仍然不愿意停留在自然科学的现成成果上，更不打算简单搬用自然科学的公式。

柏格森在他的《创造的进化》中尖锐地指出："理智恰恰是以对生命的自然不可理解性作为其特征的"（l'intelligence est caractérisée par une incompréhension naturelle de la vie）②。生命的复杂性和变动性的真正根源，既然内含于生命自身之中，那么，人们没有任何理由非要在生命之外，把生命当成被某个主体的观察和研究的"对象"，"从外部"对它进行指手画脚的"说明"。柏格森坚信传统科学对生命的研究方法将是徒劳无益的。

---

① Hypolitte, *Bergson et Heidegger*. Paris. 1948.

② Bergson, *Evolution créatrice*; Cf. Bourgeois, *L'Evolution créatrice d'Henri Bergson*. Paris. 2007.

由于柏格森一直受到法国的心灵哲学(philosophie de l'esprit)的教育和影响,又对理性主义和经验主义缺乏信心,使他宁愿诉诸从普洛丁以来的神秘主义。

近50年来,法国及西方哲学界在重评启蒙的过程中,针对启蒙时代前后对神秘主义的排斥以及现代性思想本身的悖论的日益暴露,对神秘主义的研究有越来越加强的趋势。重评启蒙是与重评神秘主义、非理性主义同时进行的。同样的,对柏格森哲学的重评,特别当涉及极其复杂的生命论题的时候,越来越多的思想家同意柏格森的看法:不能排斥神秘主义的积极意义。①

4. 生命的基本形式是绵延

生命的绵延不同于时间。时间虽然也表现绵延,但它只是从"量"的多样性(multiplicité quantitative)出发,因此它只是属于数学的研究对象;与此相反,生命的绵延是从质的角度,是质的多样性(multiplicité qualicative)的表现。柏格森指出,生命的展现过程,就是"维持自身"(La vie est maintien de soi);而维持自身就是在它自身范围内实行自我开放和自我展开。一切生命过程,都是力图通过自身的维持和延续,来不断弥补和补充生命自身的欠缺。从这个意义上说,生命就是"活着",就是"延续生存"(survivre)。这就是"绵延"(la durée)的本意。

这就意味着:生命从来不是一次性完成,它不是通过一次性的创造活动就可以一蹴而就。生命需要在它的绵延中实现一再的更新化的创造活动。正是通过一再的超越,永不满足地实现更新,生命才能克服原先的欠缺,不断地弥补其生存中所感受的"不满",填补其部分的"空虚",也补偿其消耗的部分。正是从这个意义上说,柏格森的生命冲动理论,一方面不同于达尔文进化论,因为进化论排斥"超越";另一方面不同于基督教神学所说的神创论,以为万能的神只需在一次性的"创世"奇迹中,就可以完备地和一劳永逸地造出一切事物。

① Janicaud, D. *Une généalogie du spiritualisme français. Aux sources du bergsonisme.* Paris. 2003;Cariou, *Bergson et le fait mystique.* Paris. 1976.

柏格森所主张的生命绵延是指生命存在过程中的不断超越。所以,绵延也是"超验"(la transcendance)。

5. 生命的自由本质

在可见的生命现象背后,究竟是什么始终维持和延续生命本身的存在及其创造活动?柏格森在30岁的时候发表的《论意识的直接材料》开宗明义地宣称:"我们必须通过语词表达,而且我们往往要在空间中思考。也就是说,语言要求我们在观念之间,确立像物质对象之间的明确间断性那样的清晰的区别性。采纳这些,固然有利于实际生活,而对大多数科学来说也是很必要的。但是,我们不禁要问:由一些哲学问题中所产生出来的各种不可克服的难题,难道不就是因为人们往往硬要把本来不占据空间的现象固执地在空间中堆积起来吗?……为此,在各种问题中,我们选择了形而上学和心理学共有的自由问题。我们试图借此指明,在决定论者及其对立派之间的所有争论,都蕴含着对延续和广延性、连续性和同时性、质量和数量之间的预先的混淆。一旦消除这个混淆,人们也许可以看到:一切旨在反对自由的言论都将烟消雾散。"[1]

在柏格森看来,历史上围绕人和世界而发生的一切传统哲学争论,其目的无非就是试图寻求剥夺生命自由的论据。相互对立的旧形而上学的理论的共同点,就是柏格森所揭示的上述一连串的"混淆",即通过他们对时间和空间的论证,把生命的历程纳入他们所设计的各种时空学说中,以达到剥夺生命自由的目的。柏格森创立的生命哲学,旨在驳斥传统形而上学的两大对立派别,决定论及其对立派,使生命真正摆脱他们所设置的圈套,不再相信他们所散布的关于延续和广延、连续性和同时性、质量和数量的相互混淆的传统论述,获得真正的自由。

生命在本质上就是一种自我决定和自我创造的独立单位;也就是说,归根结底,生命是自由的。

为此,柏格森对康德的自由观进行批评,因为康德一方面,混淆了时间

---

① Bergson,*Essai sur les données immédiates de la conscience*.In *Bergson Œuvres*.Paris,P.U.F. 2001(1959),p.VIII;Kant,*Die Metaphysik der Sitten*.1797.

和空间,强调在经验的感性时空系列中,人是受到因果性和必然性的限制,没有自由;另一方面,康德又把自由推到时空之外的领域,以为只要人总是遵循理性,归属于理智世界,就可以独立于自然规律而获得自由。① 生命的自由性恰恰来自它的非空间性和非时间性。生命超出了空间和时间系列的范围,不需要具有连续系列性质的空间和时间的约束,也不需要前后左右的顺序性和秩序性。生命的自由使它可以交错重叠、毫无秩序地存在和展现,就像后来德勒兹在他的《论折叠》的著作中所描述的那样。②

生命的自由建立在心理状态的强烈紧张性(l' intensité)和意识状态的多质多样性(la multiplicité)的基础上。因此,《论意识的直接材料》的前两章首先逐步地论证完全不同于物质的心理和意识的特殊性,然后,柏格森才清楚地论证自由的本性。

在纪念柏格森的《创造的进化》发表 100 周年时,法国科学院院士兼法国哲学会主席贝尔纳特·布尔乔亚指出:"柏格森的自由观是与他的生命自我创造观相一致的。对柏格森来说,生命的存在就意味着创造,也就是摆脱进化论所说的自然选择规律,只凭借生命自身的自由创造,就可以实现生命自身的存在方式。"③生命的绵延就是不停顿地创造的延续,是一次又一次的事件的重演和更新。每次创造都由生命自身开始,无须以前期的生命创造作为基础或出发点,也无需决定于外在的规则。所以,每次创造都是一个正在进行中的自由行动。

三、"另类"的现象学研究

如果说柏格森未能与分析哲学合拍,那么,他在很大程度上倒是与现象学不谋而合。但是,柏格森又在许多基本问题方面,异于胡塞尔。

如前所述,柏格森和胡塞尔一样,从小就显示其数学天赋,并热爱自然科学。但他对自然科学的看法,既不同于笛卡尔,也不同于 18、19 世纪大多数自然科学家的观点,甚至也不同于胡塞尔。他坚持反对唯科学主义、唯物

① Bergson, *Essai sur les donnees immediates de la conscience.*

② Deleuze, *Le Pli. Leibniz et le Baroque.* Paris. 1988.

③ Bourgeois, *L' Evolution créatrice d' Henri Bergson.* Paris. 2007.

主义和实证主义,也反对各种理智主义哲学,反对主客体二元对立的传统思维模式,同时又反对胡塞尔过多地沉湎于"纯粹意识"中。

在柏格森的生命哲学中,强调的是以发自生命本能的意向性为基础的直观性。在柏格森看来,本能直观的珍贵性,就在于它为我们直接地开辟了通向心灵深处的复杂运作的神秘道路,同时,发自本能的意向性也是生命自身的自然需要所决定的。所以,依靠生命意向性的直观性,才可以真正保证完全不受任何外来的观念干扰,达到"回到事物自身"的地步。

由此可见,柏格森进一步明确地将直观性与心灵的自然能力连接起来,他比胡塞尔更彻底地反对各种传统"意识哲学"或"主体中心主义",宁愿在复杂得多的情感、意志和本能中,寻找生命之所以有可能与其相遇的对象相契合的基础。

在当代法国哲学界,从萨特和梅洛-庞蒂起,就高度重视柏格森在现象学方面的思路。巴黎第一大学教授巴尔巴拉斯指出:"我们可以说,柏格森和现象学的共同点,就是经验问题;这一问题也是他们的共同出发点,因为经过经验问题,可以展现一切潜在性。"[1]因此,在柏格森所著《形而上学导论》的结尾中,他把形而上学定义为"整合的经验"(l'expérience intégrale)[2]。

遵循经验的引导,对柏格森来说,就是"倒转思想活动的惯常方向"(invertir la direction habituelle du travail de la pensée)[3]。柏格森在这里所说的"经验的转向",就是返回直观性,实际上就是胡塞尔所强调的"还原"。显然,柏格森所说的"还原",不再是胡塞尔所强调的"纯粹意识"中的还原。

但另一方面,直观也不是万能;它的功能及其效用是有限的。巴黎大学另一位现象学家若斯林·贝努阿(Jocelyn Benoist, 1968—)认为,在现象学中,为了真正达到"回到事物自身",必须精细地研究直观性本身的界限。[4] 柏格森在这方面比胡塞尔更清醒地发现了直观本身的限制,因此,他干脆诉诸某种具有不可表达性、不可预测性和不可见性的神秘因素。

---

① Barbaras, *Vie et intentionalitté. Recherches phénoménologiques*. Paris. 2003, p.27.

② Bergson, *Introduction à la métapohysique*. In *Bergson Oeuvres*. Paris. 1959, p.1432.

③ Bergson, *Introduction à la métapohysique*. In *Bergson Oeuvres*. Paris. 1959, p.1422.

④ Benoist, *Les limites de l'intentionalité*. Paris. 2005.

尽管柏格森与胡塞尔之间存在许多根本的区别,他们在现象学方面的探索,往往不谋而合。这不是偶然的。

任何现象,归根结底,都是一种特殊的生命现象。现象的自我显现就是一种生命运动过程,也是生命本身的自我显现过程。反过来说,任何现象,如果它本身不是生命运动,如果它不是生命之呈现,它就不可能实现自我显现和自我表演。所以,现象学的最基本的原则,乃是建立在现象自身的生命性的基础上。

因此,在柏格森逝世之后,受到柏格森思想的直接或间接的影响,作为现象学的一个强有力的分支,"生命现象学",在法国内外普遍开花结果。原来胡塞尔的学生及其追随者中,海德格尔、汉斯·约纳斯、埃尔文·斯特劳斯、让·巴多兹卡、萨特、梅洛-庞蒂、米歇·亨利等,都深入地研究了生命现象学;在哲学人类学、社会学和人类学中,也同样发展生命现象学的研究。

各种不同的生命现象学,都认为生命全靠其自身的内在意向性生存于世。生命是自我确立(Autodetermination)、自我给予(Auto-Donation)、自我生产(Selbstreproduktion;Autopoiesis)、自我观察(Selbstbeobachtung)、自我组织(Selbstorganisation)、自我创建、自我激发(Auto-Affection)、自我更新、自我参照(Selbstreferenz)、自我付出;一切在生命之外的外在因素,充其量也只是生命的自我实现(Selbstverwirklichung)和自我显现(Selbstdarstellung)的"环境"(Umwelt)①或产物。生命从本质上说,始终有选择和决定环境的能力和意向性;发自生命内部的生存意向性,将决定生命本身对环境的选择方向。

任何生命,依据于其自身内在的本能意向性,在其所遭遇的世界中(或世界上)而自我显现,并继续依据它与其所在的"生活世界"的变动的和不断变化的关系,不停地修正、补充、充实和重建其生存的意向性。生命的自身意向性不断重塑其自身的生命力及其生存方式。② 就此而言,生命的内

---

① Luhmann, N.*Autopoiesis als soziologischer Begriff*.In<*Kommunikation und soziale Differenzierung*>.Frankfurt am Main.1987,p.113.

② Henry, M.*De la subjectivité*.Tome Ⅱ;*Phenomenologie de la vie*.Paris.P.U.F.2003;54.

在意向性，绝不仅仅限于"纯粹意识"，也不可能具有固定的存在和变化规律；而是某种具有神秘性质和不可捕捉性质的潜在力量。因此，生命的偶然性、不可预测性和不可把握性，就是建立在作为生命基础的意向性本身的本能性和绝对自由性的基础上。

任何生命的"生存于世"，都是具有独特性质的生命自身在其所遭遇的生活世界中的自我显现。反过来，任何现象的自我显现，都具有生命的独特性和不可取代性。现象之为现象，就在于它的自我显现及其在世过程的自我创造性。因此，任何现象的存在、延续、更新和消逝，都是一种特殊的生命现象。

生命的本质就是不断地自我付出，但它的付出是有方向性，即有"意义"。但生命的方向并非由外在的"意义""价值"或"规律"所决定，而是完全由生命自身的随意性及其独特的偏好、倾向性和偶然机遇性等复杂因素所决定。正因为这样，生命的发展和延伸方向，是无法预先决定的；它要参照生命存在和发展中所面临和面对的状况来决定。

法文的"方向"（le sens）含有"意义"的意思。生命，在其自我显现中，总是将其深含于自身生命基础的意向性，朝着其所选定的最美方向发展；这就是自我决定生命自身的发展意义及其自我付出的意义或价值。一个种子，以其自身内在的强大生命意向性，面对所处的世界的特殊而复杂的关系网络环境，总是选择对它的存在和发展最有利的方向脱颖而出，并继续顽强地调整其生命生存同它的世界的关系，采取最优化的生存形式展现开来。种子生命的固有显现逻辑，使种子的生命永远朝着它自身的生存意向性的瞄准目标实现自我显现。

总之，从这个意义上说，生命现象学所说的"生存意向性"，不同于胡塞尔所说的纯粹意识的直观意向性。生命的意向性，是超越意识的界限，并在其展现过程中，不断地以其自身的生存欲望及其同它所遭遇的"他者"的关系而重新调整。也就是从这个意义上说，生命的意向性又是生命的"非意向性"的特殊意向性（non-intentionnalité de l'intentionnalité de la vie）。

生命的非意向性的生存意向性具有创造性，它是生命的自我创造精神的体现。柏格森曾经称之为"创造性的力量"（force créatrice），它是生命不断演化的原动力。所以，生命的生存意向性既不需要"对象"，也不需要"对象化"，它是"无对象的再现"（représentations sans objet）①。生命的延续和更新，靠自身的"自我给予"、"自我赐予"（Auto-Donation）、"自我付出"和"自我激发"（Auto-Affection）。这种自我给予无需理由，也无需根据，无需回报；它完全是无条件地自然自在地实现②，因为生命本来就是一种最纯朴的自然，而且它也以最自然的方式自我实现。

受柏格森影响而逐步发展起来的各种生命现象学，展示了哲学更新的广阔可能性，也显示当代哲学研究与科学技术研究相结合的积极前景。

四、绵延的纪念

柏格森属于非常个性化的天才，同时他又是深深植根于时代精神的特殊历史人物。他的哲学生涯的丰富性、多质性和活跃性，典型地表现出他的思想创造的强大生命力；同时，也集中展现了生命自身的典型特征，即在其"绵延"（la durée）中显示各个阶段组成部分的多样化异质性，始终处于"造性的演进"过程中。

柏格森的哲学思路，往往多方向、多维度和多论题同时并进，以致他的哲学，如同生命的实际自我表演中所显示的高度活跃性和极端多样性那样，不仅在不同时期，而且即使在同一时期内，也表现出各种发展可能性和随时变化的潜在倾向。

法国哲学界纪念柏格森的学术活动，在对他重新估价的时候，明显具有"绵延性"的特征。纪念和重估不在一个特定历史时刻中一次性实现，而是在回顾、展望和"在场即席研究"的多面向和多维度的生命历程中进行。根据沃尔姆透露，纪念和研究柏格森的活动，早在 20 世纪 70 年代末就开始了；然后，这个纪念和研究活动，一再地更新和延续，在 2007 年达到高潮。但高潮并不意味着结束。

大量的新著作接二连三地出版和再版。最有意义的，是由沃尔姆主编

---

① Benoist,J.*Représentations sans objet*.Paris.P.U.F.2004.

② Marion,J.-L.*La raison du don*,In<*Philosophie*>,Paris.Editions de Minuit.2003；3-5.

的《柏格森年鉴》在2002年的创刊。2007年,从春天起,首先是辛格·伯利尼亚克基金会(La Fondation Singer-Polignac)举办了《意识、生命与行动》的国际学术研讨会;接着,法兰西科学院在9月21日举办纪念《创造的演进》发表100周年;10月30日利尔第三大学举行盛大的纪念和学术研讨会;11月23日至24日,"法国柏格森之友协会"分别在法兰西学院和巴黎高等师范学院举办研讨会。与此同时,在韩国、日本、美国、巴西、德国等地,也举办了各种研讨会。法兰西大学出版社将连续多年出版大型《柏格森全集学术批判版》,其分量将大大超过1959年出版的《柏格森著作集》。

所有这些,都揭示出柏格森哲学源源不断的活力,以及当代柏格森研究绵延不断、丰富多彩的多样性。

目　　录

绪　　论

　　如何认识生命？生命现象具有哪些特征？为什么只有地球才能孕育出生命现象，发展出形态万千的植物、动物，并且出现人类这一具有意识、智力、行动并且通过制造工具来改造自然并且进而征服自然的物种。人的生命与普遍意义上的生命，即包括微生物、植物、动物的生命之间到底有什么区别？怀着这样一些疑问，开始了我们的探索。

　　生命呈现出如下这样一些现象。

　　对于植物而言，当我们在田地里播下一颗种子，接下来，只要我们有足够的耐心，而天气、土壤等条件合适，我们将会观察到种子会发芽，慢慢长成一棵小树，慢慢长大，长成树干，长出树枝、树叶、开花、结果等。

　　对动物而言，当我们行走在田野中，可以观察各种动物，它们以各自的方式发生着运动：在空中飞行的，有鸟儿、蜜蜂、蜻蜓等，在水里，可以看到鱼儿在游，有时还可以看到兔子等动物。不同于静止在一个地方的植物，动物通常需要不断移动身躯，来获得食物。只要有着足够的细心，我们不难观察到动物的奔跑、嬉戏、睡觉、进食，在一定的条件下，甚至可以观察到动物的交配、生育等。在亚里士多德看来，动物的灵魂具有感觉、运动的功能，从而比只具有营养、生殖功能的植物更高一级，但动物也包含着植物那所具备的营养、生殖功能。

　　至于说到人，西方文化将人说成是理性的动物，而中国文化也强调人为万物之灵。但人既然是动物，就有着动物的一些共性：运动、睡觉、进食、生育、生病、死亡等。然而，作为理性的动物，人似乎具有一些特征使人显得比其他动物更为高级，理性可以表现为说话、劳动、制造工具、做数学题、写诗、撒谎、思考哲学。此外，人是会哭的动物、会笑的动物，人是唯一需要穿衣服的动物,人是会演戏的动物。作为一种社会性动物,人类有着道德、宗教、政治等高级活动,人可以变成非人,人可以变成杀害人类之中的其他个体的人,人类可以进行战争。所有这些活动乃是人类所独有,因此往往被视为人类之所以优于动物的优点,以及人类被视作"万物之灵长"、地球之主人之根据。

生命是否是这一切活动的总结?在所有这些现象的背后,是否有一个生命本身?生物学是否就是对于生命本身的认识?生命,是否等同于基因?

我们通过感官可以感觉到的一切生命现象,都是生命的体现,所有这些现象的总和,是不是就可以被认为是生命本身?当代的生命科学,已经可以从细胞、分子、基因的层面来认识生命,但是,是否生命或者生命的本质就可以归结为基因?当我们试图去回答这些问题的时候,实际上都或多或少地带有着自己对于生命概念的某种哲学理解。因此,有必要从生命哲学的角度,来考察一下生命及其意义。

一、生命一词的双重意义

在西方语言中,生命一词本身就有着双重的含义。康吉莱姆在一篇文章中指出,生命(la vie)可以从"生活、活着"(vivre)一词的两种形态来理解,即其现在分词形式 vivant(生命体、生物)和过去分词形式 vécu(体验、经历)①。当代以研究生命现象学著作的现象学家巴尔巴拉(R. Barbaras)在《生命现象学导论》②一书对此进一步指出,在法语中 vivre(生命、生存)一词有双重意义:生存,就是在生命中(leben),同时也是体验(éprouver),对于某物的体验(erleben)。这种区分,也就是 vivre 一词的现在分词和过去分词的区分,即生命体(vivant)和体验(vécu)的区分。也就是说,生命本身的生存活动,总是与对于某物、某个不同于自身的他物的体验、经验有着紧密的关联。一方面有着生存着的主体,另一方面则是生存、生命所置于其中的世界。

---

① Georges Canguilhem, *Etudes d'histoire et de philosophie des sciences*, Paris: Vrin, 2015, p.335.

② Renaud Barbaras, *Introduction à une phénoménologie de la vie*, Paris: Vrin, 2008, p.19.

生命的双重性意味着：一方面，生命是作为生命体（vivant），即对于"物质的组织化"，这体现了生命的形态（form）；另一方面，作为体验（le vécu），对自身生命的体验。这种体验，意味着生命总是不断地与世界相遭遇，从而有所感受（pathos），正是从这种感受出发，才得以生成逻各斯（logos）。

但是，不论如何，人的有限性就在于人只能通过他在世界之中的各种各样的体验来认识世界，是通过他的体验、经验，才有可能认识到他是一个活生生的生命体。也就是说，只有通过生命的双重性中的一维，即体验，才有可能认识到生命的另一维，并进而尝试去把握生命本身。问题是，到底是哪一种体验，使我们达到对于生命本身的认识。是否包括生物学、医学在内的以生命、生命体为对象的科学知识，能够使我们达到对于生命的认识，为我们揭开生命的奥秘？或者，这些关于生命的科学，都不足以达到对于生命本身的认识。那么，在科学之外，是否存在通达生命本身的理解方式？哲学、艺术、文学、宗教，这些方式是否能够让我们更贴近地把握生命？所有这些问题，都不断将我们引向关于生命本身的追问，而这种追问本身，岂不是也已经包含着对于生命本身的一种理解？

如何认识生命，或者说，如何达到对于生命本身的认识，这个问题可以说是哲学最为根本的问题之一。在西方哲学史中，最早明确而系统地对生命问题进行哲学探讨的，也许是柏拉图和亚里士多德。在《论灵魂》这部著作中，亚里士多德将生命体定义为有灵魂的身体，灵魂将各个器官整合在一起从而构成一个有生命的个体，并由此区分出三类灵魂，即植物灵魂、动物灵魂、理性灵魂。

而笛卡尔在17世纪所开启的哲学革命，不仅仅是通过"我思故我在"奠定了主体主义和理性主义的思维原则，同时也带来了对于自然、物质、生命的全新理解。在笛卡尔看来，一切物质都是广延，而生命体则是通过物质建构而成的完美程度不一的自动机（automate），从而得出了动物是机器的观点。当然，笛卡尔还没有将人的身体完全视作一种机器，因为在他看来人是具有自由意志的。但是，笛卡尔的观点，为后来的机械唯物主义开启了可能性。

二、生命与认识

在本书中,将涉及两位哲学家:柏格森、康吉莱姆。他们两人的思想并不相同,但是在两个方面却有着共识:其一,都试图在哲学和实证科学之间建立起一种紧密的联系;其二,都反对将生命现象简化为物理化学的进程,而是试图在哲学的或者形而上学的层面去更深刻地把握生命本身。柏格森在一篇题目为《法国哲学》的长文中指出,法国的哲学有两大重要特征:一是语言的清晰明白;二是将哲学与实证科学紧密地联系在一起,从而使其哲学思考并非一种空中楼阁,而是奠基在实证科学的基础之上①。柏格森本人的哲学著作,正是这种精神的体现,因此从他的第一部著作《论意识的直接材料》开始,他就不断地展开与不同的实证科学的对话。在《论意识的直接材料》中,他处理的主要是心理学;在《物质与记忆》中,打交道的主要是生理学与心理学;而在《创造的进化》中,他所梳理的乃是生物学的资源;在其最后一部大作《道德与宗教的两个来源》一书中,构成柏格森的哲学反思的材料的,乃是宗教社会学、人类学。康吉莱姆在这方面也不遑多让,他的著作充分地体现出他对于与生命相关的各种科学(生物学、生理学、病理学、医学)的充分熟悉和深层把握,从而得以驾轻就熟地运用这些材料,并且从中得出哲学反思的结论。

这些实证科学的认识,并不构成哲学反思的障碍,而是构成哲学反思得以发展的基础或者说起点,也可以说实证科学的材料给哲学思考提供了垫脚石,但是哲学思考将超越这些材料的实证性而上升到形而上学。另外,认识活动与生命本身,实际上有着一种本质性的关联,认识活动乃是生命的展开,而生命在与外部世界即环境的互动中也需要发展出认识这一维度。当然,对于生命与认识的复杂关系,柏格森和康吉莱姆有着不同的看法。简单来说,在柏格森那里,区分了两种认识,第一种是空间化的、概念化的认识,一切科学知识都是这种类型的认识,这种认识并不足以抵达对于生命本身的认识;第二种是在绵延中的思考,只有这一种认识才有可能把握住生命本

① Henri Bergson, *Ecrits philosophiques*, Paris:PUF,2011, p.452.

身。但是,这种绵延之思,并不是凭空就可以达到的,而是有可能通过对知性认识的批判、发展和升华,从而由科学的认识上升到形而上学的认识。因此,哲学不得不先迂回到科学之中,然后再返回到自身。在康吉莱姆这里,通过探讨病理学与医学,通过讨论正常与病态,来认识生命,他的结论之一在于:生命本身,就是一种自我规范化、自我正常化、自我标准化的过程,是生命体本身在其与外部环境的互动过程之中,为生命确立了一定的规范和标准,从而才有可能导致正常与病态的区分。但这样一个区分的分界线,并不是固定的、一劳永逸的,而是处在不断地变动和生成之中,因为生命本身一方面处在与外部环境永不休止的斗争之中,另一方面生命本身也不断地创造出新的形式来适应环境和提升自己。

柏格森在《创造的进化》一书的开头就揭示出,通过智力、科学,并不能真正地把握住生命的真正本性。柏格森写道:"由此也推论出,我们的思想,在其纯粹逻辑的形式之下,是没有能够再现出生命的真正本性以及进化运动的深层意义。"①但值得注意的是,柏格森在这里说的是,在"纯粹逻辑形式下"的思想无法把握生命,因为这样一种思想本来就是生命创造出来的产物,并且是为了让生命的行动更为便利而展开的;但是,这意味着,也许还有着其他形式下的思想,即不同于纯粹逻辑形式下的思想,有可能把握生命。柏格森深刻地指出,诸如整体、部分、一和多、因果性、目的性等概念,并不能确切地应用到与生命相关的事物。这些概念是一些过于宽泛的框架,以至于可以用来形容或者标志性质不同的众多事物,从而也就只能是一些受限制的思想形式,不足以把握活生生的、不断变动并且形式多样的现实。正如柏格森在《形而上学导论》一文中所指出的,有两种认识方式,一种是分析,一种是直观,前者是围绕着事物的周围展开认识,而后者则是对于事物的某种直观把握。前者是将事物视为若干元素通过某种方式建构起来,而后者则是将事物视为一种处在不断运动、不断变化的实在本身。所谓纯粹逻辑的思想,正是分析风格的认识方式的极端化之后的产物。

以斯宾塞为代表的进化论哲学所做的,不过是用概念思想来重构一切

---

① Henri Bergson, *L' Evolution créatrice*, 1907, Paris, PUF, A.François(éd), 2007, p.Ⅵ.

事物、包括生命。但这样重构的结果,反映的并不是现实,而是关于现象的一种模仿、一种象征、一种图象。在认识论方面,斯宾塞继承了康德的思想,认为认识是相对的,我们认识的只是事物间的关系,而不是事物本身。但是,柏格森指出,思想是与行动相关联的,思想是为了行动,行动不是思辨的扩展或者思辨的延伸,行动也不是为思辨服务的,如果行动不是朝向事物本身,不是对于事物的某种绝对把握,那么行动将是不可能的。① 因此,这样一种思想、这样一种理智,已经触及对于事物的某种绝对认识。但是,在概念和语言中,人类的理智是在一种空间化的知识之中。空间化的知识,是通过概念、表象来认识对象。概念有三个特征:其一,概念是一种共相,是一种抽象;其二,概念指向行动;其三,概念是静止的。由于这三个特征,通过概念,根本不足以把握始终处在运动和变化的生命本身。然而,在这种空间化的、概念化的认识之上,还有另一种认识,用柏格森的话来说,即在绵延之中的思,只有后一种方式才有可能抵达生命本身。但是,问题在于,在绵延中的思,是一种完全内在的认识,只可意会,无法言传,我无法将我内在地感受到的东西准确而完整地传递给另一个人,因此一旦用语言说出,这种内在的感受就被概念化、空间化、静态化了,而不复之前之所是的绵延。但也并不意味着,我们就无计可施,并不意味着绵延着的事物完全无法被认识,而是仍然可以通过暗示的方法,将我内在地感受到的东西,暗示给别人知道。但要使这种暗示能够成功,就必须在另一个人那里,如同在我这里,进行一种认识之批判和思维之扭转,背离思维的通常方向,从而返回到事物本身。不是从自我、主体出发,通过概念来抵达事物,而是借助于概念、语言、图象,让事物尽可能如其所是地呈现出来,返回到在意识之中呈现的直接材料,即返回到事物本身。

在柏格森看来,一种认识的理论与一种生命的理论是不可分的。如果不伴随着对认识的批判,所谓的生命理论所能做到的,只是被迫接受知性所给出的概念,将科学中的各类事实纳入一些既有的概念框架之中,从而获得的其实只是某种概念的辩证法。两种理论应该互相促进,推动对方前进。

---

① Henri Bergson, *L' Evolution créatrice*, 1907, Paris, PUF, A.François(éd), 2007, p.Ⅶ.

一方面需要对借助于概念和空间化方式来思考的知性进行批判，另一方面在这种批判的基础上，应该引入通过内在生命所显示出来的绵延的光明，从而在有所破之后亦能有所立。

通过考察这两种理论和推进这两种理论，有助于我们去解决一些哲学史上的难题。因为如果二者得以成功，我们就能够参与到智力的形成，以及物质的诞生，从而最终发现自然和精神的根源。这样一种抱负，推动着柏格森去研究19世纪的生命科学，从而写出《创造的进化》这一杰出的生命史诗和伟大的哲学著作。

同样也是深入地考察生命与认识以及二者之间的关系，另一位法国哲学家，康吉莱姆，也将深入地考察和研究20世纪的生命科学，并且梳理从古希腊以来西方人关于生命的科学思考和哲学思考，从而陆续写出《正常与病态》《生命的认识》等重要而深刻的哲学著作，并且对福柯、布尔迪厄、巴迪欧等当代法国哲学家产生了深刻的影响。深受巴什拉的影响，康吉莱姆在他的研究中，将科学史的考察与哲学反思有机地结合在一起，从而带给我们关于生命的全新认识。柏格森更关注的是普遍意义上的生命，并且通过道德、宗教等行动，使得人从生理层面的生命上升到精神层面的生命。康吉莱姆主要关注的则是生命体（vivant），即作为个体存在的生命。生命体并不是生活在粗野的旷野之中，而是生活在某种已经被生命化或者被生命体改造了的环境之中，并且在与环境的互动之中，生命体不断地改造作为其对立面及生存物质基础的自然环境，使之转化为与生命体的呼吸、饮食、运动等生命节奏相合拍的属于该生命体特有的环境、特有的自然，并进而使生命体获得了一定的自治性和独立性，从而成为自行规定其生命规范的生命体，自行规定对于生命体自身而言何谓正常、何谓病态。在康吉莱姆的这样一种生命哲学之中，生命体不再是亚里士多德意义上的灵魂，不再是笛卡尔意义上的自动机器，也不再是生机论意义上的生命原则，也不仅仅是柏格森所说的生命冲力，而是生命自身规定自身、生命自身创造自身。如果借用康德式的表述，在笔者看来，康吉莱姆所试图阐释的其实是这样一种生命哲学：生命自身是自律的（autonome），既是自身的立法者，又是它所赖以生存的环境和自然的立法者。

　　贝尔纳（Claude Bernard）认为"生命就是创造"（la vie est création），柏格森与康吉莱姆，两人分别以不同方式重新诠释了贝尔纳的这句名言。在21世纪的今天，回顾和重温柏格森与康吉莱姆的生命哲学，正是为了更好地理解和诠释人类生命本身所具有的变动性、创造性、精神性，从而在未来的生命征途之中，更好地理解我们自身的生命、他人的生命，更好地理解包括人在内的生物界、自然以及整个宇宙的生命，从而更好地珍惜生命、关爱生命和创造生命。

第一部分

柏格森的生命哲学

第 一 章
柏格森的二元论及其化解

  1889 年,年仅 30 岁的柏格森出版了《论意识的直接材料》,这本书标志着柏格森哲学的初步形成。和休谟、莱布尼茨、谢林等人一样,柏格森也是一位早慧的天才,从而得以在如此年轻的时候就建立起属于自己的原创性哲学。正是在这本著作中,他提出了最重要的哲学概念:绵延(durée)。通过置身于绵延之中,我们得以把握真正的时间、真正的意识、真正的自由、真正的生命,不再从某个抽象的、晦涩的概念或者某种冰冷、生硬的物质出发来设想生命,而是让活泼、灵动、温暖的生命本身直接地在场起来、直接地呈现出来,呈现在我们的意识之中,感受到生命本身的律动与嬗变、感受心灵本身的流动与丰厚。在意识之中呈现出来的任何一种情感、一种情绪、一种体验,都是某种浓得化不开的整体、某种持续不断的进展、某种不断更新的变化。日常语言所说的瞬间、状态、面向,都已不再是绵延本身,而只是绵延的一种投影,都只是此绵延在心灵中的空间化呈现,如同将心灵视作明镜,种种状态在镜中皆有其投影,并且各状态之间,如同诸多原子,彼此之间各据其位、泾渭分明。这些投影,恰恰被理智安排在空间之中,故而空间中的一切,皆与绵延相反。空间可以视作一个均匀、平整的平面,无边无际,从而无数现象、情状皆可分布在空间的某一位置。在此平面之上,设置一个垂直于平面之纵向轴,遂成三维空间,正可对应于解析几何的三维立体坐标系。在柏格森看来,尽管只有绵延之思才得以回归到真正之意识与生命,然而空间化亦是生命本身的自然倾向和本质需求,因为生命体并不停留在绵延之中,而是会将绵延转化为行动,行动有时需要知识,知识要求将对象客观化,从而在空间之中定位并且形成一定的概念化认识,甚至需要将这种知识转化为概念和语词,从而能够与其他的生命体进行信息的交流。在柏格森看来，语言交流、科学研究这些活动，都预设了空间化作为前提，然而人们没有注意到的是，空间化的操作，既有所得，亦有所失，一方面意味着对于事物的片面化以及对于某些可供公共交流的面向和特征的抽离，另一方面也意味着对于事物的整体的忽视以及对于另一些无法公共化的面向和特征的遗弃。更重要的在于，空间化意味着对于无限丰富、不断变化的现象本身的平面化处理，是用局部代替了整体，用静止代替了运动。也就是说，一旦我们用空间化的时间、空间、概念等来打量事物，被打量的就已经不再是事物本身，而只是事物的影子、复本、投影。因此，返回到真正的绵延，并不意味着返回到某种原初的意识，而是返回到原初的、前科学的生活世界，那未被理性之光平面化的、粗野而又生机勃勃的世界本身。

在柏格森这里，绵延与空间的对立，却隐藏着极严重之理论难题。因为，仅从《论意识的直接材料》中的表述来看，我们只有在内心意识状态之中才能感受到绵延，而外部世界则完全处于空间之中，外部的物质世界是没有绵延的，而只是处在客观化、对象化、几何化的空间之中。于是，在许多读者看来，这似乎是对于笛卡尔二元论的某种翻版。笛卡尔在《第一哲学沉思录》中指出，有着两种性质完全不同的实体，一种是思维，一种是广延。一方面，我是一个思维着的东西，一种精神性的东西："什么是在思维的东西呢？那就是一说，一个在怀疑、在肯定，在否定，知道的很少，不知道的很多，在爱、在恨、在愿意、在不愿意、也在想象，在感觉的东西。"①另一方面，我的身体则是一种物质性的东西，而物质又被归诸为广延。笛卡尔在"第二沉思"中，通过对于蜡块的分析，实际上得出了关于物体和广延的两种观点，第一种观点可以称为常识的观点或者流俗的观点，从这种观点出发对物体进行如下的描述："物体，我是指一切能为某种形状所限定的东西；它能包含在某个地方，能充满一个空间，从那里把其他任何东西都排挤出去；它能由于触觉，或者由于视觉，或者由于听觉，或者由于味觉，或者由于嗅觉而被感觉到；它能以若干方式被移动，不是被它自己，而是以外的什么东西，它受

① 笛卡尔：《第一哲学沉思录》，庞景仁译，北京：商务印书馆，2007 年，第 34 页。

到那个东西的接触和压力,从而被它所推动。"①然而,在接下来的蜡块的分析中,这些感官获得的关于物体的认识,实际上都被视作靠不住的。经过了加热之后,原有的颜色、味道、香味,全都消失了。正如笛卡尔所说的:"在发生了这个变化之后,原来的蜡还继续存在吗? 必须承认它还继续存在而且对这一点任何人不能否认。那么在这块蜡上认识得那么清楚的是什么呢? 当然不可能是我在这块蜡上通过感官的媒介所感到的东西,因为凡是落于味觉、嗅觉、视觉、触觉、听觉的东西都改变的。"②那么在前后两种状态中,持续不变者为何? 是那种"有广延的、有伸缩性的、可以变动的东西",而这种东西,不是通过感官获得的,也不能通过想象来领会,而是"只有我的理智才能领会它"③。被归结为广延的物质,变成某种无色、无味或者说不具备任何可感性质的均一的、单质的存在,各种可感性质乃是感官与物质交互作用的效果,并不属于物质本身的属性。广延的运动、变化,最终都可以用力学和机械规律来解释,并且广延是无限可分的。于是,在笛卡尔这里,就出现了一种思维与物质、心灵与身体的二元论,广延可以运动但无法思维,思维只能思维而不具备任何广延,二者是两种性质完全不同的实体,这两种性质不同的实体,如何在人这里统一在一起,就成为现代哲学之中最难解决的问题之一。

在《论意识的直接材料》之中,外部世界中的事物都处在空间之中,并且只能以空间方式来加以认识。事物处在流变和运动之中,流变与时间相关,因此我们也就顺便从空间出发来考察时间、认识时间,结果时间就变成了空间。然而,在柏格森看来,除了我们日常生活中习以为常的钟表的时间、线性的时间,还有着一种真正的时间,而日常生活中的线性时间观其实不过是对于真正的时间的一种外在的描述。那么什么是真正的时间呢? 那就是绵延,即我们在内心活动之中可以感受的一种持续不间断的进展。从绵延出发,我们对于我们自身将获得一种全新的理解,并重新理解自由、生命、精神。实际上柏格森后来所发展出来的生命哲学,可以视作对于绵延概念的一种拓展和深化。但是,绵延概念的提出,也引发了重要的理论难题:如果绵延只限于我们内心,那么在我们之外的外部世界,是否都束缚在某种决定论或者必然性之中,从而我们岂不是要再次面临康德关于自然和必然的二律背反的难题?

1896 年,柏格森出版《物质与记忆》,尝试解决身心关系这一形而上学传统难题。对于整个柏格森思想而言,这部著作起到极为重要的作用。德勒兹指出:"柏格森主义的秘密就存在于《物质与记忆》之中。"①这种重要性体现在:在《论意识的直接材料》一书中所存在着的关于绵延与空间的对立和矛盾,在《物质与记忆》之中得以减轻和化解,使得绵延与空间之间的对立、精神与物质之间的对立,不再是一种质的差异,而仅仅只是量的差异。不过,另一方面,在《物质与记忆》之中,对于"身心问题"的解决远非完备,同时又引发了许多新的问题。借助于《创造的进化》,绵延在一种生命哲学之中获得了一种全新的维度和含义。通过晚年著作《道德与宗教的两个来源》,生命哲学在一种行动哲学之中得到了升华。

第一节　柏格森的二元论:绵延与空间

我们首先考察一下柏格森的第一部著作《论意识的直接材料》,正是在这本书中哲学家首次提出了"绵延"(durée)的观念,这既是柏格森哲学的起点,也是我们理解和阐释其哲学的起点。在这本书的前言中,柏格森就指出,我们通常是在空间之中思考的,我们习惯于将各种观念放在空间之中,采取适用于物质的概念和框架来思考观念和精神。然而,有些事物其实并不在空间之中占据任何位置。很多哲学问题其实并不是真正的问题,而是源于人们日常语言的混乱和思维的混乱,其中最大的原罪就是混淆了绵延和广延。

正如英译本题名"时间与自由意志"(The time and the free will)所揭示

---

①　德勒兹:《荒岛及其他文本》,南京:南京大学出版社,2018 年,第 37 页。

的,这部著作将要处理的两大核心问题分别是时间问题和自由问题。在柏格森看来,因为形而上学家们的时间观念和自由观念已经预设了某种关于意识的观念,即将意识视作无数心理状态的集合,或者将意识视作使得这些心理状态得以可能的某种先验场域(统觉、纯粹意识)。然而这样的一些预设是错误的,已经含有了某种形式的决定论,从而根本不足以把握心灵本身的创造性、运动性、灵活性。因此,只是返回到在意识之中的直接的被给予,即那原初的、非形式化的、非空间化的绵延,源源不断、生生不息,充满力量和生机,不断扩展,连续不间断。唯有从绵延出发,才有可能把握到真正的时间,也唯有从绵延出发,才有可能把握到真正的自由。在柏格森看来,自由是一种事实,是每个人在其意识之中可以直接体验到的。因此,有必要在一种新的理论视域之中重新思考自由问题,或者说,通过置入新的理论视域,从而解决传统哲学史中关于自由与决定论的两难问题。重要的不在于解决问题,而在于重新提出问题,或者说提出新的问题。这就是对于福柯、德勒兹等人影响甚大的"成问题化"(problématiser)的方式。重新提问,并不是将原有的问题再问一次,而是要引入新的理论思考,对世界作出新的界定、新的区分,从而在新的理论视域之中,原有的对立不再有效,原有的问题也不再有意义,从而才有可能代以新的问题。因此,西方哲学史中,每一位有创见的大哲学家,其贡献并不在于具体解决了哪些问题,而在于引入新的界定、新的区分,使得旧有的问题失去效力,从而才有可能代之以新的问题。

在《论意识的直接材料》一书中,柏格森建立了许多区分。其实书名已经暗示着某种区分和对立,"直接"(l'immédiat)相对于"间接"(médiat)。这种对于"直接"的偏爱,显然与让·华尔在《朝向具体》(Vers le concret)一书中所阐释的对于"具体"的偏爱,与胡塞尔的"回到事情本身",有着共同的理论旨趣。如何理解这个"直接"概念,这种"直接哲学"与传统的经验论区别何在? 与胡塞尔的"回到事情本身"有何区别与联系? 我们先看看柏格森本人如何理解"直接"这个概念。

在"法国哲学协会"的一次讨论中,柏格森说:"一切哲学,都不得不从这些被给予(ces données)出发,如果有人要考察自由意志,无论是要加以肯定还是要加以否定,都必须从被感受到的直接感受出发。"①接下来,柏格森指出,有两种类型的认识,一种是静态的,通过概念进行,认识者和被认识者互相分离;"另一种则是动态的,是通过直接直观进行的,认识行动与实在的生成实行浑然一体"②。这种"直接的"哲学,与"概念哲学"相对立。因此,哲学需要"返回到直接",而不应该停留在概念的建构层面。

返回到直接,这是如何进行的? 在与事实浑然一体的直接认识的另一侧,还有一种反思的意识,这种反思的意识正是在概念的帮助下对于实在的重新再现(représentation)。但是,要使直接意识显现出来,必须借助反思意识的迂回,并通过对反思意识之批判,返回到直接意识。因此,哲学开始于对概念的批判,指出概念的多义性、模糊性,指出某个概念总是与其他的诸多概念混杂在一起,与现实混杂在一起,从而使得精神无法将概念之间的区别和分野加以清晰地辨识。因此,这种批判就旨在于建立一系列区分,并通过精细的分析揭示出一个概念的真正含义,并且使之与其他的概念区分开来。这样一种对于概念的研究、分析和判定的工作,是许多哲学家都擅长使用的方法,柏格森也不例外。在《论意识的直接材料》一书中,正是通过对"强度""绵延""自由"等概念的分析,逐步展示柏格森的哲学。

柏格森建立了许多区分,如质的多样性和量的多样性、绵延和空间、空间化的时间与真正的时间、表层自我和深层自我。这些区分之中,当然最重要的是绵延和空间之区分;其他的区分,或者以绵延概念为前提,或者以绵延概念为归宿。正如沃姆斯指出,在绵延中,有三个要素:衔接(succession)、持续(continuation)、构成为整体(constitution d'un tout)③。所谓衔接,指的是各个部分——严格说来,部分并非实在,而只是对整体进行知性化处理的抽象结果——彼此之间互相连接,并且找不到泾渭分明的界线。所谓持续,指的是对于任何一个被感受到的体验而言,这个体验不只是当下呈现,而且是与之前的印象的滞留以及对于之后印象的预期以一种浑然一体的方式纠缠在一起。这种绵延同时还是一种整体,只有通过知性的操作,才有可能从

① 《杂著集》(Henri Bergson,*Mélanges*,Paris:PUF,1972)(以下标注为《杂著集》)。

② 《杂著集》,第773页。

③ Frédéric Worms,*Vocabulaire de Bergson*,Paris:Ellipse,2000,p.20.

中区分出不同的"部分"、不同的"阶段"、不同的"面向"。德勒兹在其《柏格森主义》一书中,也指出绵延作为一种多样性,同时具有三个主要特征,即持续性(continuité)、异质性(hétérogénéité)、简单性(simplicité)①。持续性即前面所说的衔接与持续。而简单性则是前面所说的构成为一个整体。而所谓异质性,强调的是绵延乃是一种持续不断的差异化运动,不断地与自身相差异,成为自身的他者,从而是一种绵绵不断的生成和变异。

德勒兹还注意到,柏格森为了说明绵延使用了多样性(multiplicité)这个术语。引入这个术语,柏格森意在进行两种不同的多样性的区分,而不是像古代哲学家那样,引入"一"(l'Un)和"多"(le Multiple)的区分和对立。众所周知,康德在《纯粹理性批判》中,指出通过感觉,将会接受到某种杂多(le divers)。但是,如果说这些感性杂多还是全然无序,那么它将被时间和空间这两种感性的先天形式进行整理,从而被纳入一定的时间、空间之中,从而成为现象。现象还将进一步受到知性的12个范畴的进一步整理,从而最终成为人类知识的潜在来源。在康德看来,时间和空间是感性的先天形式,也就意味着人类的感性直观以及通过感性直观所获得的经验,都必须戴有时间空间这两副有色眼镜。尽管康德不同意牛顿的绝对时空观,而是将时空主体化了,但是对于柏格森而言,关键点也许并不在于时间和空间是主观的还是客观的,是相对的还是绝对的,而是在于,康德以及其他哲学家所设想的或者所认定的,到底是何种时间和空间? 是通过钟表、小时、分秒等来表现出来的线性时间,还是通过我们的生命、我们的意识所直接把握到的流逝着的时间? 要把握柏格森所说的时间,我们先看看他所说的两种多样性。

柏格森区分了两种多样性,并排置列的多样性与互相渗透的多样性(multiplicité simultanée et multiplicité interpénétrée)。为了便于理解,我们可以将二者分别理解为物质对象的多样性和意识状态的多样性,即物的多样性与心的多样性,但也无需将二者绝对化,因为实际上,人们既可以用心的方式来理解物,也可以用物的方式来理解心。这两种多样性,可以被理解为

① Gilles Deleuze, *Le bergsonisme*, Paris: PUF, 1966, p.36.

空间与绵延的对立在多样性范畴中的不同体现：当人们从空间出发来理解对象（不论此对象是物质的还是意识的），都倾向于将对象理解为无数原子状态或者原子单位的聚集，这些原子状态，处于不同的位置，从而可以通过一定的结构、秩序而组合起来，并最终被主体所认识；而当人们从绵延出发去理解对象时，将会发现对象是无数被化约的，呈现出无法被还原的独特性、特殊性，此物与彼物，物之自身与物之他者，皆处于模糊状态，在物与物之间，对象与对象之间，状态与状态之间，找不到一条清晰明白的分界线，来区分出你我、彼此、前后、左右，一切都在某种模糊、混沌之中。然后，在这样一种绵延的理解之中，对象却被绝对地给予，主体真切地感受到对象的味道、滋味、力度等，也就是说对象的某个部分甚至对象的整体，得以进入到主体之中，因此这样的经验才是"意识的直接材料"。

并排置列的多样性，往往是一种在空间中的多个对象的并置，从而人们可以计算这些对象数目。实际上，计算这一活动之所以可能，最重要的理论前提在于：存在着一种均匀的、单一的、空虚的空间，从而使得各种对象得以陈列出来，并且处在不同的位置，且这些位置都处在可以被理智同时处理的范围之内。也就是说，两个不同的对象，不能占据空间的同一个点，而是互不渗透的。计算活动的对象，必然是在这个空间之中互不重叠、位置各异、互相排斥的对象。被计算的对象，是一个单位（unité 或译为个体），仿佛是某种原子，并且与其他对象都可以被归为同一个集合之中。这样的一种对象具有某种不可透性（impénétrabilité），仿佛可以被视作一颗无法被穿透的金属球。这种不可透性正是物质的本质特征之一。在笛卡尔那里，物质事物作为被考察的对象时，是作为广延被考察的。正如笛卡尔在《哲学原理》中所说的"有形体的实体，只有通过其广延才得加以清晰地构想"①。在这样一种观念中，人们总是倾向于用几何的、数量的方式来呈现物质对象，而忽视其时间的、质的方面。

与之相反，意识状态呈现出与物质对象截然不同的多种特征。意识状

---

① René Descartes, *Les principes de la philosophie*, Partie II, 9, in *Oeuvres philosophiques*, Tome II, éd. Par F. Alquié, Paris：Garnier, 1973, p.154.

态总是彼此相续,而且,各种意识状态还往往互相渗透,彼此交融,每个当下的状态,既包含着过去,亦包含着未来,所有这些状态,汇集在一起,从而构成某种"有机的整体性"(totalité organique)①。柏格森还借用雪球、河流等比喻,来描述意识状态的这种不断延续、不断扩展的特征。在他看来,将心理状态表象为许多个孤立的原子状态的集合,这既不符合事实,而且也将成为许多错误的哲学问题和哲学理论的来源。

通过对意识状态的多样性的考察,柏格森进一步引入了绵延概念。实际上,绵延概念源自对时间概念的重新理解,因为在柏格森看来,现代形而上学中的时间,无论是牛顿的绝对时间,还是康德那里作为先天感性形式的时间,都实际上只是一种空间化的时间,而不是真正的时间。这种空间化的时间观,在于把时间设想为某种"空虚而均匀单一的场所"(un milieu vide homogène)②。正是在这样一种空间之中,人们有可能将多个对象陈列在不同的位置上,从而加以计量。而我们前面所提到的物质的不可渗透性,正与这种空间观念紧密相关。实际上,当我们认为一个事物是不可渗透的,我们已经引入了某种空间观念。假如空间中的各个对象,是可以互相渗透的,那么也就是可以互相重叠的,在这种情况下设想一个匀质而空虚的空间是无意义的。

实际上,绵延的概念,正是在与这样一种空间概念的对比之中才得以出现的。空间的诞生,来自某种意识行动,这种行动与康德所说的先天感性形式有接近之处。通过这种行动,可以将所有的对象都并列地安放在"某种空虚的、同质的场域"(un milieu vide homogène)③。这种行动的本质性特征就在于,它能够构想出一个空虚、同质的场域,作为事物安放、运动的场所。例如在康德看来,空间是外感官的一切现象的形式,"亦即唯一使我们的外直观成为可能的主观感性条件"④。沃姆斯就此写道:"因此,空间就是纯粹

---

① 参见杨科列维奇:《柏格森》(Vladimir Jankélévitch, *Henri Bergson*, Paris, PUF, 1999),第 5 页。
② 《论意识的直接材料》(Henri Bergson, Essai sur les données immédiates de la conscience, Paris: PUF, 2007)(以下标注为《论意识的直接材料》),第 70 页。
③ 《论意识的直接材料》,第 70 页。
④ 康德著,邓晓芒译:《纯粹理性批判》,北京:人民出版社,2017 年,第 25 页(A26/B42)。

的、同质的表象（再现），我们支配并立的对象，并且区分它们、分离它们。"①借助这种空间观念，我们可以尝试把意识的内在的状态解释为在一个同质空间中的许多个点，于是就可以把质显现为量。还值得注意的是，在柏格森看来，这样一种空间观念，并不是与生俱来的，也并非人类最原初的、最直接的经验，因为人类最直接的、最原初的经验，毋宁是世界本身及其多样性的丰富存在所呈现给我们的质的多样性、模糊性、差异性，世界上找不到两片完全相同的树叶，也找不到完全相同的两个石头，"性质差异在自然之中是无所不在的"②。而上述这种"空虚的、同质的场域"意味着对上述这种根本的异质性的一种反动，而这种异质性构成了我们的经验的基底。

与空间概念相反，在绵延中，所有的状态都互相渗透、互相交融从而最终形成一个整体，从而不可能从中抽离出任何一个部分作为一个独立的原子状态。仅仅是通过人的理智的努力，才有可能从人的意识之中分离出过去、现在、未来，才有可能从中分析出一个又一个互相孤立、彼此分离的意识状态。因此，纯粹的绵延，是一种互相渗透的质的多样性（une multiplicité qualitative et pénétrante）、一种无外在性的延续（une succession sans extériorité réciproque）、一种有机的进展（un développement organique）、一种纯粹的异质性（une hétérogénéité pure）。它不断延续、又不断差异，每一瞬间都有异于此前的瞬间，却又不失其保持其自身。柏格森写道：

> 当我们的自我任其自然地生活之际，当自我不再固执于割裂当下状态与之前状态，我们的意识状态的陆续出现就具有了纯粹绵延的形式。为此，自我不需要对已经成为过去的感觉或观念全神贯注，如果这样做，自我就不再绵延。自我也不需要忘却以往的状态：只要在回忆这些状态时不把它们放在现有状态旁边，好像把一点放在另一个点旁边，而是将它们（已往和当下）组织起来使之融为一体，如同我们在回忆一

---

① 沃姆斯：《柏格森词汇》（F. Worms, *Le vocabulaire de Bergson*, Paris, Ellipses, 2000），第24页。

② 《论意识的直接材料》，第72页。

首曲调的各个声音，而这些声音彼此融化在一起。我们说，即使这些声音是一个一个陆续出现的，我们却还觉得它们互相渗透着；这些声音的总和可比作这样一个生物：生物的各部分虽然彼此分开，却正由于它们紧密相连，所以互相渗透。……所以我们可以设想有一种没有区别的陆续出现，并可以当作一堆互相渗透、互相联系和共同组织；其中每个因素代表着整体，又只有抽象的思想才能把每个因素跟整体辨别或分开。①

但是，纯粹绵延的概念、绵延—时间的概念，常常为我们所忽视。人们总是有意无意地用空间代替时间。"要呈现纯粹的、原始的绵延，我们感觉一种前所未有的困难。"②这种困难在于，我们总是习惯于从外部事物的角度来思考、习惯于在空间中思维。把空间设想为一个同质的场域，这有助于发现外在的事物本身，并且有助于人们对外物采取行动，以满足人们生活的需要和对利益的追求。因此，一旦人们习惯了在空间中思维，就很难从这个思维惯性中走出。

在柏格森看来，正是因为前人混淆了绵延与空间，总是在空间中表现时间，从而引发了各种各样的形而上学难题。实际上，一旦人们从绵延出发来重新设想意识概念，就会发现自由在这种新的视域之中对于人们而言完全是不争的事实。"自由的行动发生在正在流动的时间之中，而不是发生在已经流逝的时间之中。所以自由是一种事实。"③实际上，柏格森的自由观，已经预示了萨特的自由观，都是将人本身的生命或者存在，视作一种自由。

不过，柏格森在完成此书之后，很快就察觉到，自己的这一学说陷入了一种类似于笛卡尔的二元论困境。对此他自己后来写道：

　　于是，自由对于我们就显现为一种事实；另一方面，对宇宙的决定

---

① 《论意识的直接材料》，第74、75页。此处译文参考中译本《时间与自由意志》，第74页。

② 《论意识的直接材料》，第79页。

③ 《论意识的直接材料》，第166页。

论的肯定,已经被学者们设定一种方法规则,并且普遍被哲学家们接受为一种科学信条。人的自由是否与自然界中的决定论不相矛盾? 正如自由对于我们已经变成一件不可怀疑的事实,在我们的第一部著作(《论意识的直接材料》)中对此单独进行了考察:决定论尽其所能地与之相协调;决定论当然会与之相协调,因为任何理论都无法长期地与事实相抗衡。但是,在我们的第一部著作中被避开的问题,现在就在我们面前树立起来,成为无法逃避的问题了。[1]

换言之,绵延和空间的对立,似乎又重新引发了哲学史上的老问题:自由和必然的对立。如何设想一个人,一方面能够自由地行动,一方面却又不得不屈从于宇宙间的决定论? 作为一个绵延着的自由的人格,却同时有着一个不得不服从于外界的自然法则的物质的身体。面对这样一种二元论困境,柏格森不得不回到身心关系这一哲学史上的经典问题,并在他的第二部著作《物质与记忆》(1896)之中对此加以探讨并尝试解决。

第二节 《物质与记忆》的结构

1896 年出版的《物质与记忆》,给柏格森带来了学术上的成功。这本书给同时代人留下了深刻的印象,从而帮助柏格森进入法兰西讲坛(Collège de France)。另外,这本书也被认为是哲学史上一部相当晦涩难懂的著作。这种理解上的困难,首先来自著作所讨论的素材,许多来自当时的实证经验科学,如心理学、生理学;其次,来自作者在表述时使用了一些含义可能不够精确的术语,最典型的如"形象"(image);再次,则归因于作者想要表达的问题的复杂和思想的艰深。实际上,每一个大哲学家,在表达自己的理论时,都会遇到类似的困难,因为他们不得不借助于既有的、属于大家的概念和语言来表达他自己个人在长期的思考过程中所发现的独特的哲学直

---

[1] 《思想与运动》(Henri Bergson, *La pensée et le mouvant*, Paris: PUF, 2009)(以下标注为《思想与运动》),第78—79 页。

观①。接下来,我们将对此书第一章中的几个核心概念进行梳理。

《物质与记忆》一书先后有过两个序言。1896 年首次出版时,即带有一个序言。后来,1911 年第七次再版时,柏格森写了一个新的序言,取代了第一版序言。这两个序言的差异,也许有助于我们的理解。

在第一版序言中,柏格森写道,这一著作的出发点,在于第三章,在第三章中,他证明"同一种精神现象同时令许多个不同层次的意识平面(plans de conscience)感兴趣,而这些不同层次的意识平面正好标志着在梦与行动之间的所有的中间层次:而正是在后一个意识平面,也仅仅是在这个意识平面,身体才参与进来"②。毫无疑问,这里所说的后一个意识平面,正是指行动的意识平面。通过绵延概念,柏格森已经获得了一种关于意识或者精神的崭新看法。然而,为了解决身心关系难题,也有必要对身体概念加以重新考察。身体是物质的一部分,因此,也有必要考察什么是物质。正是此书的第一章回答了这一问题。正如柏格森在第一版序言中说的:"因此,我们必须对身体的概念进行深入的考察,对比关于物质的实在论理论和观念论理论,从中抽取出共同的前提,并且,如果取消一切前提,是否能够更清晰地发现身体与精神的区分同时更为切近地进入到身心关联的机制之中。"③

后来,在该书出至第 7 版时,柏格森用一个新的序言取代了第一版序言。在第七版序言中,柏格森特别强调了书中出现的一个难点,"图象"(image)的概念④。但是,在我看来,他的表述很容易造成某种误解。因为序言的第一句话说道:"这本书,肯定了精神的现实性,物质的现实性,并且尝试基于一个精确的例子来规定二者之间的关系,这个例子即记忆。"⑤这

① 可参见柏格森《思想与运动》一书中的《哲学直观》一文。
② 《物质与记忆》[Henri Bergson, *Matière et mémoire*,(1896),PUF,C.Riquier(éd),2007,edition critique](以下标注为《物质与记忆》),第 444 页。
③ 《物质与记忆》,第 444 页。
④ 正如沃姆斯所指出的,image 作为哲学概念,主要在《物质与记忆》中被使用,但在此之后基本上这个术语就被弃置了。我们也注意到,柏格森也在另一个含义上使用 image 一词。例如,在"哲学直观"和"形而上学导论"等文章中,image 用来指一种间接地指示实在的方法。也就是说,当概念不足以表达思想时,人们有时就用图象(image)来指示。参见《思想与运动》,第 130—131 页;《杂著集》,第 1526 页。
⑤ 《物质与记忆》,第 1 页。

句话极容易误导读者,让人们以为柏格森所主张的是一种既肯定物质又肯定精神的二元论。实际上,在《物质与记忆》中,柏格森所做的理论尝试,其目的正在于消解二元论或者弱化二元论。基于图象概念,柏格森发展出一种纯粹知觉的理论。通过纯粹知觉理论,柏格森尝试超越现代哲学中常见的主客对立,尝试超越实在论、观念论之对立,超越事物与表象之对立,从而建立一种新的认识理论。因此,在这个意义上,柏格森的哲学导向某种"经验的转向",在这种转向中,传统认识论中许多难以解决的难题,都将在新的经验视域中得以消解或者得到解决。

当然,柏格森有理由对"图象"概念做特别的强调。实际上,《物质与记忆》整部著作,可以视作某种程度的"图象理论",我们只要注意一下著作四个章节的题目:第一章"论挑选图象以便再现"(De la sélection des images pour la représentation),第二章"论图象之确认"(De la reconnaissance des images),第三章"论图象之持存"(De la survivance des images),第四章"论图象之限制和固定"(De la délimitation et de la fixation des images)。也就是说,从这四个标题看来,"图象"这个概念是本书的核心概念。全书所讨论的,不过是"图象"这一概念的再现、挑选、确认、持存、限定、固定等,也就是说"图象"在知觉、身体、记忆中被发现、被回忆、被找回、被认知等过程,似乎整部著作是某种意义上的"图象学"。因此,我们将首先讨论第一章,正是这一章支撑着整部书的结构①。我们将在后面指出,一旦纯粹知觉的假设被提出来,就将会得出纯粹记忆的推论。但是,纯粹知觉和纯粹记忆都只是假设,有必要在经验中对二者加以检验,而这正是第二章和第三章所试图做的。最后,第四章研究的是由第一章的理论推导出来的一些形而上学结论。

第三节　图象、知觉、身体

《物质和记忆》的第一章和第七版序言,在其开始处,都宣称我们处在

---

① 参见帕内罗:《柏格森论身体、大脑和精神》(Alain Panero, *Corps, cerveau et esprit chez Bergson, le spiritualisme minimaliste de Matière et mémoire*, L'harmattan, 2006),第16页。

一个由图象组成的宇宙。图象的概念在观念论和实在论之间处在一个中间的位置，它处在"事物"和"表象"之间的"中途"①。我们首先得弄明白，柏格森这里所说的观念论和实在论各指的是什么。

1904年，柏格森在《形而上学与道德杂志》上发表了一篇题为《心理—生理平行论的谬误》一文，此文后来收入《心力》一书，更名为《大脑与思想：一个哲学幻像》(Le cerveau et la pensée: une illusion philosophique)。在此文之中，柏格森把观念论和实在论区分为针对同一个宇宙加以描述的两种不同的"记录体系"(système de notation)，而这两个"记录体系"是不兼容的。任何一种身心平行论的理论，总是同时包含着两种不同的记录体系。然而，人们在提出某种身心平行论观点时，总是悄悄地从一种记录体系过渡到另一种记录体系，但是，在两种互不兼容的记录体系之间反复摇摆，最终在逻辑上是站不住脚的。

在柏格森看来，有两种用以描述世界的记录体系，一种是观念论(idéalisme)，一种是实在论(réalisme)。(1)根据实在论，人们把世界看成无数事物的总和，也就是说，在我们所感知、我们所表象的东西之外还有某种东西。用康德的术语来说：在表象之外，还有物自身。(2)根据观念论，人们把世界看成无数表象，也就是说，在现实中不存在比我们的感知和表象更多的东西，一切都只是朝向我们意识显现出来的表象，除此之外再无他物。换用康德的术语，只有表象，没有物自身。

这两种记录体系是互相排斥的，但每一体系就其自身而言则是自足的。而身心平行论的谬误就在于，同时使用这两种记录体系。为了更充分地说明这一点，柏格森指出：(1)如果选择观念论，那么平行论则包含有矛盾，从而不得不滑向实在论；(2)如果选择实在论，同样地，那么主张一种平行论也会导致矛盾，从而不得不滑向观念论；(3)实际上，只有同时既运用观念论，又运用实在论，才有可能使得身心平行论显得可以接受。

---

① 《物质与记忆》，第1页："物质，对于我们而言，是众多'图象'的集合。通过'图象'一词，我所理解的是，一种特定的存在，多于观念论者所说的表象(représentation)，但又少于实在论者所说的事物(chose)——一种处于事物和表象之间的中途的存在(une existence située à mi-chemin entre la《chose》et la《représentation》)。"

为了更清楚地说明这一点,先让我们从观念论出发。在这种情况下,身心平行论意味着,"一旦我们拥有了大脑的状态,哪怕通过一根魔法杖把所有的被感事物一下子全部取消,在意识中发生的一切仍然丝毫不变,因为决定了意识知觉的并不是事物本身,而是由事物所引发的大脑状态"①。也就是说,只有大脑中的各种生理状态保持其状态,外部世界的事物存在与否,都将无关紧要。然而,这其实是荒谬的,因为根据观念论,一切皆是表象,那么大脑也是表象,并不具有比外部世界的表象更多的特权。而平行论却告诉我们,大脑这一表象有能力产生或者代表其他表象,也就是说部分表象(大脑)产生全体(世界)。这实际上意味着大脑是一种特殊的表象,有着超出一般表象的更多能力。于是,这也意味着大脑不只是表象,而是超出表象更多的东西,也就是说,悄悄地引入了实在论。

如果从实在论出发,身心平行论也将遭遇类似的困境。"实在论的本质在于假定在我们的表象背后有着某种不同于表象的原因。"②在这种情况下,身心平行论表现为两种形态:第一种形态被称为"副现象论",即生理现象,尤其是大脑的状态产生了心理现象和意识现象,知觉、回忆、思想等只是生理现象的衍生物,因此只是一些"副现象"(épiphénomène)。第二种形态,则认为心理现象和生理现象,皆是同一种现实的两个方面或两种表述。不过,这两种观点都认为:相应于每个特定的大脑状态,都有与之对应的特定的意识状态。因此,若能够巨细无遗地掌握大脑之中发生的一切细节,也将能够巨细无遗地掌握和预测意识中发生的一切。不过,这两种观点都包含有一个矛盾。实在论认为,在表象系统之上,还有一个实在事物之间互相作用的系统,也就是说,世界是一个无数事物互相作用但受制于自然法则的系统。然而,身心平行论却将大脑单独抽出来,认为大脑状态可以成为引发表象的原因。而根据实在论,只有外在的对象,那表象所不及的物自身,才是引发表象的原因。显然这里隐含着一种矛盾,为了化解这种矛盾,人们往往悄悄地引入观念论。正如柏格森所说的:"但是,真相是实在论无法一直保

---

① 《心力》(Henri Bergson, L'énergie spirituelle, Paris: PUF, 2009)。(以下标注为《心力》),第196—197页。

② 《心力》,第201页。

持其纯粹状态。人们能够在表象的背后设定一般的实在的存在：无论有意还是无意，一旦人们开始谈论某个特殊的现实，人们就使得事物与人们关于事物的表象或多或少地混为一谈。"①也就是说，当人们把"我的身体"或者大脑单独拿出来并视作特殊的表象，就开始有意无意地在观念论中看待其他事物、将它们视作单纯的表象。

于是，无论身心平行论诉诸观念论还是实在论，最终都不得不潜在地同时求助于两种记录体系，然而这两种体系却是互相排斥的。而且，在柏格森看来，观念论和实在论都分享了同一个源头，即都源自人类理智的知性主义倾向。观念论的本质，在于止步于意识中的各种表象，这些表象皆可在空间中展开；而实在论的本质，则在于认为这些在空间展开的观念只是表面现象。每一个科学工作者，在其进行科学研究时，都或多或少地是一个观念论者，而实在论却更多是一种理想，提醒我们不能满足于对现实所作的空间化解释，从而与现实建立一种更亲密的联系。而身心平行论的本质，就在于试图同时调和观念论和实在论，然而二者实际上是无法调和的，从而也注定了身心平行论从一开始就已经陷入了知性主义的概念诱惑，无论其形式多么精致，最终只会导致谬误。

对于实在论而言，在我们的表象之外有着"物"，然而，对于观念论而言除了表象之外别无他物。在传统哲学中，宇宙论或者是观念论的，或者是实在论的。对于这样一种区分，柏格森实际上在《物质与记忆》的第一章中已经提出来了②。无论如何，实在论和观念论这两个术语，所指的是两种对立的假设，用来设想现实及我们关于现实所具有的表象之间的关系。然而，对于现代哲学家们而言，总是存在着一些"哲学思辨的习惯"③，使得他们要么借用实在论，要么借用观念论，来设想世界。但是，这样一些思辨习惯只会把我们带入一些思辨的死胡同，使得我们无法直接面对实在的直接给予。

---

① 《心力》，第 204 页。
② 《物质与记忆》，第 20—22 页。
③ 《思想与运动》，PM，第 83 页："《物质与记忆》的第一章中，我们把反思的结果寄托在'图象'概念之上，对于所有那些具有哲学思辨的某些习惯的人而言，由于这些习惯，这一章是晦涩难懂的。"

也正是由于这些习惯,许多柏格森的读者,不论是与他同时代的人,还是今天的我们,在理解《物质与记忆》第一章时都遇到了极大的困难。

为了防止再次陷入各种哲学体系的思辨陷阱,就必须"在某一瞬间,假装我们完全不知道关于物质的种种理论,关于精神的种种理论,也不知道关于外部世界的实在性或者观念性的任何讨论"①。这是一种悬置,要求悬置所有的形而上学前设。这一说法,表面看来似乎类似于胡塞尔现象学中的还原②。就关于物质的理论而言,这一悬置所涉及的,不只是关于观念论和实在论的对立,还有着机械论和活力论之间的对立。后者虽然并没有在《物质与记忆》之中被直接提到,但显然也应该归诸于悬置的对象。因为柏格森在这一时期的讲课稿证明,他关于物质的各种理论的设想,基本上可归诸于两大问题,一是物质的存在问题(观念论和实在论),另一个则是物质的本性问题(机械论和活力论)。因此,澄清后一方面,将有助于我们更深入地理解柏格森的物质概念和他的图象概念。

1893年,柏格森在路易四世中学教授了关于形而上学的课程,其中有三讲的讲课笔记,被收入《讲义》第三卷,取名为"形而上学三讲"(Trois leçons sur la métaphysique)。在这三讲中,我们找到了关于物质的一讲③。在这一讲中,柏格森把物质问题分为两大类问题:一是关于物质的存在;二是关于物质的性质。关于第一个问题,有两种对立的主张,即我们前面所说的观念论和实在论。关于第二个问题,同样也有两种对立的主张,这就是机械论和活力论。

在机械论的命题中,物理物体之间的差别,最终归结为广延之间的差异,也就是说,物体之间只是由于其形式和大小才有所差别。所有的感性性

---

① 《物质与记忆》,第11页。

② 关于柏格森与胡塞尔二人的比较研究,可参照希济耶:《柏格森处是否有一种现象学还原?》(Camille Riquier,《Y a-t-il une réduction phénoménologique chez Bergson》,in *Annales bergsoniennes*,II,PUF,2004,p.261*sq*)希济耶强调了两位哲学家的学说有着重大的差异,尽管表面看来,方法上二者有共同之处。

③ 参见《讲义》第二卷(Voir *Cours* II,édité par Henri Hude)(以下标注为《讲义》第二卷),第415sq页。参见于德:《柏格森》(Henri Hude, *Bergson*, Paris, PUF, 1990, tome II),第22sq页。

质都只不过是表面现象和假象。在哲学史中,机械论的命题,体现在不少大哲学家之中,如德谟克利特、笛卡尔、斯宾诺莎。在机械论最为彻底的表述中,在宇宙中一切皆是广延,一切皆为数学法则所统治。所有的现象都服从于某种必然性。但是,在柏格森看来,机械论的根本错误就在于,忽视了经验中质的方面,以及行动或力量的方面。

相反,活力论在重构事物时,也不忽视对经验的质的方面和行动方面的考虑。物质的质的方面被类比为意识状态,而整个宇宙则被类比为一个有生命的有机体。在伊奥尼亚学派和斯多亚派那里,活力论呈现出其最简单的形式,万物有灵论(l' hylozoïsme)。但是,活力论最完整和最完美的表达,见于莱布尼茨哲学。在莱布尼茨那里,宇宙是由许多个单子组成,也就是说由许多非广延的实体组成。而广延不过是我们借以呈现单子多样性的形式。但是,这种极端活力论的错误,在于否认广延,使得空间成为我们的知觉的形式而不具有绝对的实在性。活力论另一个根本的错误在于,使得宇宙无所用处。例如,在莱布尼茨那里,单子是一种完全自足的实在,封闭在自身之中,与其他单子没有任何直接的联系。所有单子都通过直接与上帝联系、从而间接与其他单子联系。这样,我们的意识的单子也不再与宇宙有直接的联系。这样,我们可以想象"一个物质宇宙,它突然消失,我们的理智却对此毫无察觉"①。这样,物质宇宙只是一个假设,人们保留它只是为了满足某些形而上学原则。正如柏格森所评论的,这样,"这个宇宙成为无用之物"②。

在柏格森眼中,机械论和活力论犯有同一种错误:用实在论的方式提出问题,然后用观念论的方式来解决问题。实际上,"二者都给出一个物质的宇宙,以供他们分析,然而,经他们分析之后,这个宇宙就趋向于消失"③。柏格森的结论在于,采取一种中间立场,从而使得这两种假设都有其成立的理据,同时亦不忽视对二者的局限性加以批判。一方面,为了避免极端活力论的错误,必须使得物质的基本料子以某种方式分有广延。因此,必须在这

---

① 《讲义》第二卷,第435页。
② 《讲义》第二卷,第435页。
③ 《讲义》第二卷,第435页。

些基本粒子之中找到"某种可以进入计算的东西,某种能够直接被我们的心灵翻译为数学关系和空间图象的东西"①。另一方面,为了避免机械论的错误,必须赋予物质以某种思想的东西或某种心理的东西,从而使得物质始终具有质的方面。这样,似乎柏格森最后建议返回到某种观念论:"我们返回到观念论:或者物质不存在,或者物质是如同思想一般的行动。存在,就是行动。"②

在他的这一课程讲义的结论之中,柏格森建议了关于物质问题的一种解决方法。他认为物质的基本粒子应该是一些活力论因素,这些因素一定程度上可以说是基于自我的模式被表象和再现的。这些因素是一些活力的点,是一些力量,但它们也同时分有广延,从而它们可以在可见可触的广延形式下被表达出来。最后,讲义用以下文字作为结论:"物质宇宙就是这样的,既分有广延又分有力量,既分有质又分有量,既基于物理学,又基于形而上学,物理学从外部在空间之间研究实体间的相互运动,而形而上学则是从内部研究这些实体,通过类比而不是归纳来推理,从而在物质之中发现某种与我们自己的意识、我们的行动相类似的东西。"③这样一种物质观,实际上非常接近于柏格森在《物质与记忆》中想要阐明的物质观念。

现在,让我们返回到《物质与记忆》第一章中的"图象"的概念。图象是一个模糊的概念,它不仅逃脱事物与表象的对立,而且也逃脱机械论和活力论之间的对立。正如蒙特贝罗(Pierre Montebello)所说的,图象处在事物和表象之间,但图象既不是事物,也不是表象,而是建构为"二者的连线,二者的中间场域"(leur trait d'union,leur milieu)④。"事物"和"表象"是一些人人共有的知性所用的术语,正是这些术语阻碍了我们返回到意识的直接材料,把我们引入思辨的迷宫。这些图象是如此模糊,它们既可以成为一些广延,也可以成为力量,或者同时是二者。它们也可能被视作事物,或者被视

---

① 《讲义》第二卷,第436页。

② 《讲义》第二卷,第436页。

③ 《讲义》第二卷,第437—438页。

④ 蒙特贝罗:《另一种形而上学》(Pierre Montebello, *L'autre métaphysique*, *essai sur Ravaisson*, *Tarde*, *Nietzsche et Bergson*, Paris, Desclée de Brouwer, 2003),第255页。

作表象。实际上,这些图象最终被看作什么,取决于观察者所处的视角(perspective)。这样,图象并不需要被严格而精确地定义,我们可以"在我们关于这个词最含糊的意义上来理解"(au sens le plus vague où l'on puisse prendre le mot)①图象。正如希济耶(C.Riquier)所指出的:"也就是说,想要澄清图象一词的含义,反而会使之变得更加晦涩,这个术语的精确性就在它的'模糊'之中,不应该逃避这种'模糊',而应该如其所是地接受之。"②但是,图象概念足以让我们置身于某种"先验场域"(champ transcendantal)③,来重新思考知觉、人的身体、意识等概念。正如我们之前所注意到的,物质形而上学是与某种认识理论不可分的。认识论和形而上学应该齐头并进,共同进步。而物质被定义为图象的集合,在这个集合中,有一个特殊的图象,就是"我的身体"(mon corps)。既然柏格森可以从图象出发来理解物质,我们反过来,也可以从物质出发来理解图象概念。正如我们前面所揭示的,在柏格森眼中,物质概念,应该超越机械论和活力论的物质观,从而把物质理解为一种既分有广延,又具有一定的活力、力量的东西,而这种活力、力量,是与主体的感受能力和行动能力息息相关的,因此是某种具有心理性质的东西,换句话说,物质应该同时分有着空间和绵延。这样,物质就可以分殊为无数图象,而它之所以生成这一图象、那一图象,则取决于主体和客体之间(或者说意识和物质之间、生命和外部环境之间)的互动关系。只有这样理解柏格森的物质概念和图象概念,才能最终明白《物质与记忆》这一著作所具备的深刻哲学意蕴。

"因此,在我面前呈现诸多图象,图象应在我们关于这个词最含糊的意义上来理解,当我们的感官打开时,我们就发现一些图象,当我们闭上这些

① 《物质与记忆》,第 11 页。
② 希济耶:《在柏格森处是否有一种现象学还原?》,载于《柏格森年鉴》第二卷[Camille Riquier,《Ya-t-il une réduction phénoménologique dans *Matière et mémoire* de Bergson》, in Frédéric Worms(éd),*Annales Bergsoniennes*,vol.II,Paris,PUF,2004],第 269 页。
③ 参见哥尔德斯密特:《关于"物质与记忆"第一章的讲义》,载于《柏格森年鉴》第一卷[Victor Goldschmidt, Cours de Victor Goldschmidt sur le premier chapitre de *Matière et mémoire*(1960),édité par Debora Morato-Pinto, in Frédéric Worms(éd),*Annales bergsoniennes*,vol.I,Paris,PUF,2002],第 84sq—124sq 页。

感官时,这些图象就不被感知。"(Me voici donc en présence d'images, au sens le plus vague où l'on puisse prendre ce mot, images perçues quand j'ouvre mes sens, inaperçues quand je les ferme)①因此,图象既不是一个"物",也不是一个"表象"。图象能够呈现在我们的感官和我们的精神之中。但是,当它不被感知到时,它仍然能够存在。"确实,一个图象能够存在而未被感知而存在;它也能够呈现而未被再现。"(Il est vrai qu'une image peut *être* sans *être perçue*; elle peut être présente sans être représentée)②因此,这些图象是"某种东西"(quelque chose),它们能够在我们的精神中呈现,或者只是潜在地呈现。设想一个无法被感知的图象,这仅仅只有理论的意义。在实践上,一个无法被感知的图象是不可能的。任何一个图象,都是潜在地被感知的。哪怕现实中一个图象从来不曾被感知到,也不排除某一天它将会被感知到。沃姆斯对于这一点解释得很清楚:"因此,图象是物质宇宙的潜在部分,在这个物质宇宙之中,知觉选择其再现的对象……这样,物质或者图象的内容是实在的、外在于我们的,然而,它们的内容或它们的形式则是相对于我们的。"③

在一个由图象组成的宇宙之中,身体的角色如何？身体(le corps),或者说,"我的身体"(mon corps),也是一个图象,但是却是一个特殊的图象。从这一点来看,我们有必要紧随柏格森的思路,看他是如何重新定义身体。

在第一章的开头,柏格森一方面区分了"宇宙",将其视作图象的集合,另一方面,则有"我的身体",这是众多图象之中的一个特殊图象。由此产生考察世界的两种方式,一种是把世界看成一个集合,在这个集合之中,图象之间根据一些恒定的法则互相运动。这些法则即被称作"自然法则"。这是一个以机械论方式来描述的宇宙。第二种方式,虽然也是把宇宙看成图象的集合,但是所有的图象却是从某个特殊的图象出发而被考虑的,也就是从"我的身体"出发来被考察的,或者通过其与"我的身体"的关系而被考

---

① 《物质与记忆》,第 11 页。
② 《物质与记忆》,第 32 页。
③ 沃姆斯:《柏格森词汇》(Frédéric Worms, *Vocabulaire de Bergson*, Paris, Ellipses, 2000),第 29 页。

察。我们可以再次使用柏格森后来在"大脑与思想"之中的表述,这是两种不同的"记录体系",这两种记录体系描述的是同一种现实,同一个宇宙。这两个对立的体系,后来被代替以"宇宙"(l'univers)和"我对宇宙的知觉"(ma perception de l'univers)之间的对立,"科学"(science)和"意识"(conscience)的对立,以及实在论和观念论之间的对立。这两种体系的差别到底何在? 从"我的身体"出发,在我之外的其他一切图象,都变成了"我的知觉",成为"我对宇宙的知觉",一切似乎都只是在我的"意识"之中,一切都只是"表象",从而关于宇宙形成一种观念论的描述,或者一种胡塞尔式的现象学的描述。如果从"宇宙"出发,那么一切图象之间都是无差别的,一切图象都受到自然规律的支配,从而关于宇宙形成一种"科学"的、实在论的描述。这种"科学"的体系,正好与一种空间化的描述相应,在这种描述中,所有的图象都在一个空间之中被再现出来。在这个体系中,人们可以根据当下的状态预见未来。"一切的发生,都仿佛在这个我称作宇宙的图象之集合之中,没有什么能够产生实在的新颖"(Tout se passe comme si,dans l'ensemble d'images que j'appelle l'univers,rien ne se pouvait produire de réellement nouveau)①,既然"图象的未来应该已经包含在其当下状态之中,并且没有什么会添加任何新颖"(l'avenir des images doit être contenu dans leur présent et n'y rien ajouter de nouveau)②。许多哲学家,都试图将"我的知觉"还原为对于某种科学的、实在论的图象上的某种添加,即在物理的、化学的图象上,加上或多或少的意识的、意志的、自我的因素。但这样一种观点,实际上混淆地同时使用着两种不同的记录体系,而并没有意识到,这两种记录体系是互相冲突的。我们要么如同斯宾诺莎那样,从上帝或者整个自然的角度,来设想一种无差别的、唯一的实体,在这个基础或者说母体(matrix)之上,再设想差异化运动的诞生以及不同类型的属性或者样式;另一种,则是如同胡塞尔那样,设想一种纯粹意识或者纯粹自我,或者某种单子,并在这个基础上,去设想或者说构思,在意识之外的世界、他人、物质是

① 《物质与记忆》,第12页。
② 《物质与记忆》,第11页。

如何得以建构出来的。我们是否可以说，第一个记录体系，即意识的体系，对应于绵延？是否两个记录体系之间的差异是重复了空间和绵延之间的差异？要回答这些问题，我们必须更切近地考察"我的身体"这个概念的含义。

"我的身体"是一个图象，一个众多图象之中的图象。但这是一个特殊的图象？其特殊性何在？如果没有"我的身体"，这个物质的世界似乎将永远是一个无生命的、机械的世界，一切都归于必然①。若无"我的身体"，就没有新颖、没有创造、没有自由。但是，随着"我的身体"的出现，一切都将改变。"一切的发生，都仿佛在这个我称做宇宙的图象之集合之中，没有什么能够产生实的新颖，除非通过某些特殊图象的中介，而这些特殊图象的典型是通过我的身体给予的。"（Tout se passe comme si, dans cet ensemble d'images que j'appelle l'univers, rien ne se pouvait produire de réellement nouveau que par l'intermédiaire de certaines images particulières, dont le type m'est fourni par mon corps）②正是通过"我的身体"，我们能够避免被封闭在无生命的世界之中，避免被封闭在自然法则的必然性之中，从而我们能够具有可能性，进入创造和自由。但是，这里涉及的，到底是怎样的身体？

"我的身体"首先被定义为"一个行动的中心"③。不过，这个定义仍然需要澄清和界定。我的身体也是一个图象，它与其他图象一样运动，一样接受外部的运动，也一样对外来的刺激作出反应。而唯一的区别，就在于："我的身体"能够选择。这个选择的功能，到底是如何的？为此，我们需要进一步澄清。

各个图象之间，不断地发生相互作用和反作用。正如"我的身体"受到

---

① 实际上，从一个宇宙视角出发，仍然可以设想新颖性，只要设定作为宇宙之差异化运动之前提之唯一实体本身，即是一个活力论的、变动的实体，或者说是一个有着内在欲望（conatus）的实体（参考斯宾诺莎和黑格尔）。但是，也许柏格森可以反驳说，这个有着内在的 conatus 的实体，即是某种"我的身体"（mon corps），只是在这样一个宇宙之中，这种具有特殊性的"我的身体"是唯一的。也就是说，要设想一个具有差异性的、变动不居的，有着新颖性、创造性的宇宙，就必须设想在这个由无数个图象组成的宇宙之中，必须至少要有一个具有特殊性的图象。

② 《物质与记忆》，第 12 页。

③ 《物质与记忆》，第 14 页。

其他图象的作用一样,"我的身体"也能够对其他图象起作用,从而与别的图象处在不断地互相的作用之中。这些作用和反作用也同样从属于"自然法则"。在此意义上,"我的身体"与其他图象并无不同之处。但是,唯一的区别,就在于我的身体在一定程度上能够选择他对他所接受的东西作出反应的方式。因此,我的身体是一个行动的中心,能够选择如何对所接受的运动作出回应。这种选择的可能性并不见于任何一个图象,既然这种可能性根据自然规则仍然服从于必然性。一般的图象,当其作出回应时,既不迟疑,亦不等待,而是直接、马上作出回应。"一旦时间来临时,必要的行动自然就会完成。"①一个一般的图象,不需要知觉来探索四周,也不需要意识来反思行动的诸种可能。但是,对于人这样有意识的存在,情况就不一样了。要注意到,"我的身体"并不是为了思辨而去探索和发现四周,而是为了行动。一切知觉都指向行动。柏格森设定了,身体的角色在于"在物质上多种可能的步骤之间加以抉择"②。这样,柏格森就在知觉和行动之间,用一种实用主义的观点将二者联系起来。柏格森写道:"既然这些活动都是由我的身体的图象能够从周围的图象所获得的或多或少的收益所暗示出来,这些周围的图象就其朝向我的身体的一面、以某种方式描述出我的身体能够从其采取的活动。"③也就是说,一个外部的对象,能够引起我的身体的注意并形成一定的知觉,正是因为我的身体能够从这一图象获得某种潜在的或者现实的、或多或少的收益,而这个知觉,所描述的正是我的身体所可能采取的针对这一对象的活动。例如,一个与我保持一定距离的对象,其大小是根据我的身体与之的距离而变化的,当我的身体远离对象,对象就显得小,当我靠近之,对象就显得大。我的身体如同一面镜子,既反映着外物可能对我施加的作用,也反映着我对外物可能采取的行动。因此,柏格森总结道:"围绕着我的对象物体反映着我的身体对这些物体可能的行动。"④

在身体之中,有着大脑和一个神经系统。身体通过外围神经的振动来

---

① 《物质与记忆》,第 15 页。
② 《物质与记忆》,第 15 页。
③ 《物质与记忆》,第 15 页。
④ 《物质与记忆》,第 16 页。

接受来自外部的运动,这些神经把它们所接受的刺激一直传递到大脑,然后,大脑重新把运动的指令发回给运动器官,从而对之前的刺激做出反应。因此,围绕着大脑,有一个"迂回",问题就在于,通过这种迂回,人获得了什么? 正是这一迂回使得身体获得选择的机能。据柏格森,大脑只是"某种类型的中央电话转接室:其任务仅仅在于,'给予沟通'或者使之等待"①。这种"使之等待"的功能,在身体之中引入了这样一种可能性,即并不对外部刺激立刻做出直接反应的可能性,这一点非常重要。伴随着这种等待,身体能够在它愿意的时候、以其喜爱的方式做出回应。而正由于没有这种等待的能力,一般的图象,只能直接做出回应,只能受限于自然法则。因此,身体不只是一个交流运动的中心,也是一个对信息进行分析的中心。正如柏格森所写的:"大脑的角色在于,或者是将所接收的运动引向某个选定的做出回应的器官,或者为此运动开启各种可能的运动路径的总和,从而描述出它所孕育的所有的可能的回应,从而自身对这些分散的信息加以分析。换言之,大脑在我们看来,相对于接受的运动似乎是一个分析工具,相对于待展开的运动而言是一个选择的工具。"②

接下来,柏格森尝试解释,有意识的知觉如何出现。借助于大脑和神经系统,人的身体同一般的物质物体区别开来,这既由于其行动的不确定性,也由于其能够表象出周围图象的可能性。但是,在此必须避免再次陷入现代形而上学的幻相,根据这种幻相,大脑产生外部世界的表象。然而,这一命题是荒谬的,因为大脑也只是一个图象,只是物质宇宙的一部分。声称大脑能够产生关于外部世界的表象,也就是宣称部分能够产生全体。

但是,知觉如何产生? 柏格森发展了他的图象论,用来重新考察知觉问题。在宇宙之中,物质对象根据自然法则互相作用和反作用。但是,在生物体之中,当一个外部运动被生物体接受时,生物体并不马上就回应这一运动,这时这一运动就被转换为知觉。"当一个振动被物质所接受,又并不马上伸展为必然的反应,这时,就出现了知觉"(Cette perception apparaît au

---

① 《物质与记忆》,第26页。
② 《物质与记忆》,第26—27页。

moment précis où un ébranlement reçu par la matière ne se prolonge pas en réaction nécessaire)①。在较为低等的物种,知觉的过程是和反应的过程混淆在一起的,行动器官往往同时也是知觉器官。例如,棘皮动物的步带,腔肠动物的造成荨麻疹的器官。在较高级的动物这里,反应变得越发不确定,行动器官和知觉器官分离开来,越是进化高的物种,这一点越是明确。相对于植物而言,动物采用更多的时间和空间来回应。这样,柏格森就在其图象理论中描述了知觉的诞生。这样理解的知觉,是一种潜在的反应,它测量着"后续行动的不确定性"②。对此,柏格森总结说:"知觉所支配的空间,恰恰与行动所支配的时间成比例。"③(La perception dispose de l'espace dans l'exacte proportion où l'action dispose du temps)

柏格森继续追问知觉和生命有机体之间的关系。知觉是否来自大脑的运动? 这一追问将我们引至纯粹知觉理论。柏格森要求他的读者设想一种不包含任何回忆的知觉。实际上,一切知觉都或多或少掺杂着回忆。但是,这些回忆使我们的知觉移动,并且阻止我们返回到"我们的感官的直接和当下的给予"④。这种纯粹知觉是"我们对外部事物的认识的基础"⑤。什么是纯粹知觉? 柏格森如是写道:"一种与其说事实存在,不如说应当存在的知觉,知觉应当具有这样一种存在:在我之所在,如同我所感受的那般活生生,完全地被吸入现在,通过对一切形式的记忆的取消,能够获得关于物质的一种直接的瞬间的观看。"⑥

借助这种关于纯粹知觉的全新视角,一种新的认识理论得以可能。柏格森写道:"确实,一个图象可以存在而不被感知;图象亦可以被再现而不被呈现;呈现和再现,两个术语之间的距离,似乎恰恰衡量出物质本身和我们关于我关于物质所具备的有意识的知觉之间的差距。"⑦在传统的认识之

① 《物质与记忆》,第 28 页。
② 《物质与记忆》,第 29 页。
③ 《物质与记忆》,第 29 页。
④ 《物质与记忆》,第 30 页。
⑤ 《物质与记忆》,第 30 页。
⑥ 《物质与记忆》,第 31 页。
⑦ 《物质与记忆》,第 32 页。

中,一方面是在意识之中的关于对象的表象,另一方面则是作为物自身的外在对象。从意识体验的内在性,到对象的超越性,二者之间有着一道无法跨越的鸿沟。为此,某些哲学家宣称认识是相对的。但是,这种内在和超越之间的对立,在柏格森的纯粹知觉理论之中不再有效。在纯粹知觉之中,对象本身得以呈现出自身。在对象的图象和意识所感知到的图象之间,是整体和部分的关系。也就是说,当一个对象被感知时,是它的一部分进入了感官、进入了意识,在意识之中直接被给予。于是,图象就通过衰减的形式变成了知觉,"图象被迫放弃自身的某些东西从而使它们的单纯的呈现转化为表象"①。在表象和呈现之间,在被感知的图象和图象之间,有着部分和整体的关系,有着少和多的关系。所有的图象,所有的物体,都潜在地能够被"我的身体"再现出来。

纯粹知觉完全是外在的,是外在的对象的直接给予,并且呈现在我的意识之中,正如沃姆斯所强调的:"我们应该假设,这些知觉是外在的,而且不是别的,就是物质宇宙的各个对象。"②从整体到部分,从多到少,必须有一种转向(conversion);不只是"使得对象更为敞亮,相反,而是使得对象的某些方面变得晦暗,减少其最大的部分,从而使得剩余者得以不再作为一个事物被封闭在环境之中,而是作为一幅图画从中凸显出来"③。因此,知觉是一种选择的过程。通过选择,某些物体,从所有图象的整体的大集合的背景之中显现出来,其他的图象,并不总是需要被感知,但它们始终存在,始终以潜在的方式存在着,一旦需要,即可以通过选择得以显现出来,而决定是否选择、选择哪些图象,则在于尽可能地满足生命的需要。因此,知觉就在于两种操作:一方面,对于图象的大部分面向的忽视,因为这些面向我们不感兴趣,与我们的行动无关;另一方面,则是让某些面向通过,并且呈现在我的意识之中,因为这些面向让我们感兴趣,对我们的行动有利。最终,这些面向抵达我们的神经中枢并且最终抵达大脑,从而最后形成知觉。这种用来

---

① 《物质与记忆》,第 32 页。

② 沃姆斯:《柏格森,记忆,生命》(Frédéric Worms,《Bergson, mémoire et vie》, in *Cerveau et mémoires*: *Bergson, Ribot et la neuropsychologie*, Paris, Edition Osiris, 1998),第 45 页。

③ 《物质与记忆》,第 33 页。

选择的功能,柏格森命名为"区分"(discernement)。

借助于这样一种纯粹知觉理论,柏格森否定了现代哲学的一个著名的思辨幻相,根据这种幻相,知觉是一种纯粹的为认识而认识,是主体的一种纯粹思辨的活动。这是观念论和实在论所共同承认的公设。然而,这个公设,使得物质、精神及二者关系问题都变得更为晦涩,并且一再地将我们引入思辨的死胡同。但是,根据柏格森的纯粹知觉理论,知觉只有一种完全实用的兴趣,只是为了行动而认识,一切知觉都潜在地或者直接地指向行动。柏格森随后证明,在有意识的知觉和大脑皮层变化之间,确实有着某种相关性,但这二者都可以视作第三者的功能,即意愿的不确定性。

在概括了纯粹知觉理论之后,让我们返回我们的问题:什么是身体,或者说,什么是"我的身体"? 实际上,一旦建立了纯粹知觉理论,身体作为一个"行动的中心"这一表述可以得到更清晰的阐明。身体是一个图象,一个如同其他图象一般不断作用和反作用的图象。借助于大脑和神经系统,身体得以形成一个迂回,来暂时悬置作用和反作用。从而获得时间和可能,在不同的可能行动之间加以选择。这种行动的不确定性要求身体能够知觉到它周围的一切。于是,就诞生了知觉、回忆和意识。通过知觉,身体能够探索四周的对象,从而身体建构为一个个体,这个个体有别于其他的物体。这样,也就形成了内与外的区分。这种区分指向的,并不只是我的身体和其他的对象之分,而是指向"我的身体"这一形象相对于一般的形象所具有的特殊地位,换句话说,造成内与外的区分的,其关键在于"我的身体"不同于一般物体的存在方式。"内和外的区分,这样就可以归结为部分和整体之区分。"(La distinction de l'intérieur et de l'extérieur se ramènera ainsi à celle de la partie et du tout)①

在图象的集合之中,有着一些"行动的中心"。身体是一个行动的中心,内在的知觉再现着外在的形象,从而描述出身体朝向外部物体时的可能运动。"我的身体被描述为处于这些知觉的中央;我的人格是这些行动所

指向的存在。"①在关于外部对象的所有的知觉之中,我的身体总是处于中心位置。对象总是在朝向我的身体的方向上被定义的,通过一些诸如"前"、"后"、"左"、"右"之类的语词。渐渐地,知觉就将我的身体总是视作中心,既然我的身体似乎总是所有知觉的出发点。"因此,在图象的集合之中,有一个占据优越性的图象,在其可以从其深度而不是其表面来感知,既是行动的源头、亦是感知的所在:正是这个特殊的图象,我将其视作我的宇宙的中央,并视作我的人格的物理基础。"②由众多外在对象所围绕的身体,并不是一个数学的点,而是一个生命的中心,一个始终抵抗和运动的点。而我的身体和对象的距离,体现的正是相对于对象我可能采取的行动。"我的身体和被感知的对象的距离,衡量的是某种危险的或多或少的紧迫性、某种承诺或近或远的到期。"③

要注意的是,身体不可被简化为大脑。大脑以及神经系统,只是运动的传递中心,一方面,接收外来的运动和刺激;另一方面,则生成运动指令发送给身体的各个运动器官。因此,大脑是构成身体的一个图象,是身体的一部分,但它并不等同于身体。实际上,大脑只是"一个分析接受的运动和选择将要实施的运动的工具"④。但是,大脑没有任何器官可以用来制造表象。因为,"大脑是物质世界的一部分,而不是物质世界是大脑的一部分"⑤。

图象之整体,先于身体之所是的图象,也就是说,世界先于身体,身体必须扎根于世界之中,也就是以某种方式使得人的存在"在世界之中"。现代哲学往往错误地设定了一种在我思与世界之间的二元对立。柏格森取而代之以一个"图象"的一元论,在这个一元论之中,宇宙和"我关于宇宙的知觉"只是两种不同的记录体系。

身体,作为一个特殊的图象,有两个面向:(1)身体是物质的,它是宇宙之中的一个图象;(2)身体通过其行动的不确定性,有别于其他的图象,由

① 《物质与记忆》,第46页。
② 《物质与记忆》,第63页。
③ 《物质与记忆》,第57页。
④ 《物质与记忆》,第26页。
⑤ 《物质与记忆》,第13页。

于身体能够感知并且思想，简言之，身体是一个有生命的、有意识的身体。正如沃姆斯所说的："身体，总是属于物质及其接近于必然性的绵延，因此也在其自由的程度上象征着我们的绵延和我们的意识。因此，在这种同一性和差异性之中，总是有着身体的双重含义。"①

第四节　记忆，意识的多个层面，精神

在重新读第二章和第三章之前，让我们回忆一下在《物质与记忆》的第一章的开头，柏格森就要求我们假装对关于物质和关于精神的理论全然无知。我们前面已经考察过需要被悬置的物质理论，那么，关于精神的诸种理论，我们需要悬置的是哪些？这里柏格森要悬置的，是唯物论和精神论。通过提出一种纯粹记忆的理论，柏格森提供了一个新的视域来重新设想精神，正如他在第一章的最后一部分所写的："如果纯粹知觉给我们提供关于物质本性的指示，使我们得以在实在论和观念论之间找到一个位置，那么，纯粹记忆则给我们打开了我们所说的精神的新视域，从而使我们得以评定另外两种学说，唯物论和精神论。"②

唯物论是这样一种理论：认为只存在一种实体或者一类实体，即物质，精神不过是物质的功能，或者物质的产物，这是一种以物质为本原的一元论。相反，精神论并不就是一种主张精神为唯一本原的一元论，而是一种二元论，因为在柏格森的时代，物质的实在性已经是无法否认的事实，因此有些思想家和学者则主张精神有相对于物质的独立性，并且精神也是和物质一样的实体。

在柏格森的时代，伴随着实证科学的发展和进步，唯物论已经获得一种完备和绝对的形式，从而精神、意识、思想，所有这些意识现象或者精神现象，都只不过只是生理活动的派生物或者副产品。生理学家的工作，极大地更新了唯物论的理论形态。第一，所有人都知道，正是大脑和神经系统造成

---

① 沃姆斯：《柏格森，或生命的双重意义》（F. Worms, *Bergson ou les deux sens de la vie*, Paris, PUF, 2004），第 123 页。

② 《物质与记忆》，第 74 页。

了心理活动。第二,所有的意识现象都能够归结为一些在大脑内部发生的物理化学现象。第三,我们可以尝试在大脑的不同部位定位不同的意识现象,以及精神的不同能力。第四,在生理状态和心理状态之间,我们建立起某种一一对应的平行论。这就是唯物论以科学的名义所展示出来的新面目,柏格森在其"灵魂与身体"这篇讲座中对此有很好的概括①。在《物质与记忆》中,柏格森在好几处地方,都对唯物论命题有严格的批判,从而证明大脑作为宇宙的一部分,没有能力产生宇宙的表象,因为大脑只是宇宙的一部分,因此唯物论是无法成立的。

如果柏格森对唯物论持反对态度,并不意味着他就赞成精神论,虽然他的思想确实较为接近后者。在柏格森眼中,旧的精神论过于缺乏严格性。如果可以将柏格森也视作精神论,那么就必须在一种新的哲学视野中来理解精神论。但是,毫无疑问,我们可以说,如果把精神论定义为一种认为精神无法还原为物质的思想主张,那么柏格森当然可以归于其中。实际上,以这种方式来理解精神论,正是柏格森所处时代学术界的通常见解。我们在拉朗德(André Lalande)主编的《哲学之技术与批判词典》之中可以看到对精神论的这样一种解释。这本词典出版于1926年,可以算与柏格森同时代,而且柏格森本人也参与了其中不少条目的讨论②。柏格森本人也主张精神相对于物质的独立性以及精神高于物质③。可以说,柏格森哲学带来的是一种新的精神论。在柏格森这里,精神应该始终与其物质基础保持紧密的联系。对此,法国著名哲学史家古耶说道:"《物质与记忆》将一种新的精神论的原创性揭示出来。"④然而,重要的不在于简单地回答,柏格森到底是不是精神论者。正如柏格森指出的,在哲学中,重要的并不是作一个

---

① 参见《灵魂与身体》(《L'âme et le corps》,ES),第30—34页。

② 拉雪利耶(Lachelier):"我们可以用一种普遍的方式,将一切主张精神的独立性和首要性的学说,称为精神论,这里说的精神,也即有意识的思想。"参见《哲学之技术与批判词典》,"精神论"(spiritualisme)条目[L' article 《Spiritualisme》dans A. Lalande (dir), *Vocabulaire technique et critique de la philosophie*, Paris, PUF, 1926 (2006), p.1020]。

③ 参见《杂著集》,第477页。

④ 古耶,《柏格森与福音基督》(Henri Gouhier, *Bergson et le Christ des évangiles*, Paris, Vrin, 1999, p.41)。

表态,"是"或"否",而是要问"在何种意义上"①。问题就在于,在柏格森这里,精神的本性到底是怎样的? 精神如何与物质保持接触? 精神以何种方式嵌入物质? 精神在何种意义上高于物质? 为此,我们就必须回到《物质与记忆》的第二章和第三章,看看柏格森如何处理记忆和精神两个问题。

在《物质与记忆》的开始,柏格森就根据记诵课文的例子,区分了两种形式的记忆。通过反复诵读一篇课文,最终人们能够将其记在心中。在我们对于这篇文的回忆中,有两种类型的体验。首先,对于每一次的阅读有一个回忆,每一次的阅读都"返回到我心中,并伴以其特殊的个性"②。每次阅读都是一个事件③,这个事件是独特的,无法重复,并且产生着无法预料的新颖性。在多次阅读一篇课文之后,阅读者最终成功地将这篇课文牢牢记在心中,并且能够机械地加以重复。因此,就有了两种记忆,一种是对每一次阅读的记忆,一种是对课文的记忆。由此出发,柏格森区分了两种类型的记忆。第一种类型的记忆,是对一种记忆—图象的回想,回想一件在过去发生的、独一无二的事件。第二种记忆,则有着习惯的特征。通过不断重复,回忆被固定在记忆中,并且"在身体之中创造了一些新的行动趋势"④,从而能够回忆起课文而不需要再回想起某次阅读时的细节。一旦心中想起第一个句子,接下来的其他句子也就接踵而至,陆续地、自动地来到心中。由此,柏格森指出这两种形式的记忆有着质的差异:一方面是纯粹记忆,它将我们日常生活中的每一事件都加以记录,从而这是最完美的记忆;另一方面,则是记忆—习惯,它将回忆固定下来,并创造出一些身体的习惯,因此,这毋宁说是"通过记忆来澄清的习惯,而不是记忆"(MM,89)。这种区分既不是一种功能的区分,也不是一种形而上学的区分,而是由逻辑或现象学出发而建

---

① 《杂著集》,第 488 页:"是和否,在哲学中都是缺乏意义的。有趣、有教育意义、丰富的东西,是在何种意义上?"(Le *oui* et le *non* sont stériles en philosophie.Ce qui est intéressant,instructif,fécond,c'est le *dans quelle mesure* ?)

② 《物质与记忆》,第 83 页。

③ 关于柏格森的事件概念,参见《思想与运动》,第 99—100 页。

④ 《物质与记忆》,第 86 页。

立的区分①。这一区分对于柏格森哲学有着根本的重要性,因为它开启了一个新的视域来考虑精神、物质以及二者之间的关系。

纯粹记忆首先让我们对于何谓精神得以有了一种新的视域②。与两种记忆对应的有两种形式的回忆③:纯粹回忆(souvenir pour)和回忆—习惯(souvenir-habitude)。纯粹回忆主要在第三章中得到讨论。回忆—习惯主要在第二章,这是一种在身体习惯的形式下被固定的图象。不过,我们要注意,在二者之间,还有着回忆—图象(souvenir-image),这是记忆和知觉的混合。一旦纯粹回忆变得空间化并且获得一种清晰的但却是混合的形式,它就变成了关于过去的表象。在回忆—习惯中,回忆就在身体的机制中得以固定下来。这时,这种回忆实际上就变成了类似于本能的一种自发记忆。借助于这种回忆,每次面临同样的环境时,人都可以自动地作出同样的或者相似的回应。在我们看来,在回忆—习惯中发生的一切,似乎与在纯粹知觉中所发生的有相似之处。如果回忆—习惯把我们带向某种宿命论,我们的自由就更多地与纯粹记忆相关。

纯粹回忆和纯粹知觉一样,是一种理想状态或者说极限状态。纯粹回忆有三个特征:(1)纯粹回忆将我们的过去的所有细节都巨细无遗地储藏起来;(2)纯粹回忆是潜在的(virtuel);(3)纯粹回忆总是有可能被转换为回忆—图象,它们从潜在地转化为现实的,一旦意识感受到有必要唤醒这些纯粹回忆从而以便于身体的行动。

纯粹回忆的概念使得我们在一个新的视域之中来设想现在和过去、意识和无意识。我的现在与知觉相联,本质是上"感觉—运动"的,它随时准备着转化为行动。我的过去,则处在纯粹回忆的形式之下,一直保持在潜在状态。这些过去,毋宁说是一些无意识的心理状态,它们以不同于当下状态

---

① 沃姆斯:《柏格森,或生命的双重意义》(Frédéric Worm, *Bergson ou les deux sens de la vie*, Paris, PUF, 2004),第 155 页。

② 《物质与记忆》,第 74 页。

③ 本书在术语的使用上,区分记忆(la mémoire)和(le souvenir)。前者是精神的一种功能和活动,能够记录图象并唤起图象。后者则是在这一活动中被记录和唤起的图象。

的另一种方式存在着,而当下状态则在意识之中显现出来。"如果意识只是当下的标志性记号,也就是说,当下体验的记号,也就是说行动者的记号,那么,那些并不行动的,并不因此就停止属于意识,从而并不必然无法以另一种方式存在。"①形而上学中的存在的概念也得以接受柏格森的重新检验。在形而上学中,"存在"(existence)意味着两个条件:(1)在意识之中呈现;(2)如此呈现之物与在它之前或之后呈现的东西有着逻辑或者因果的联系。这两个条件都承认一些层次,人们意识到,这些条件只是不同程度地被满足,因此根据被满足的程度,这两个条件都承认不同的层次。也就是说,当我们说某个事物存在,也就意味着,或者这个事物在意识之中得到直接的呈现;或者,这个事物与在意识之中呈现的东西有着逻辑或者因果的关联,在后一种情况下,可视作间接呈现。纯粹回忆,在其无意识状态的形式下,并不现实地在意识之中呈现,而是应该有一个存在的等级,正如那些不被感知但仍然存在的物质对象一样。

　　如果纯粹回忆存在,人们往往习惯于去问,这些回忆保存在何处。但是,对于柏格森而言,这其实是个假问题。因为"包含""被包含""贮存"这样一些词语,其实只是对于在空间之中并列展开放置的物质对象才有意义。因此,说纯粹记忆保存在大脑中,这是错误的。实际上,认为记忆保存在大脑中,并可以在大脑皮层的某种定位为其空间,这样一种理论,基于一种认识论,这种认识论混淆了空间和绵延、静止和运动,量和质。在书中的许多地方,柏格森都对这样一种认识论进行了批判。实际上,应该追问的,并不是在何种物质载体之中,记忆得以保存,而应该问,是否有可能,物质也在某种意义上,具备某种程度的记忆。正是在此出现了柏格森理论的一个关键性转折。我们最好引用柏格森在《物质与记忆》之中的一段话:

　　　　因此,或者您得假设,这个宇宙通过某种真正的奇迹,在绵延的每一时刻,都即生即灭,或者,您得把您所拒绝给予意识的存在的延续性,转移给宇宙,从而使得其过去成为一种不断持存、不断延伸的现实:因

---

① 《物质与记忆》,第156页。

此,如果将记忆贮存在物质之中您将一无所获,相反,您将看到,您不得不把这种独立的、整体的持存扩展到物质世界的总体,即使您曾经拒绝承认心理状态具有这种持存。①

在此,涉及两种不同的宇宙论概念:第一个理论,是笛卡尔式的。在笛卡尔的世界之中,所有的物都只不过是广延,这些物的延续性只能通过某种神意下的"持续创造"的奇迹来保证②。笛卡尔曾在其形而上学提出上帝"持续创造世界"(création continuée du monde)的学说。正如我们前面所指出的,现代科学的一个重要操作,就是对时间的无限细分,从而时间被变成无数个瞬间。而当下瞬间和下一个瞬间之间,只有偶然的关联,而不存在必然的联系。笛卡尔在第三沉思中写道:"因为我的生命的全部时间可以分为无数部分,而每一部分都绝对不取决于其余部分,这样,从不久以前我存在这件事上并不能得出我现在一定存在这一结论来……一个实体,为了在它延续的一切时刻里被保存下来,需要同一的能力和同一的行动,这种行动是为了重新产生它和创造它所必要的。"③例如,在物理学中,在进程一中,从状态 A 到状态 A1 需要 30 分钟;在进程二中,从状态 A 到状态 A1 只用了1 分钟。但是,只要起点状态和终点状态是一样的,物理学可以将两个进程视作完全相同,但是,这也意味着,A 到 A1 之间的时间间隔,是被无视掉的。这也意味着,A 到 A1 之间并没有必然的联系,这一进程完全有可能被中止。这也意味着,物质是从一个瞬间跳跃到下一个瞬间,两个瞬间之间的间隔是一个巨大的虚无。对于笛卡尔来说,上帝在创造了世界之后,这个世界是否能够凭自身维持下去? 对此,笛卡尔认为,上帝在创造世界之后,还必须在每一个瞬间不断创造世界,从而使得世界不断延续和维持下去。换句话说,世界每一秒钟都在死去,每一秒钟都在重生。在笛卡尔的世界里,

---

① 《物质与记忆》,第 165—166 页。

② 参见《创造的进化》,第 22 页:"数学家所启动的世界,是一个在每一瞬间都诞生和死亡的世界,当笛卡尔说'持续创造'所想到的就是这样一个世界"。

③ 笛卡尔:《第一哲学沉思录》,庞景仁译,北京:商务印书馆,1986 年,第 50 页(R.Descartes, *Oeuvres philosophiques*, Tome II, éd.Par F.Alquié, Paris, Garnier, 1967, p.450)。

物质作为广延,只是一种贫穷的存在,并不包含真正的存在根据,从而在任何一个瞬间都可以死去。普遍说来,一切有限的存在凭自身都不足以自持,在这一瞬间存在并不能保证它在下一瞬间仍然存在。因此,这就必须依赖上帝的持续创造,来赋予物质世界以一种延续性。

第二个理论,则是柏格森主张的,它肯定了物质对象存在的延续性,保证物质以某种方式绵延着。问题就在于,为何物质只是重复自身,为何物质没有能够显现其过去。我们将在后面再次检验柏格森关于物质及其形而上学含义的这一新视域。

柏格森的上述讨论,可以视作对19世纪的法国新批判主义哲学家、康德哲学在法国的传播者和研究者雷努维耶的"纯粹形而上学的两难"(Les dilemmens de la métaphysique pure)的回应。雷努维耶在文中写道:"或者,实体是一种质和无法定义的关系的逻辑主体",或者,"实体是一个自在的存在,从而作为自在的存在是无法定义、无法认识的"①。巴什拉对此的回应是,相应于这两种方案,他提出了第三种,即一种"已然实体化的实体"(le substantif substantialisé)②。与之类似却又有所不同,我们可以把柏格森的实体观定义为一种"持续实体化的实体"(le substantif substantialisant)。也就是说,在柏格森这里,一切实体,不论是精神性的还是物质性的,都处在不断地变化、运动,都不断地绵延着,而从来都不是一个已经固化的、确定的实体,而是处在不断的实体化过程中。

借助于纯粹记忆理论,精神的概念得以更新。要注意的是,柏格森经常使用诸如"意识"(la conscience)、"精神"(l'esprit)、"灵魂"(l'âme)等术语。在我们看来,在柏格森这里,这些术语所指皆同,即人的心理意识状态的总和,包含知觉、回忆。但是,用不同的语词来指同一事物,并不是完全没有意义的。因为这些语词有着不同的词源,甚至不同的含义,因此适用于不同的语境。从而每个词都有其用法。"灵魂"来自拉丁词"anima",而这个

① 转引自巴什拉:《新科学精神》(Gaston Bachelard, *Le nouvel esprit scientifique*, Paris, PUF,1968),第13页。

② 巴什拉:《新科学精神》(Gaston Bachelard, *Le nouvel esprit scientifique*, Paris, PUF, 1968),第13页。

拉丁词是对希腊词"psyché"的翻译。精神"esprit"来自拉丁词"spiritus"。"灵魂"和"精神"这两个词可以算是同义词或者说含义非常相近的近义词。它们都有两方面的含义,一方面,它们指的是某种作为生命原则的"气息",正是这种"气息"使得生命得以运转不息;另一方面,它们指的是意识和思想活动。在布隆德尔(Maurice Blondel)看来,"灵魂"一词比"精神"一词更能引起一种生命、热、心的东西,而"精神"一词则更多地强调"那独立于物质条件、动物性的东西,那分有普遍、分有永恒的东西"①。总而言之,这两个词是非常相近的。因此,灵魂与身体的关系,也经常被表述为精神与身体的关系。但是,这两个术语还是有区别的。这就好比,我们会说,灵魂不死和灵魂的转世重生。我们总是把精神和物质、精神和自然对立起来。可见,灵魂总是包含某种个体性的实体,然而,精神则更多地用于非个人的、普遍的含义。因此,黑格尔的著作,是"精神"的现象学,而不是"灵魂"的现象学。比较起来,胡塞尔的现象学,由于专注于自我意识中的意识分析,倒毋宁说是一种"灵魂"的现象学。不过,柏格森在运用这两个词时,并没有做严格的区分。一般来说,在柏格森这里,"灵魂"和"精神"这两个词大体是等价的②(ES, 31),只不过,有时根据语境,在两个词之中进行选择。实际上,精神、灵魂、意识,三个词,都大致相当于笛卡尔的"我思故我在"的我思。

"意识"这个词,来自拉丁词"conscienta",首先意指的是一种内在的认识,这个词没有任何"气息"或者"生命原则"的含义。相对于灵魂和精神,"意识"这个词显得更加经验,因此更多地为心理科学所使用,而较少灵魂和精神二词的形而上学含义③。这三个词处在不同的层次,表达着有所不同的含义,但是三者都指向思维活动,指向某种思考着的东西,指向心理状态的总和。意识的概念更接近事实、接近经验,而灵魂和精神两个概念都与意识概念密不可分。

---

① 拉朗德编:《哲学的技术和批判词典》[André Lalande(éd), *Vocabulaire technique et critique de la philosophie*, Paris, PUF, 1926,(2006)],第 42 页。

② 《心力》,第 31 页。

③ 但是,我们将在本书的第五章中看到,在《创造的进化》一书中的许多地方,柏格森使用了"一般意识""宇宙意识"这样的表述,用来指一种宇宙论原则,这一原则,他有时又称做"生命冲力"(l'élan vital)。

在《论意识的直接材料》，柏格森已经借助于绵延概念，更新了意识概念。在《物质与记忆》一书中，意识由两个部分组成：一方面，是当下意识到的部分，即当下的知觉；另一方面，则是未被意识到的部分，即无意识，也就是潜在地存在着的回忆。在这里，显示出柏格森精神观念的原创性。

柏格森关于记忆的理论，实际上也引起了许多科学家、心理学家的注意。从心理科学的角度来看，柏格森关于两种记忆的理论是否成立呢？许多心理学家的答案是否定的。当代心理学的不断进展，已经有人证明，在回忆现象和大脑过程之间确实有着生理学的联系。他们也指责，柏格森和笛卡尔一样，忽视了在记忆过程中情感的作用①。米萨（Jean-Noël Missa）指责柏格森陷于某种精神论哲学的教条之中，从而他的理论无法被实验心理学所证实②。但是，实际上，米萨由于对柏格森的第一章中的纯粹知觉理论缺乏理解，从而未能把握柏格森理论的深刻内涵③。实际上，柏格森的记忆理论中，许多论点在当代的科学家的研究之中仍然引起回应。在这方面，我们同意维亚—巴隆所说的："柏格森的文本的意义不在于其从科学信息中所获得的，这些科学信息对于我们早已过时和陈旧，而是在其哲学领域的严格性。"④即使柏格森的观点，完全被科学所证否，我们也仍然应该不断重读他的著作，重温他的思想，正如我们仍然需要阅读柏拉图和亚里士多德的著作。

① 参见夏布济耶、克莱蒙、韦诺：《一种无情感的记忆，柏格森的错误》（Cf. G. Chapouthier, Y. Clement, P. Venault,《Une mémoire sans émotion ou l'erreur de Bergson》, in *Cerveau et mémoire*, *Bergson*, *Ribot et la neuropsychologie*, Paris, Edition Osiris, 1998），第69—76页。

② 米萨：《对〈物质与记忆〉第二章的实证批判》（Cf. Jean-Noël Missa,《Critique positive du chapitre II de *Matière et mémoire*》, in *Bergson et les neurosciences*, Paris, Les empêcheurs de penser en rond, 1997）；米萨：《从当代神经科学的角度来看柏格森的"大脑，行动器官"之理论》（Jean-Noël Missa,《La théorie bergsonienne du <cerveau, organe de l'action>à la lumière des théorie neuroscientifiques contemporaines》, in Jean-Luc Petit(éd)*Les neurosciences et la philosophie de l'action*, Paris, Vrin, 1997）。

③ 关于这一点，我们与帕纳罗的观点一致。参见帕纳罗：《柏格森论身体、大脑和精神》（Sur ce point, nous sommes d'accord avec A. Panero. Cf. Alain Panero, *Corps*, *cerveau et esprit chez Bergson*, Paris, L'harmattan, 2006）。

④ 维亚—巴隆：《柏格森论质的身体和量的身体》[Jean-Louis Vieillard-Baron,《Corps-qualité et corps-quantité selon Bergson》, in Jean-Luc Petit(éd),*Les neurosciences et la philosophie de l'action*, Paris, Vrin, 1997]。

柏格森主义的研究者们,并没有忽视由他的记忆理论所开启的理论新维度和新视野。德勒兹特别强调了记忆的潜在性特征,并对潜在性这一概念加以发展。在德勒兹看来,柏格森"把潜在概念带到了最高点,并在此基础上建立了整个的关于记忆和生命的哲学"①。因此,德勒兹毫不犹豫地,就对其记忆理论作了一种存在论的解释。他强调了过去的超出心理学的维度。德勒兹写道:"柏格森所说的'纯粹回忆'没有任何心理的存在。因此,它被称为'潜在的',它是非现实的、无意识的……严格说来,心理的东西,就是当下的东西。唯有当下的是'心理的';但是,过去,这是纯粹的本体论,纯粹回忆只有的只是本体论意义。"②

伊波利特强调了回忆的不同层面。在他看来,关于过去和现在的区分,构成了柏格森思想中一个特别重要的问题,而记忆的不同含义,其实设定了一个基本的含义,作为其他含义的基础,也就是绵延:"柏格森所给予的特殊意义的记忆,也就是创造性的绵延。"③因此,两种记忆的区分,其前提在于第三种记忆,即记忆—绵延(mémoire-durée)。这一观点,可以在沃姆斯的著作④以及拉布贾德(David Lapoujade)⑤的著作之中找到回响。这种第三种记忆,不论是被称作"创造性的绵延"(durée créatrice)(伊波利特)还是"绵延—精神"(mémoire-esprit)(拉布贾德),都是一种行动,将时间的诸时刻浓缩在一起,并通过这种行动从过去投向未来,一种在当下把握过去的心灵的努力,一种在生命之中表现自身的自由。"这是一种我们之所是的记忆,一种我们从来不曾停止存在的记忆,即使我们对这种记忆全无认识。"⑥

---

① 德勒兹:《柏格森主义》[Gilles Deleuze, *Le bergsonisme*, (1966), Paris, PUF, 2007],第37页。

② 德勒兹:《柏格森主义》[Gilles Deleuze, *Le bergsonisme*, (1966), Paris, PUF, 2007],第50—51页。

③ 伊波利特:《哲学思想的种种形象》(Jean Hyppolyte, *Figures de la pensée philosophique*, Paris, PUF, 1991, tome I),第471—472页。

④ 沃姆斯:《柏格森,或生命的双重意义》(Frédéric Worms, *Bergson ou les deux sens de la vie*, PUF, 2004),第153页。

⑤ 拉布贾德:《生命的潜能》(David Lapoujade, *Puissance du temps*, *Versions de Bergson*, Minuit, 2010),第21页。

⑥ 拉布贾德:《生命的潜能》(David Lapoujade, *Puissance du temps*, *Versions de Bergson*, Minuit, 2010),第21页。

纯粹回忆还只是处于潜在状态,需要现实化才能转化为回忆。回忆的实现问题是在再认知(la reconnaissance)现象的分析之中得到讨论的。再认知有两种形式,这一区分是与两种记忆的区分相对应的:一种是自动的再认知,一种是注意的再认知(la reconnaissance attentive)。第一种,自动的再认知,是一种瞬间发生的认知,这毋宁是一种身体因为其习惯而自动完成的反应,因此与反射颇为接近。在这种情况下,人就像一个自动机器一样行动。面对同样的外部刺激,总是回应以同样的行动。接下来,身体把这些同样的回应保存为习惯。只要出现同样的刺激,身体马上就能够将其认出,并立即给予回应。在这种情况下,回忆、知觉、身体的运动,都有机地交融在一起。这种习惯更接近于反射。借助于这些习惯,知觉就直接转变为行动。

第二种再认知,即注意的再认知,则完全不一样。这是一种选择。在纯粹回忆之中,对人有利的,将被转移到现在,并转换为回忆—图象(souvenir-image)。为此,必须提高注意力、付出努力。必须对发生的事物加以注意:知觉不能直接转换为运动,遇到了一些障碍。因此,为了克服障碍,必须唤起过去的记忆,来寻找对于克服障碍有利的回忆。为此,就必须持续地注意,这种注意力,不但专注于现在,也专注于对过去记忆的搜索和回想,从而最终使得合适的过去图象得以唤醒,为此,需要时间,需要等待。在某些情况下,甚至有可能,最终未能找到人们所需要的可以克服障碍的合适图象。因此,这种等待充满了不确定性。根据人们所付出的注意力的专注程度的不同,人们可能获得不同的结果。我们在纯粹的知觉理论中,已经谈到了身体行动的不确定性,因此,这种不确定性,必须补充以回忆过程中的不确定性。

在区分了记忆的两种形式之后,柏格森证明在二者之间,存在着一种内在和互补的关系,为了描述二者的关系,柏格森用了一个如下的示意图①:

---

① 参见《物质与记忆》,MM,第169页。

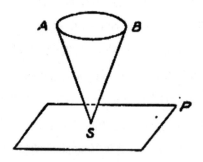

在这个倒立的圆锥体中,其居上的底座 AB 代表着所有纯粹回忆的总和;顶端 S,表示当下时刻,平面 P 则代表着我当下关于宇宙的知觉。S 也代表着"我的身体",我的身体感知外界,并且以其习惯作出回应。"我的身体"的概念也因此在这一新视域中得以更新。"我的身体不是别的,而就是我的表象中不断重生的不变的部分,一直呈现的部分,或者说,在每一时刻都到来的部分。"①我的身体是一个特殊的图象,"它在每一时刻都构成对于不断变化的宇宙现象的一个切入。因此,我的身体是这些接受和再发出的种种运动的通过空间(*lieu de passage*),是对于我展开活动的事物与我对之展开行动的事物之间的联系点,一句话,是感觉—运动现象的所在"②。我的身体与现在紧密联系,与知觉紧密联系,既是感觉的,又是运动的,比较起来,精神则更多地联系到过去,联系到回忆。但是,回忆的现实化离不开身体的作用。这是一个能够回忆的身体。因此,我的身体,作为一个特殊的图象,不仅仅是一个能够再现其他图象的身体,而且也是一个带有精神的身体。正如维亚—巴隆所注意到的,在柏格森这里,身体不只是一个量的身体,亦是一个质的身体。正是缺乏质的身体这一维度,一般的物质并不能将其回忆呈现出来,从而只能不断地重复自身。一个物质对象始终是某种"一般的物体"(或一般的身体),但是物体只能是一个作为"我的身体"的特殊图象。在"我的身体"和物质对象之间,有着一种质的差异。

在 S 和 AB 之间,存在无限多的意识层面。正常情况下人们的心理活

① 《物质与记忆》,第 168 页。
② 《物质与记忆》,第 168—169 页。

动,如同一个钟摆一样,在两个极端的平面之间摇摆不定,这两个极端平面,即梦的平面和行动的平面。整个记忆通过两种运动,对当下的需求作出回应,一种是不同层次之间的转移运动,记忆需要一种跳跃从而把回忆引入当下经验的平面,从而有利于行动;另一种则是在同一平面的不同点之间的位移(rotation)运动,已经引入到当下经验中的回忆中最有利于行动的方面呈现出来。正常状态下的心理生活总是在梦的平面和行动平面之间摇摆,但从来都不会固定在某个固定的平面上。相反,一个有着良好理智的人总是能够跳跃到与环境最为适应的平面,找到最有利于行动的回忆从而使行动得以顺利完成。因此,这样一个人,知道"慎思而行和力行而思"①,即使能够做到"知行合一"的人。

根据柏格森,意识的各个平面指向的是记忆的紧张度的不同层次,或者说,我们的心灵生活的不同的节奏。意识到底会选择哪个意识层面,这至少取决于两个因素:客观方面,"取决于时刻的必然性"(par les nécessités du moment);主观方面,取决于"个人努力的程度"(par le degré variable de notre effort personnel)②。为了避免陷入两种极端状态,即梦的状态和冲动状态(行动平面),必须保持一种心智的平衡,以及一种生命注意力。在"生命注意力"概念中,身体占据有一个特别重要的位置。"因此,我们的身体就是把我们的精神固定下来的东西,给予精神以重力和平衡的东西。"③这并不意味着精神被身体所规定。而是意味着,必须保持精神与身体二者之间的紧密接触及和谐,从而使得观念能够为精神所呈现,并进而展现为身体的行动。否则,一旦失去了这种平衡,失去这种生命注意力,心灵生活就会进入不正常的状态。

在我们看来,"我的身体"的含义再一次得到丰富,正是通过我的身体才给予精神以一种平衡和一种良好理智。在第三章的最后一段,柏格森把身体的角色概括为两点:第一,身体是感觉和运动之间的中介;第二,身体的唯一功能就在于将记忆导向现实化并使之在当下呈现。于是,在圆锥体

① 《杂著集》,第 1574 页。
② 《物质与记忆》,第 189 页。
③ 《物质与记忆》,第 193 页。

SAB 中,我们就可以把点 S 理解为对身体的象征,这个点,一方面代表着身体与外在形象之间的作用和反作用之间的关系,另一方面,圆锥体 SAB 之中所有的回忆都得通过身体这个点才得以实现。

另外,意识平面的理论,对于理解柏格森的精神概念也颇为关键。正如沃姆斯所说的:"柏格森的记忆的特殊操作,不在于寻找回忆的过程,而在于延伸到知觉的回忆的现实化,这被称为注意力。"[①]并不是回忆本身在知觉中寻求着实现自身,而是通过一种精神的努力,这种努力寻找回忆,使之进入到知觉的前台,从而形成回忆。因此,柏格森特别强调"生命注意力"(attention à la vie)的概念。

柏格森原本在知觉和回忆之间建立起一种性质的差异。但是,借助于意识平面的理论,这种性质的差异得以大大减弱。知觉和回忆能够取得一致。在圆锥体 SAB 之中,点 S 象征着身体、知觉,这也可以视作程度最低的意识平面。纯粹知觉,或者说最简单的知觉,岂不已经是回忆?这样,知觉和回忆,只不过占据着不同的意识平面,却都是同一精神的不同平面。如果把这一理论扩展到形而上学,我们可以设想,物质也是记忆。正如沃姆斯所注意到的:"意识的平面和现实的层次是互相重合的。"[②]我们将在后文继续检讨这一理论的形而上学推论。

对我们来说,关于柏格森的精神理论,重要的有以下几点:(1)精神应该始终保持一种生命注意力,并与身体保持亲密联系;(2)精神不是身体的产物,相对于身体有其独立的存在,且精神的存在高于身体的存在;(3)记忆并不贮存在大脑之中,精神也不贮存在大脑中;(4)因为精神把形象保存为纯粹回忆,精神需要身体的帮助来使这些纯粹回忆当下化、现实化,因为

---

① 沃姆斯:《柏格森的意识平面理论:〈物质与记忆〉的诞生、结构和意义》(Frédéric Worms,《 La théorie bergsonienne des plans de conscience, genèse, structure et signification de *Matière et mémoire*》,in *Bergson et neurosciences*,Paris,Les empêcheurs de penser en rond,1997),第 93 页。

② 沃姆斯:《柏格森的意识平面理论:〈物质与记忆〉的诞生、结构和意义》(Frédéric Worms,《 La théorie bergsonienne des plans de conscience, genèse, structure et signification de *Matière et mémoire*》,in *Bergson et neurosciences*,Paris,Les empêcheurs de penser en rond,1997),第 105 页。

回忆本身是潜在的、无力的;(5)回忆的实现化过程倾向于在诸多回忆之中,选择那些有利于未来行动的并使之实现,但这并非一种可以预见的机械过程,在这方面体现着人类行为的不确定性;(6)回忆的实现,要求一种精神的自发的努力,要求一种"生命注意力"。

第五节 绵延的不同节奏,物质与精神

在《物质与记忆》的第四章的开头,柏格森把身心问题置入一种形而上学的视域之中加以思考。他在前三章所做的研究,使他得以建立一种关于精神和身体的新观念。但是,柏格森很快过渡到另一个问题,物质与精神的关系问题,似乎这两个问题可以混为一谈。身体是物质的一部分,但身体与物质之间并不能画等号。实际上,一切关于身体与灵魂的理论,都必须以某种关于物质与精神之区分和关系的形而上学为前提。但无论如何,身心问题和心物问题并不完全等同,因为身体并不能被归结为任意一个物质对象。但是,如果物质与精神的关系问题得到了解决,身心问题显然就会变得更容易。我们将可以看到,借助于《物质与记忆》第一章中的研究结果,柏格森尝试在一种宇宙论的图景之中重新定义物质与精神的关系。

有两个互相对立的理论:唯物论和观念论。但二者都诉诸同一个证人:意识。问题之所以晦涩难解,实际上只是因为他们没能真正认识意识的真正本性,从而混淆了作为绵延的意识和在空间形式下的意识。将这种二元论推到极致,我们就一方面获得了纯粹知觉理论,另一方面获得了纯粹记忆的理论。借助这两种理论,借助意识平面的理论,柏格森大大削弱了绵延和空间的对立、数量和质量的对立。另外,柏格森尝试着建立一种物质的形而上学。在《物质与记忆》中,绵延最终成功地走出意识,并扩展到整个宇宙。

柏格森的物质理论开始于运动。从一种心理观点来看,一切皆是运动。一切运动,并不是一种可以无限区分的痕迹,而是一个不可分的过程;不是一个事物,而是一种不断前进的进步;不是一种几何运动,而是一种绝对的运动。知性总是把运动转化为其轨迹,从而能够使之空间化。并且用语言把绵延翻译为空间。公共理智和语言有理由这样做,因为生命要求行动,为

了行动需要把变化(le devenir)转变为一种可用的、稳定的事物。

柏格森把运动的感觉置于两个极端之间："因此,我坚持在链条的两个极端之间,一边是在我的肌肉的感觉,另一边是在我之外的物质的感性性质……在这两个极端之间,就是所谓的外在物体的运动。"[1]正是在这里,出现了物质对象的分化。在物质界之中,有某种非延续性,从而形成了各种各样的物质对象。在物质整体之中,人们抽象出各个被规定的部分,并且将它们树立为一些独立的对象,从而仿佛每个对象都有其自身的个体性,类似于某种人格[2]。于是问题就出现了:"我们如何把物质广延为我们原初感受到的延续性划分为如此多的物体,每个物体有其自身的实体性和个体性?"[3]柏格森立刻将这个问题用运动的术语翻译出来:在朝向我们给出的运动的延续性之中,如何呈现在我们看来在物质宇宙之中的某种持存的、不变的东西,从而这种东西被视作单个实体或单个物体? 也就是说,在运动的延续性之中发现某种与一般运动不同的非延续性和个体性。这个问题,我们既无法在意识的直接材料中找到,也无法在数理科学之中找到,我们必须去别的地方寻找。

这样,柏格森接下来过渡到一种生命的概念,这个概念当然后来在《创造的进化》一书中大大得到深化,唯有借助这种生命概念,才能解释物质的分化。实际上,正是生命,在物质的延续性之中建立起某种非延续性。在生物界中,甚至最卑微的生物,也已经远远多于一个单纯的物质对象。生物构成一个中心、一个个体、一个小宇宙,正是在生命之中,显示出一种双重性,一方面是生命的需求,一方面是为了满足需求的各种手段。为此,生命在物质之中进行着各种切割,从中抽离出若干部分、以形成一些对象。实际上,诸如有机物与无机物、光滑与粗糙、固态、液态、气态、坚硬和柔软等划分和属性,对于物质本身毫无意义,仅仅对于生命才有意义,这些属性,与其说是物质本身的属性,毋宁说是生命、特别是人的生命在与物质的互动中呈现出来的,体现着生命本身的需求以及基于各种需求而与物质所展开的交流。因此,柏格森断言,物质的分割实际上只是生命所要求的分割。物理科学把

---

① 《物质与记忆》,第219页。
② 《物质与记忆》,第219页。
③ 《物质与记忆》,第220页。

物质解释为力,同样也可以由这样一种理论所解释。实际上,"生命的保存要求我们在我们的日常经验之中,区分出无机的物体,和这些无机物体在空间之中所施展的行动"①。"力"一词的源头,来自我们对于这些行动的经验,尤其是来自我们对于无机物所施展的行动。因此,"力"、"物体"这些术语,都是相对于生命的需要而产生的。这样,柏格森使得力和物质两个术语得以靠近,从而赋予宇宙以一种延续性:"我们看到力物质化了,原子观念化了,这两个术语都朝向一个共同的边界而靠近,于是,宇宙重新找到其延续性。"②在宇宙之中,一切皆是运动,但是,有这样一些运动,其节奏是"如此缓慢,从而可以借助于我们意识的习惯加以限定"③,从而形成物体的观念(l'idée des corps)。但是,思想的习惯的错误在于,总是在空间中表现运动,并使之可分、可量化。这样做的结果,就是忽视了运动本身具备某种心理的东西,这种心理的东西是一些质或者感觉。一旦人们在运动和感觉之间建立起某种区分,就不可避免地将陷入某种程度、某种形式的二元论。这种二元论带来一系列难以调和的对立:广延和非广延、质和量、必然和自由、物质和精神等。

柏格森削弱了上述的这些对立,因为在他的知觉理论或者说认识理论中,一开始,就已经将运动和感觉的对立给取消了。而从笛卡尔开始,大部分现代哲学家,在一开始,就已经在知觉中,将运动和感觉对立起来。而柏格森的做法是:"把运动转入质之中。"④实际上,运动和感觉的不同,仅仅在于二者的节奏的不同。在这种情况下,我的意识同时也是一种"特定节奏的绵延"⑤。物质对象有着一种与不同于人、不同于人的意识的节奏。这样,正如同意识有着无限多样性的平面,宇宙也有着无限多样性的节奏。对此,柏格森说得很清楚:"实际上,并不是只有一种唯一的绵延的节奏;我们可以想象有着多种不同的节奏,这些节奏,或快或慢,衡量着意识的紧张和

---

① 《物质与记忆》,第 224 页。
② 《物质与记忆》,第 224—225 页。
③ 《物质与记忆》,第 228 页。
④ 《物质与记忆》,第 230 页。
⑤ 《物质与记忆》,第 230 页。

放松的程度,从而,在存在的系列中确定各自的位置。"①物质对象被封闭在同一种节奏之中,在一种不断重新开始的现在之中,必然性正体现为这种封闭。但是,人的意识有着在绵延的多种不同的节奏之间加以选择的可能性。"绵延的或高或低的紧张程度,表达着生命的或多或少的强度,决定着其知觉的浓缩程度和其自由的等级。"②就此而言,如果说物质处在某种封闭之中,人的意识、人的行动,则处于某种开放性之中。

现在,我们返回到身心问题。柏格森多次强调在身体与灵魂之间存在着某种统一(l'union):"在关于某个对象的视觉感知之中,大脑、神经、视网膜、对象本身,共同构成了一个互相关联的整体,一个持续的过程(un tout solidaire,un processus continu)。"③那么,为什么会有身与心的分离的二元性? 为什么哲学家们总是以二元论的方式来思考? 柏格森并不从这种身与心的分离的二元性出发来思考问题。相反,他的出发点是身心的统一,并从这种统一出发,来解释这些幻像的源头,诸如均质的空间、感觉等现象如何生成。实际上,所有的感觉一定程度上都是延展性的,因为感觉或者说意识总是参与着物质的划分。柏格森判断说,正是在知觉之中意识和物质、灵魂和身体进入接触。这样,延展的物质就被视作"一切都平衡、一切都中性化了的意识"④,或者说,是程度最低的意识,一种弱化的意识,一种"零度意识"。这样,由形而上学所建立的,在物质和精神之间的这种对立,不再具有实在的含义,这种对立本身已经大大被削弱了。在二者之间,所存在的,只是一种程度的差异,而不再是性质的差异。在纯粹知觉之中,精神与身体融为一体,在记忆之中,就精神作为记忆而言,精神与身体区分开来⑤。就

---

① 《物质与记忆》,第232页。
② 《物质与记忆》,第236页。
③ 《物质与记忆》,第241页。
④ 《物质与记忆》,第247页。
⑤ 《物质与记忆》,第248页:"于是,我们就可以理解,精神能够在纯粹知觉的行动中处于物质之中,并最终与之合为一体,然而,精神与身体还是有着彻底的不同。精神有别于物质,就在于精神是记忆,也就是说朝向未来而进行的过去和现在的综合,就在于精神把这种物质的不同时刻都浓缩在一起,从而利用物质,从而通过行动来表现出精神,而这些行动就是精神与身体合一的存在理由。因此,在这本书的开端,我们有理由指出,身体和精神的区分不应该建立在空间,而应该建立在时间。"

此意义而言,柏格森并没有完全否定二元论,而是将这种空间的二元论,转移为时间的二元论,化解、互通为时间中的两极。这样,灵魂与身体的区分依然存在,但是这种区分的含义变了,变成一种时间性的区分。由此,柏格森就建立了一种真正的二元论,由此来批判庸俗的二元论。但是,柏格森的二元论并不是不可克服、不可消解的。身体和灵魂其实不是别的,而只是内在于绵延的运动的两极,或者说,是绵延自身所具备的节奏不同的两种运动。同一个人格,在纯粹知觉中,身与心混合为一,一切皆是知觉,知觉立即转化为运动,因此,在这种极端情况下,人格陷于某种纯粹的空间性,人格混同于物质了。而在纯粹记忆之中,人格呈现为无数纯粹回忆之总和,这些回忆完全不夹杂任何知觉,因此不夹杂任何身体性、物质性的东西,是纯粹的精神,在这种情况下与物质的身体截然两分。因此,我们说,精神在纯粹知觉之中与身体合而为一,并因此与物质浑然为一,而当精神是记忆时与身体截然两分。由此看来,不应该从身心二元论的立场,来设想身体与心灵两种不同实体的交流与统一,而是应该从"绵延——生命"的一元出发,来设想为什么会出现身体与心灵二元分立的状态。对于柏格森而言,身体与心灵皆是生命在不同层次的体现,人的心灵通过身体不断地与外部世界(物质世界)和内部世界(回忆)进行交流,这种交流有两个极端,即纯粹知觉和纯粹回忆,当人们处在纯粹知觉状态时,身心是合一的,但精神的独立性却难以凸显出来,而当人们处于纯粹回忆状态时,心灵处于"白日梦"的状态,身体似乎被忽视了。纯粹知觉和纯粹回忆都是理想状态或者说极限状态。实际上,在实在的知觉和实在的回忆之中,精神总是摇摆于与身体的合而为一和与身体的截然两分的两极之间,因此,必须有一种"生命注意力"来始终保持平衡。而一旦这种平衡丧失的时候,人就陷入某种病理状态。因此,所谓身心的二分,应该代之以两种不同状态的两分,正是因为意识移动在不同的意识平面并且反复活动,从而才得以诞生对于"我的身体"和"我的灵魂"(我的精神)的认识。但是,不论处在哪个意识平面,身体与心灵始终是合一的,只是有时生命注意力更多地关注身体,有时更多地关注精神。

第 二 章
生命与创造

在《物质与记忆》(1896)和《创造的进化》(1907)之间,有着10年的间距。在此期间,柏格森从未停止深化其哲学反思。对于柏格森思想的发展历程而言,这是一个过渡时期,在此期间,柏格森的研究从心理学扩展到生物学,从"记忆"扩展到"生命"。这一时期的文本,一方面呈现出种类的多样性(演讲、报告、通信、书评),另一方面也表现为主题的多样性(心理学、形而上学、教育学)。身心关系问题在许多文本中都有所涉及,例如一些收入《心力》的演讲,诸如"梦"(1901),"精神的努力"(1902),"大脑与思想"(1904),以及若干次在法国哲学协会上的讨论,特别重要的是关于"心理物理平行论和实证形而上学"(Le parallélisme psycho-physique et la métaphysique positive)(1901)的讨论。要注意,这些文本都与《物质与记忆》有着紧密的联系,或者是作为此书的某个主题或者问题的澄清,或者是作为此书中的理论在某一专门问题上的应用。

第一节　心智的努力和心理因果性

对于从《物质与记忆》到《创造的进化》之间的过渡,《心智的努力》("L'effort intellectuel")①一文有着重要的意义。醒的状态和梦的状态,可以视作两种不同的态度(attitude)而互相区别,一种是紧张的态度,一种是放松的态度。努力的感受出现在紧张的态度中,而在放松的态度中则是缺失的,这一点在"梦"的讲座稿中已经讲得很清楚。柏格森继续其反思,他

---

① 此文出版在《哲学杂志》(Revue philosophique)1902年1月号,后收入《心力》一书。

进一步追问,这种心智的努力(l'effort intellectuel)的特征到底是什么。在"心智的努力"一文中,柏格森分别检查了三种情况下的努力,一种是最单纯的努力,一种是知识再生产中的努力,一种是发明中的努力,这是较高的形式。

柏格森这里所处理的再生产,其实就是对某个回忆的唤起。"唤起的机制对于我们而言是无差别的;关键在于,当我们需要的时候,不论如何,我们能够唤起回忆。"①对于这种唤醒,柏格森再次运用他在《物质与记忆》中所做过的分析。唤醒的努力应该同时求助于两种形式的记忆,习惯和纯粹回忆,借助于记忆——习惯,唤醒类似于某种机械过程。而在回忆中,也必须由某种机制将被唤醒的图象组织在一起。这样,在唤醒活动中,一方面有着机械的唤醒,另一方面有着理智的重构。在实在的唤醒过程中,很难对上述二者加以区分。但是,在某些特别的情况下,仅仅机械记忆起作用,或者仅仅人为重构起作用。

首先,柏格森提示,在自动记忆中,之所以能够轻易地唤醒一些回忆,是因为这些回忆与感觉是同类的,与感觉相邻。回忆和感觉处在同一个意识平面。但是,当一种唤醒需要精神从一个意识平面跳到另一个意识平面时,就需要付出格外的精神努力了。这正是理智重构的情况。柏格森给了一个关于记诵课文的例子。为了记住一个文本,必须反复阅读,并加以分析,以便获得一个能够浓缩整个文本的"整体的图式"(une vue schématique de l'ensemble)②。这样,记诵应该把这个整体图式展开为一系列的图象,每个图象都用相关文字加以描述。这一过程可以设想为一种下降。"从一个一切都汇聚为一个表象的较高层的平面,下降到若干较低的平面,这些平面有着越来越多的感觉,此前的单个简单表象就分散为众多图象,这些图象发展为句子和词语。"③

这种整体图式,柏格森很快将其命名为"变动图式"(schéma dynamique)。实际上,对于构想回忆的现实化,这一概念是非常重要的。要注意,"变动图

---

① 《心力》,第155—156页。

② 《心力》,第160页。

③ 《心力》,第160页。

式"既不是图象的抽象,也不是图象集合的表象。而是某种难以定义的东西,但是每个人都能够感受它、利用它,百姓日用而不知。为了澄清这一概念,柏格森引用了象棋选手的例子。某些象棋选手经过训练,能够与多人对弈下盲棋。对此,我们可以联想一下茨威格著名的小说《象棋的故事》。对于盲棋选手而言,这些棋子不再是具体图象中的棋子,而毋宁是一些力量、一些功能。"在选手心中呈现的,是力量的重组,或者说,是联盟和敌对力量的相互关系。"①这样,选手在心中重新玩一盘棋,将所有的棋子,转化为一些力量,从而使之置入同一个平面,同一个空间。同时,选手也能够在一个具体的棋盘上设想一场棋局。

柏格森继续研究"努力"这一概念,这一次,他研究的是,当人们需要克服一定的困难才能唤醒回忆时的情况。回忆的努力,在此情况下,呈现为一个过程,一个把简图式转化具体图象的过程。于是,我们又再次遇到记忆的两种运动,即记忆的两种形式。一方面,有着横向运动,同一平面的若干图象,呈现着不同的对象,进入某一互相关联的网络;另一方面,有着纵向运动,一个唯一的表象可以通过处于不同平面的若干图象加以呈现,从而使得这个表象得以从图式展开为多个具体的图象②。第一种运动,横向运动,不需要努力,因为这是一种自动过程。与之相反,第二种运动,纵向运动,则需要心灵的努力。实在的回忆过程,同时包含这两种运动。但是仅仅在第二种运动中可以找到努力。因此,柏格森断言,回忆的努力,就在于把某个变动图式转化为具体的图象。这样,柏格森断言,回忆的努力就在于,把某个变动图式转变为"一个图象化的表象,其中每个图象都互相并置排列"③。

接下来,柏格森为我们揭示出,在理解的努力中,也有着某种类似的过程。"理解的感受,产生于从图式到形象的过程之中。"④从图式到图象的过程也可以在发明的努力中找到。柏格森断言,"理解的劳作,就在于使得同一个表象穿越多个不同的意识平面,行走在一个从抽象到具体、从

---

① 《心力》,第 163 页。
② 柏格森在《物质与记忆》中提到了两种运动,参见《物质与记忆》,MM,第 188 页。
③ 《心力》,第 167 页。
④ 《心力》,第 174 页。

图式到图象的方向。"①

　　我们必须注意变动图式的三个特征。第一,在这个从图式到图象的过程中,心智的努力总是伴以身体的努力,或者某种"身体的忧虑"(une inquiétude du corps)②。实际上,一切心智的努力都伴随着身体的合作,不只是在身体的某种复杂的练习之中,而且也是在某些心智活动之中,例如读一本艰深的著作,进行心灵的沉思,参加一场考试,等等。第二,在图式实现的过程中,它有可能不断地被修改。特别是在发明中,我们首先有一个图式、一个计划、一个草图。但我们有所前进时,我们对图式略做修改,以便更贴近现实。这样,在图式和图象之间不断往复修改,最终,当图式最终完成时,也许相对于最初的图式已经是面目全非。第三,努力总是要求时间。要求一定的绵延、一定的时间段的等待,有时只需几秒,有时却需要几年甚至几十年。

　　在这篇文章的结尾,柏格森并没有忘记从中得出若干形而上学结论。他在心智的努力中看到一些正在形成中的因素。这些因素倾向于形成一种一元性。这种一元性是一种"生命的一元性"(unité de la vie)③,正是精神所朝向的方向。于是,哲学家过渡到生命的意义问题。正如扬科勒维奇所说的:"变动图式已经呈现为一种冲力。"④

　　这种生命的意义将由一种生命因果性(causalité de la vie)来加以解释,这种生命因果性不同于动力因和目的因。变动图式有着一种不同于图象的存在。图式在心灵中呈现,不是作为一个图象,而毋宁是作为一个问题,一个挑战,一个困难。图象是通过相似性原则互相引发的,正如联想主义者所注意到的。但是,图式的角色在于,"根据其解决困难的能力来区分图象,它考虑的是这些图象的能力,而不是其外在的形式。因此,这是一种不同于

---

① 《心力》,第176—177页。

② 《心力》,第183页。

③ 《心力》,第186页:"一切心灵的努力都是一种朝向独一观念论的趋势。但是,精神所朝向的这种一元性并不是一种抽象的、干涩的、空洞的一元性。这是一种'指导性观念'的一元性,为相当多的有机因素所共有。这是生命的一元性。"

④ 扬科勒维奇:《柏格森》[Vladimir Jankélévitch, *Henri Bergson* (1959), Paris, PUF, 1999],第113页。

图象的表象方式"①。仍以象棋为例,对于棋手而言,"马"和"车"的外表是不重要的,它们完全可以表象为另一种外形,重要的在于,这两种棋子在棋盘的运动方式和博弈能力。这样,图象的运动是可以用动力因和目的因来解释的,在图象的运动旁边,有着从图式到图象的运动,这种运动,基于另一种因果性,即生命因果性,柏格森有时又称为心理因果性②。

柏格森思想的研究者们,并没有忽视这一生命因果性概念的重要性。古耶(Henri Gouhier)在其著作《西方思想史中的柏格森》之中,开辟了一章来论述这一问题③。正如古耶所揭示的,柏格森早在《论意识的直接材料》之中就建立起了在物理因果性和心理因果性之间的区分,并且将心理因果性与自由问题联系起来。在《物质与记忆》和《创造的进化》之间的时期,柏格森后来发展和丰富了心理因果性的概念,并且将这一概念与创造的概念联系起来。正如柏格森在其写给布伦什维格的信中所说的:"如果有一种实在的心理因果性,这种因果性应该有别于物理因果性,既然这种物理因果性在其从一个瞬间到下一个瞬间的过程中不包含任何创造,相反,心理因果性就其行动本身而言即包含着创造,创造出某种之前并不存在的东西。"(M,586)

必须要注意,柏格森在心理因果性之中所发现的,不只是创造的观念,还有一种与物理世界的因果性相沟通的观念。在他关于"意志理论"(Les théories de la volonté)的课程中,柏格森给出了关于沟通自我与世界的三种可能的解决方案④。第一种解决方案在于,说心理因果性只是假象,世界完全是物质的并且被决定论所统治着。这是一种机械论的解决办法。第二种方案在于,认为我们的人格"并不是在世界之中,因为事物的基础就是我们之所是"(M,716)。我们能够同时采取关于现实的两种记录体系:一种对应于目的论,一种对应于机械因果性。第三种解决方案,其目的在于一方面

① 《心力》,第189页。

② 参见《杂著集》,M,第714页。

③ 古耶:《西方思想史中的柏格森》(Henri Gouhier, *Bergson dans l' histoire de la pensée occidentale*, Paris, Vrin, 1889. Chapitre IV,《causalité et création》)。

④ 《杂著集》,第715sq页。

保持自由,一方面把心理因果性与其他因果性相协调。但是,这种解决方案,把自由创造一分为二:一方面,将自由置入知性的范畴之内;另一方面,则将自由的因素单独列出,置入道德领域①。这种解决方案出现在若干德国哲学家那里,例如康德和叔本华,这种方法可以上溯到普罗提诺。正是由于这种人为的中断,康德在现象和本体之间建立起了对立。在我们看来,显然柏格森对这两种方案都不满意,他自己的解决方案,可以理解为从自由出发,来解释其他因果性。实际上,整个《创造的进化》都可以视作对这一解决方案的现实化。

第二节　生命的含义

如果生命含义的问题是与因果性问题相关联的,那么它也与身心问题紧密相关。柏格森在关于"心理—物理平论论和实证形而上学"的讨论②中说道:"由此,在我眼中,认识到有可能,以经验的方式、循序渐进地澄清我所说的'生命的含义'(la signification de la vie),也就是说,在灵魂与身体之间的区分的真实意义,以及身心协作和合一的理由。"③

什么是这里所说的生命的含义?柏格森将在他1907年的巨著《创造的进化》作详尽的阐明。但是,在1901年这个讨论之中,他已经解释了生命的若干重要特征。在柏格森看来,要解释在心理活动(思想)与物理条件之间的差别,必须通过经验的研究,并且通过对经验事实的观察和研究,才有可能揭示出生命的含义。换言之,人既是思维着的存在,又是生命的存在,正是这两种不同存在的差别和关系,构成着我们所说的"生命的含义"(M,464)。柏格森在这里,还区分了生理生命(la vie physiologique)和精神生命(la vie spirituelle)。而在"生命的含义"这一表述中,所涉及的,则主要是前者,即生理生命。但是,生理生命与精神生命是不可分的。前者在为后者作

---

① 《杂著集》,第716页。

② 1901年5月2日,柏格森在"法国哲学学会"(Société française de Philosophie)作了一场报告,之后与多名学者和哲学家展开了讨论。其讨论的笔录后来收入《杂著集》。

③ 《杂著集》,第478页。

准备,并且为之提供条件和限制。"这种生理生命,不过只是对更广泛、更高的生命的一种模仿,而后者只能是思想生命本身。"①柏格森的方法和学说,都基于这一限制。这样,身心关系就得以经验的方式来研究这种生理生命给思想生命所带来的这种限制,以及为何这种限制并未能限制生命体自由地显现自身。

一个身体,无论是人的身体,还是任意一个生命体的身体(或者说躯体),无论这个生命体是动物还是植物,这个身体都是物质的一部分。物质的世界,是由自然法则所统治的世界,也就是说由机械论规律所统治的世界。但是,为什么在物质世界之中,有着某种东西,既是物质的,同时又超越物质?生命就体现在形式的创造之中,这种创造是一种充满了不可预见性的过程,是一种自由,一种物质本身无法产生的新颖性。"生命是由思想所进行的一种广阔的努力,以便从物质之中获得某种物质无法提供的东西。"②思想利用物质的机械性,用来展开自身的行动,因为思想本身带有一种创造性的能量,这种能量必须外在地表现出来。通过身体的中介,随着生命体的身体变得越来越复杂、越来越灵巧、越来越精致,思想外在化为一些越来越自由的行为。但是,在思想的这一冒险历程之中,思想得以现实化并且表现为自由,并且用来克服物质的必然性、克服障碍。但由于物质必然性的强大,所以,思想的自由,往往达到一定程度后,就不再能够突破物质的限制,从而束缚在必然性之中。"思想变成了机械论的囚徒。"③越是低级的动物,在这种必然性中越束缚得厉害;越是高级的动物,越是能够体现其自由,越是能够突破这种必然性的束缚。在动物的进化中,从最卑微的动物到最高级的动物的序列之中,最终唯有人,借助于精巧的大脑,得以表现出最高的自由。

在我们看来,在这样一种关于生命的描述中,有三点必须加以注意:(1)生命是一种过渡、一种通道,为了让精神得以从物质跃出,让自由得以

---

① 《杂著集》,第 493 页。
② 《杂著集》,第 485—486 页。
③ 《杂著集》,第 486 页。

从必然之中跃出，"生命只是一种朝向更高目的的方式"①；（2）有某种创造性的能量，正是这种能量使得生命成为可能；（3）生命由不同的层次组成，许多物种都被物质必然性所俘获，唯有人得以突破障碍成为自由的存在。

值得注意的是，这样的表述，远远算不上严格的定义，只是柏格森从先前的研究中所获得的暂时的推论。这样一种反思，可以说主要是根据《物质与记忆》的结论推导出来的。在《物质与记忆》中，柏格森写道："在意识和科学的另一边，有着生命……赋予个体意识以便显得自身的这种能力，要求形成一些互相区分的物质领域，这些领域正好对应于生命体。"②这样，生命在物质的延续性中，形成了某种非延续性。然而，被赋予给意识的，使得物质变得活生生的物质的这种能量，到底是什么？柏格森对此未多加说明。在 1901 年关于"心理—物理平行论和实证形而上学"的讨论中，柏格森毫不犹豫就赋予精神以某种具有能动性、主动性、创造性的力量。借助这种创造性的能量，有机生命被赋予一种使命，那就是利用物质的机械性以超越物质，从而过渡到更高的层次，上升到精神生命。这样，在生理生命和心理生命之间的差别，在有机生命和精神生命的差别，在物理界的因果性（动力因、目的因）与心理因果性的差别，就全都指向同一个问题：也就是生命的含义问题。

因此，我们可以看到，柏格森深化了身心关系问题。他不但从以前的著作中引出一些新的推论，而且也从一种新的视角，也就是生命的视角，来重新审视身心关系问题。在《物质与记忆》中，柏格森已经建立起一种多层次的实在的理论。从一般的无生命的物质到人的意识，有着无限多层次的中间层。通过对"生理生命"和"精神生命"的区分，柏格森揭示出，在物质与意识之间，有着生命。问题在于，为什么在物质界之中，会有部分物质聚集在一起，形成生命体？为什么某些生命体之中将形成和产生意识？柏格森指出，有着某种创造性的能量，从物质传到生命，从生命再传到意识。但是，在《创造的进化》发表之前的这些文本，还没有全面和深入地揭示出，从物

---

① 《杂著集》，第 486 页。

② 《物质与记忆》，第 221 页。

质到生命、从生命到意识的这种运动。为了更切近地把握这些现象,为了在一种生命哲学之中反思生命现象,我们有必要紧随柏格森的脚步,进入他的大作《创造的进化》。

第三节　从物质到生命之演变

1907 年,借助于《创造的进化》的出版,柏格森达到了其荣誉的顶点。正如布尔乔亚所说的,这本书乃是"当代法国伟大的存在史诗"①。当然,在这本著作中,柏格森所讨论的,主要是生命、进化、创造等问题。正如我们之前所讨论过的,生命问题是与身心关系问题紧密相联的。生命的含义,正是"灵魂与身体差别的真正意义",同时生命才是身心合一的根本原因②。在此,柏格森所追问的生命,乃是指的生理生命,而不是精神生命。精神生命的种种状态,无法被简化为生理状态,同样地,生理状态也没法被简化为物理—化学状态,因为生理生命已经呈现出各种各样仅凭物理化学规律无法概括和描述的生命形态。不只是人的身体,而且在动物和植物那里,都已经呈现出许多无法预料的生命形态。一切的发生,都似乎在意识与物质之间,有着生命。在物质对象的必然性和我们人格所体现的自由之间,似乎有着生命。这样,就必须澄清生命概念,以及生命概念与物质的关系,以及生命概念与意识(或者说精神)的关系。

柏格森写道:"由此推论出,我们的理智,就其此词的狭义而言,是用于保证我们的身体能够完美地嵌入其环境之中,再现外部事物之间的关系,从而最终得以思考物质。"③这是著作的结论之一。正是理智,作为意识的一种形式,保证了我们的身体嵌入到其环境之中,并且思考物质。正如我们此前所观察到的,意识在以下的三角关系中处于核心角色:意识、身体、物质。

---

① 布尔乔亚:《柏格森的〈生命的进化〉出版百年》(Bernard Bourgeois, *Centenaire de la parution de l' Evolution créatrice d' Henri Bergson*, Paris, Institut de France, Académie des sciences morales et politiques, 2007), 第 84 页。
② 参见《杂著集》,第 478 页,以及我们前面上一章关于"生命的含义"小节。
③ 《创造的进化》, V。

我们接下来,将揭示出柏格森在《创造的进化》的前三章之中,在以上三者之间建立了一种环环相扣的关系:(1)物质与生命的关系,在第一章中得到研究,在这一章中,柏格森揭示出有一种普遍的生命,从一个个体传到另一个体,从一代传向下一代;(2)在第二章中,柏格森研究了生命和意识的关系,他揭示出,生命的进化有无数个方向,但唯有在理智的方向上才得以突破物质的限制而显现出意识;(3)在第三章中,则是意识与物质的关系进行了考察。通过此三者构成的循环,柏格森在一种宇宙论之中展开了一种全新的生命哲学,并且成功地解决了在《物质与记忆》之中尚未解决的某些问题,例如:在一般的物质,有生命体所是的这一部分物质之间,其差异何在? 什么是身体的个体性? 柏格森在《创造的进化》之中重拾了这些问题。

如果柏格森在物质世界之中建立了某种延续性,他并没有因此忽视物质世界中的非延续性。正如吉尔松(Bernard Gilson)所说的:"个体性显现为一种公共的经验事实,在世界的延续性和思想的延续性之中,人们区分出一些不那么延续的因素。"①柏格森本人写道:"个体性,何处开始,何处结束;生命体是一还是多;是细胞联合为生命体,还是生命体分散为多个细胞?谁能回答这些问题?"②。在物质世界,不只是有着生物界的个体化的躯体,而且也有着无机的个体化的物体。这两种类型的躯体、这两种类型的个体性,其差别何在呢?

在第一章的开头,柏格森就描述了人们在意识之中可以体验到的绵延的特征。他要追问的是,这些特征是否也能够适用于"一般意义上的存在"(existence en général)。这样,他就过渡到关于无机物的讨论。一个物质对象,在柏格森看来,呈现出不同于绵延的特征。

无机物的特征首先在其可分性。无机物被看做是多个并置的部分的集合。如果无机物发生了变化,则是通过这一集合中的某一部分被另一部分取代,或者是对这些部分的重新安排。作为无数部分的集合,无机物总是可以不断地被细分,直至被细分为无数分子、原子的集合。

---

① 吉尔松:《柏格森哲学中的个体性》(Gilson Bernard, *L'individualité dans la philosophie de Bergson*, Paris, Vrin, 1978),第 7 页。

② 《创造的进化》,Ⅵ。

其次,无机物的特征还在于它是一种人为的孤立(isolement artificiel)。在柏格森看来,在物质世界的延续性之中,只有通过某种人为的操作,才有可能抽象出某个个别的物质对象,从而赋予某种个体性。而这种抽象过程,则是与我们的意识相关的。"将物质细分为若干孤立的物体,是与我们的知觉相关的。"①值得注意的是,这种孤立的操作并不是完全人为的、也不是完全任意的,而是有其客观的基础。"物质倾向于建构成为一些可孤立并且可以用几何方式来处理的体系……但是,这只是一种趋势。物质并没有走到尽头,孤立不是完备的。"②实际上,唯有在实践之中,在研究对象之际,才需要把一个对象或一个系统从整个宇宙之中抽象出来,孤立地加以研究。但是,每个对象、每个系统,都关联着一个更大的系列,直至关联着整个宇宙③。

再次,无机体的特征还在于,它没有历史,也并不分有我们在意识之中发现的绵延的各种特征。当然,物质也有其绵延,正如糖水的例子所说明的。当一块方糖放入水中,总需要时间等待其慢慢溶入水中。实际上,任何一种物质的反应或者变化,总需要一定的时间,一定的绵延。但是当人们把物体从宇宙之中抽离出来时,根本不考虑其绵延特征。"我们关于对象的全部信念,我们关于科学所孤立出来的所有体系的种种操作,实际上都基于这样一个观念,即时间从不侵蚀这些对象"④。当人们把物质对象从宇宙之中抽象出来时,就把空间化时间的概念用于其上了。

现在,让我们考察一下有机物。如果人们可以将无机物和有机物都视作为许多部分的集合,无机物显得就像是许多部分堆积而成,相反,有机物则呈现出部分的相异性和功能的多样性。

---

① 《创造的进化》,第12页。
② 《创造的进化》,第10页。
③ 参见《创造的进化》,第11页:"我们赋予一个对象的清晰的轮廓,这些轮廓给予对象其个体性,然而,这些轮廓实际上只是对于我们在空间的某一点所施加的某种类型的影响的描述:当我们发现事物的表面和棱边,正如同通过一面镜子,在我们的眼睛中呈现出我们的可能的行动的平面。取消这一行动,并最终取消通过知觉在错综复杂的实在之中所预先开辟出来的种种路径,身体的个体性就消散在普遍的互相作用之中,而这种普遍的互相作用其实就是现实本身。"
④ 《创造的进化》,第8页。

对于有机物或者生命体的孤立或者说抽离,相对于无机物而言则要自然得多。"一个生命体,是由自然本身所孤立出来并闭合的。"① 如果无机物是一个人为的抽象的系统,那么生命体则是一个自然的系统。毫无疑问,生命体也是物质的一部分。因此,必须在两种系统之间存在着某种差异。"唯一的问题就在于,是否我们把生命体所称的自然系统,应该类比于科学在粗鲁的物质之中所切割下来的人为系统,或者这些自然系统应该拿来与宇宙整体之所是的自然系统相比较。"② 正如弗朗苏瓦(Arnaud François)③ 所强调的,两种系统之间的差异,奠基于数学化时间和绵延的差异。对于生命体的物理化学解释,其错误就在于,没有看到具体时间和抽象时间之间的差异。生命体因此不同于无机物,尤其是因为其内含的时间性。

生命体的躯体是一个正在绵延着的东西,而无机物则难以体现这种绵延,只能用一种数学化的时间来考察。生命躯体有别于一切通过人的操作剪切和划分出来的人为体系。"把生命比作一个对象,这是一个错误。"④ 柏格森在有机生命体和意识之间建立了某种类比关系。"如果我特别对我的身体进行考察,我发现,与我的意识相似,我的身体从小到老、渐渐成熟。"⑤ 无机物是一个不会老去的存在,然而生命体则有其生老病死。对此,在生命现象中,可以发现诸如出生、长大、衰老、生病、死亡,几乎在所有各类、所有层次的生命中找到这些现象。在所有的生命体之中,都有着某种由不同阶段构成的具体的时间性,无法被简化为物理时间或者数学时间。柏格森断言:"在任何地方,只要有某物活着,某处就敞开着,有着某种时间得以嵌入的层面。"⑥

显然,相对于无机物,生命体呈现出更多的个体性特征。"生命是一个

① 《创造的进化》,第12页。
② 《创造的进化》,第30页。
③ 弗朗苏瓦:《第一章评注:"生命的进化。机械论和目的性"》(Arnaud François,《Commentaire du chapitre premier:"L'évolution de la vie.Mécanisme et finalité"》,in Arnaud François(Ed),*L'Evolution créatrice de Bergson*,Paris,Vrin,2010),第32页。
④ 《创造的进化》,第15页。
⑤ 《创造的进化》,第15页。
⑥ 《创造的进化》,第16页。

'个体'。"①但是，即使在生命世界之中，也很难决定，哪些是个体的，哪些不是，哪些属于这个个体，哪些属于另一个。个体性的问题是一个极为复杂的问题，包含着无数多个层次，我们后面还将返回到这个问题。

即使个体性是一个非常难的问题，要注意，这个个体性却是生命的本质特征之一。我们也注意到，个体性或者个体化毋宁是一种趋势而不是一种固定的状态。生命体显示出一种个体化的趋势，但同时它亦包含另一趋势，即生殖的趋势。"个体性在其自身之中有其敌人。"②如果生命体是一个完美的个体，那么其生命体中的任何部分一旦与身体脱离都将无法存活，这样的话，生殖就变得不可能。通过生殖现象，在一个个体生命的内部，有着一种趋势，超越个体，并且在这个个体与另一个个体之间建立起联系，在这一代个体与下一代个体间建立联系，并最终与祖先相联。这样，个体的命运就与其物种的命运相关，甚至与所有生命的命运相关。

通过反思个体性理论，柏格森向我们显示出，有一种超越个别生命体的普遍的生命。有一种生命之流（courant de vie），在进化的某个阶段诞生。"这种生命之流，穿越由它一个接一个的身体，从一个世代到另一个世代，分化为各个物种，散布在诸多个体之中，但完全没有丧失其力量，反而是随着其前行而越来越强大。"③这样，一切的发生，仿佛生命有机个体只是一个为了让生命之流得以通过的一种中介。这一生命之流显现为一种冲力、一种努力、一种创造。在关于遗传的讨论中，柏格森显示出，在生命的遗传现象中，表现出一种想要超越个体性、克服个体性的努力。"一种可遗传并朝向特定方向的突变，这种突变逐渐积累、逐渐构成、发展为一具越来越复杂的机器，这样一种突变，毫无疑问应该联系到某种努力，但却是不同于个体努力的一种更为深刻的努力，一种独立于环境的努力，这种努力为某一物种的大部分个体所共有，更多地内在于这些个体所带有的胚胎而不是在其实在的躯体，并保证这种努力因此会传递给其后代。"④这样，一般意义上的生

---

① 《创造的进化》，第12页。
② 《创造的进化》，第13页。
③ 《创造的进化》，第26页。
④ 《创造的进化》，第88页。

命,不仅呈现在同一物种不同世代的个体之中,也呈现在生命界所有物种的所有个体之中。因此,通过这种方式,柏格森建立了生命的延续性和统一性①。"生命显现为一种生命之流,以发育完全的有机个体为中介,从一个胚胎传递到下一个胚胎。"②

如果生命体只是一个中介,让生命之流得以通过,从这个角度来说,我们可以说获得了关于身体概念的一种全新理解。有机生命的身体不再是一个自在的存在,而是一个过渡的场所,一种方式,其目的乃是让生命得以从一个个体过渡到另一个个体。形成一个身体,也就是把这种生命之流嵌入到物质的某一部分之中,使之形成一个整体、一个有机的身体,也就是说,通过这一生命之流,这种"生气",物质的某一部分得以激活、得以通过某种方式组织在一起,从而形成一个具有生命、具有个体性的身体。这不只是普遍生命的个体化过程,也是生命与物质之间互相作用、互相适应的一个过程。一方面,对于有机身体而言,有着对于物质的被动适应,这种被动适应表示出它所受到的环境的影响;另一方面,身体也表现出对于物质的主动适应。③ 对于这种双重的适应,我们可以找到一个例子,眼睛的例子。我们可以回顾一下柏格森关于人的眼睛和扇贝的眼睛的著名比喻。人的眼睛是一个极其复杂和精巧的器官,而其结构的复杂性,对应的却是功能的简单性和有效性。在柏格森看来,后天习得遗传的学说根本无法解释像眼睛这么精巧的器官如何可能以累积的方式形成。而科学家们很早就注意到,属于软体动物的扇贝,其眼睛的结构,同样有着瞳孔、角膜、晶状体,与脊椎动物的眼睛结构有着令人惊奇的相似之处。这一现象让许多科学家们百思不得其

① 《创造的进化》,第 43 页:"如果在生命世界中有着目的性,这种目的性将在某种不可分的紧握之中包含全体生命。毫无疑问,这种一切生命体的共同生命,呈现出许多不协调和许多缺陷,另一方面,这种共同生命并不是一种数学式的'一',除非它能够让每个生命体都在某种程度上得以个体化。"
② 《创造的进化》,第 27 页。
③ 《创造的进化》,第 70—71 页:"我们已经注意到了'适应'一词的模糊性。一方面是越来越复杂的形式,从而越来越好地嵌入到各种外在条件的模型中;另一方面,则是结构越来越复杂的工具,从而在这些外在条件之中获得越来越有利的部分。在第一种情况下,物质还只是接受某种印记,在第二种情况下,物质主动地作出回应并且解决问题。"

解,因为软体动物和脊椎动物在进化的路线上,很早就已经分道扬镳,问题就出现了:为何两个完全不同的进化方向上,在两个完全不同的物种身上,发现如此结构相似、功能相似的器官? 在柏格森看来,结构的相似来自功能的相似,而功能的相似则在于外因的雷同,无论是在人这里,还是在扇贝这里,其眼睛的对象都是同一个:光。两个物种的器官之所以相似,是因为都是出于不同物体的生命体对同一种物质条件的适应所作出的努力,而物种的变异和变异的遗传,都应该在这种对环境的适应所作出的努力中来寻找。正是在对光的适应之中,脊椎动物和软体动物都分别形成了结构相似的器官。而且,柏格森还指出,这种努力不能只是个体性的努力,因为如果只是个体性的努力,那么就只能在很有限的情况和很有限的物种中观察到,所以,这必然是一种超越个体的努力,从而只应该解释为一个物种的每个个体都共同具有的一种努力。如同每个物种都呈现出一种生命的努力,那么,所有的物种一起表现出来的,正是一种普遍生命或者宇宙生命的努力。生命现象所表现出来的"努力"(effort),使得柏格森得以引出"一种生命的原始冲力"(un élan originel de la vie)的观念,即生命冲力(élan vital)的观念。

这样,一方面,生物的身体体现出对于环境的被动适应;另一方面,身体表现出一种主动的适应,一种对于它所遇到的障碍的克服。一个身体的成功,因此呈现出此生物对于环境的成功适应,体现出生命对于物质的成功超越。这样,柏格森就给出了一种全新的身体观。"这种机器(身体)的物质性,所代表的并不是被运用的手段的总和,而是被克服的障碍的总和。"①对此,扬科勒维奇写道:"但是,隧道本身什么都不是:隧道所代表的,只是被克服的大山,同样,我们的每一个器官都代表着物质的失败。因此,身体在这里只是用来被克服的。"②

---

① 《创造的进化》,第 94 页。
② 扬科勒维奇:《柏格森》[Vladimir Jankélévitch, *Henri Bergson*, (1959), Paris, PUF, 1999],第 168 页。

第四节　生命与意识

《创造的进化》的第二章,处理的是生命进化的不同方向。正如沃姆斯所说的,在第二章和第三章中,处理的是理智的双重诞生:"在这本书的核心部分,有着双重的生成:在第二章中,通过生命的进化,我们的认识的实在生成,也就是说,观念的生成;在第三章中,在我们之中的理智的生成。"①第二章的任务就在于考虑在生命进化的多个不同方向之中理智的诞生。普遍生命,通过片断化、个体化,形成个体和物种,这种片断化基于两方面的原因:一方面是生命所感受到的来自物质的抵抗,另一方面则是生命本身所带有的力量。尤其是第二个原因,即生命自身所带有的力量,才是这种分化的真正的深刻的基础。这种生命进化的深刻原因,柏格森命名为"生命冲力"。

生命的分化的第一步,在于植物和动物的分离。将他们分开的,并不是某些特征,而是许多不同的趋势,这些趋势将他们推向两大对立的方向。在那些最初级、最原始的生物中,同时存在着两种互补的活动:一方面,它们想要从自然之中获取、收集能量;另一方面,他们通过运动消耗这些能量。植物主要沿着第一个方向,他们的优势在于自身就可以制造其生命所需的能量,借助于它们的光合作用,因此它们也无需移动、无需感觉。动物则是在另一个方向上发展的。由于动物无法自己制造能量,所以,他们必须直接或者间接地以植物为食,必须移动位置以便获得获取食物。动物朝向强化运动的方向进化,因此渐渐发展出一套感觉—运动系统。正是在第二个方向上,也就是说意识和运动的方向上,标志着生命运动的基本方向。这样,植物和动物,显出意识的不同层次。正如柏格森所写的:"我们通过感觉和清醒的意识来定义动物,通过沉睡的意识和无感觉来定义植物。"②

进化的第二阶段,乃是动物界中的分化。在这一阶段,有四个方向:棘

---

① 沃姆斯:《柏格森,或生命的双重意义》(Frédéric Worms, *Bergson ou les deux sens de la vie*, Paris, PUF, 2004),第 172 页。

② 《创造的进化》,第 113 页。

皮动物、软体动物、节肢动物、脊椎动物。前两种动物,其实都沦为某种麻木,节肢动物朝向本能,而脊椎动物则走向理智。在普遍生命和普遍生命借以显示出来的各个特殊的生命形态之间,一直都存在着某种冲突、某种矛盾。普遍生命倾向于扩大、倾向于越来越自由地运动。但是,每个物种,就其本身也是生命的一种特殊形式,其所追求的,首先就只是其物种自身的自足、舒适,因此尽可能地想要以最少的能量消耗获得最大的收益。这样,一个物种就容易满足于已经取得的成就,渐渐地就可能放弃某些运动功能,沦入某种半睡状态。对于棘皮动物和软体动物而言,都不同程度上"囚禁在或硬或软的外壳之中,这些外壳或者是阻碍了或者僵化了这些动物的运动能力"①。动物中的这两大分支,和植物一样,放弃或者说部分放弃了其运动功能,从而不再能够前行在运动的方向上,从而堕入麻木的方向。

在脊椎动物的节肢动物这里,生命成功地给出了运动性和意识。这两个分支,分别以不同的方式发展出一套感觉—运动系统(systèmes sensori-moteurs)。在这个方向上,进化的最高点分别体现为人和昆虫两大物种(特别是某些鳞翅类昆虫,如蚂蚁、蜜蜂)。在人这里,意识最终在理智的形式下取得其独立性。在鳞翅类昆虫这里,本能发展到最完美的水平。在我们看来,相对于以前的研究,柏格森在此再一次深化和丰富了意识的概念。在进化中,本能和理智是意识的两种互补的形式。

在柏格森看来,感觉—运动系统在动物身体的各个器官之中占据着核心和主导的地位。"当人们想到神经系统所扮演的作为生命的调控者的角色,人们可以追问,是否在神经系统与身体其余部分的交流中,神经系统真的是主人而身体其余部分只是服从。"②对此问题,柏格森的回答是肯定的。感觉—运动系统是身体的核心,而身体的其他部分则是为其服务。其他系统,包括消化系统、呼吸系统、血液循环系统等,其角色就在于,"为神经系统做准备、为其做清洁工作、提供护卫,为其创造一个稳定的内环境,尤其是为其传递潜在的能量,并转换为位移运动。"③

---

① 《创造的进化》,第131页。
② 《创造的进化》,第124页。
③ 《创造的进化》,第125—126页。

这样,动物界中的进化,从原始物种到高级物种,就可以视作以进化出一套完美的感觉—运动系统为目的,从而最终进化到昆虫和脊椎动物。感觉—运动系统的完善导致了其他器官的变化,因为其他器官的目的原本就是为了支持运动。生命就在于在物质之中嵌入某种不确定性①,但也正是这种不确定性带来了运动、意识和自由。而在生命之中,特别是在节肢动物和脊椎动物这里,这种不确定性是通过神经系统的迂回实现的,在这个意义上,可以说神经系统是"不确定性的贮藏室"(un réservoir d'indétermination)②。生命的进化,就在于一种努力,努力创造这一类型的器官。在人和昆虫这里,神经系统得以最为充分的发展,但却是分别朝向两个不同的方向:本能和理智。

因此,柏格森描述了在本能和理智之间的差别。当然,我们在此也无法为二者划出一道截然两分的界限。实际上,理智和本能,二者既相互对立,又互相补充、互相渗透,因为二者有着共同的来源。二者是两种趋势,而不是两个已经形成的东西。二者共同的来源是什么? 实际上,正是同一种生命冲动,在物质之中寻找出路,以便表现出意识和自由。"通过有机体显现的生命,是要从粗鄙物质之中获得某种东西的努力。因此,人们并不奇怪,如果人们在这两种心理活动(本能和理智)之中,所看到的只是作用于无机物质的两种不同方式。"(EC,137)通过这样的行动的努力所获得的某种东西,正是移动的自由和意识的自由,而这两种自由也将为生命开启无限多的可能性。

本能和理智的区别,首先在于制造工具上的不同。理智是一种能够自己制造工具的能力,特别是用各种不同的工具来解决各种不同的困难。这样,人应该被定义为"工具人"(homo faber),而不是"智人"(homo sapiens)。而对于昆虫和一般的脊椎动物而言,这些动物不会制造工具,但他们却具有一些与生俱来的工具。这些工具,诸如脊椎动物的眼睛,鸟类的翅膀,呈现出来的复杂性包含着无限多的细节,以及其运转时功能的简单性和实效性,

---

① 《创造的进化》,第 127 页:"生命的角色在于,将不确定性嵌入到物质之中。不确定,我指的是不可预见,是生命随着其进化而得以创造出来的形式。"

② 《创造的进化》,第 127 页。

可以称得上是大自然的奇迹。而人为制造的工具,不论如何完美,如何先进,相对于自然总是有所不足。例如,无论多么先进的飞机和直升机,都不可能像鸟类一样灵巧和随意地飞行。正是因为使用工具的不同,本能和理智在解决同一问题时,采用了不同的方法。

其次,本能和理智的不同,还在于二者分属于两种不同的认识方式。当一个生命体立刻对它所接收到的运动作出回应,作出相应的反应活动,它既不需要意识,也不需要认识:因为本能已经足以引导它作出反应。在本能中,行动和表象完全的相应。如果外在的对象没能成功地引发生命体的相应运动,或者说,令生命体直接作出反应,这个对象就成为一个障碍。只有在这时,才有意识和认识的需要。柏格森写道:"这种行动与表象的不相应,在此就是我们所说的意识。"①理智是朝向意识,而本能朝向无意识。

柏格森深化了关于本能和理智之间的比较,并将二者视作两种天生的认识方式。本能是对事物本身的天生认识,然而,理智则是对事物之间的关系的天生认识。如果区分认识的形式和质料,则理智只关心形式,而本能只关心质料。但是,本能和理智都只是同一种生命冲动在不同方向上表现出来的结果。在生命的进化中,对于意识而言,有两种趋势,一种是指向"认识的外延"(本能),一种指向对认识的"理解"(理智)②。"在前一种情况下,认识是充实的、完整的,但是却只限于某个或者某类特定的对象;在第二种情况,认识的对象不受限制,但是,因为这种认识什么也不包含,只能是一种无物质的形式。"③

理智的主要目标,乃是无机的固体。理智习惯于认识外在的事物,特别是固体状态的事物,并将这些事物在一个空间中加以再现。实际上,对于流体状态的物体,例如水和空气,理智已经表现理解上的困难,并最终总是倾向于把流体再现为固体,也就是说,把流体表象为流动的固体。因此,理智越是擅长把握无机物,就越是拙于理解生命。当理智处理生命时,理智总是把生命把握为一个对象,有意无意地用表象固体的方式来表象生命。因此,

---

① 《创造的进化》,第145页。
② 《创造的进化》,第150页。
③ 《创造的进化》,第151页。

柏格森指出:"理智的特征在于,无法理解生命。"①相反,本能能够使我们与生命更紧密地联系在一起。因为本能与生命活动完美地结合在一起,因此,要认识本能,远比认识理智困难得多。"就这一点而言,我们无法知道,何处生命组织活动告一段落,本能开始。"②而且,我们也不可能用理智系统中的词汇来把握本能③。柏格森检验了关于本能的多个理论之后,他为我们证明,本能既不是一种反射,也不是一种较低程度的理智。本能完全不同于理智,而毋宁是某种类型的同情(sympathie)④。

在第二章的结尾,柏格森尝试向我们说明,在生命与意识之间的关系到底是什么。如果理智并不能给我们带来对生命的理解,而唯有直观则可以。"直观将把我们引领到生命的内部。"⑤直观呈现出两个面向:"实际上,一方面,直观利用理智的机制,显示出知性的种种框架不再能找到其恰当地运用,另一方面,直观通过自身的工作,至少能向我们暗示出取代这些知性框架所必需的是什么"⑥。这样,通过我们的意识的膨胀,通过一种在我们和生命体之间的"同情的沟通"(communication sympathique),直观将我们引入到"生命领域"。就直观更切近地把握生命而言,直观超越理智,但理智对于生命而言仍然是必要的,因为直观和理智对应于生命的两种必然性:把握物质和追随生命。

至于在生命与意识之间的关系,柏格森侧重讨论了两个假设:(1)意识是生理生命的效应;(2)意识是生理生命的原因。第一个假设,导向身心平行论命题,我们在前面已经讨论甚详。第二个假设似乎更能成立,因为"在大脑和意识之间的确存在某些一体性和相关性,但并不是平行论"⑦。大脑

① 《创造的进化》,第166页。
② 《创造的进化》,第166页。
③ 《创造的进化》,第169页:"在本能中本质性的东西,无法用知性的术语来表达,因此无法被分析。"
④ 《创造的进化》,第177页:"本能是同感。如果同感能够扩展其对象,并因此反思自身,同感就能够给予我们以生命活动的钥匙。"
⑤ 《创造的进化》,第178页。
⑥ 《创造的进化》,第178—179页。
⑦ 《创造的进化》,第181页。

越是复杂,意识生活越是超出生理生命,意识越是能够显示出自由。一切都似乎生命仅仅只是"透过物质而投射出来的意识"（la conscience lancée à travers la matière）①。生命,作为生命之流、意识之流,穿透物质。一个生命体是物质的一部分,从物质的整体之中孤立出来,形成一个有机的整体,从而让意识得以顺利通过,并最终在自由的活动中显现出来。这样,就有一种生命的运动,穿过物质形成有机的生命体,接着从有机生命体再达到意识。但是,从有机生命体到意识的运动,有两个方向:一个是直观,一个是理智。在本能的方向上,意识无法走到底。另一个方向是理智的方向,这个方向比本能走到更远。理智只能从外部来认识对象,因而无法真正地把握生命。但是理智的长处在于,无限地扩大其领域,将其知性范畴用于任何一个对象,并且通过所制造的工具来征服对象,而这些工具可以随着认识的发展而日益完善。而且,在人这里,人的理智使得人有可能超越知性的思维方式,用直观的方式来考察世界和认识生命。直观的某些特征接近本能,但却是在超越了理智（知性）之后在更高的层次地对于本能的回归。直观不是一种知性的理解,而是一种将意识完全地置身于对象之中的一种同情、一种整体经验（expérience intégrale）。

由此角度我们易于理解人的特殊地位。人不只是一个理智的存在,也是一个有着直观能力的存在。因为在人这里,意识得以解放自身,"意识能够反诸自身,唤醒那些仍然沉睡在自身之中的直观的潜能"②。这样,在人这里,意识得以找到其自由的最高阶段,也正是在人这里,意识终于找到了出口,从物质的身体囚笼之中解放出来。柏格森断言,"人是我们星球上所有生命的存在理由。"③

第五节　理智和物质的同时生成

柏格森为我们揭示出生命的运动,这一运动从无机物到生命体,从生命

---

① 《创造的进化》,第 183 页。
② 《创造的进化》,第 183 页。
③ 《创造的进化》,第 186 页。

到理智。这也是生命冲力的运动,也是"普遍意识"的运动。《创造的进化》的第三章,其任务不只是揭示出理智和物质在观念中的诞生,而且也要说明物质和理智的互相生成、互相适应的关系。"二者衍生自某种更广阔和更高的存在形式"(EC,188)。什么是这种更广阔、更高的存在形式?这种理智和物质的同时诞生如何产生?如何运作?如何设想二者间的互相适应?为了回答这些问题,我们必须再重读《创造的进化》的第三章。

柏格森的尝试不同于形而上学家们的做法,因为形而上学家往往都未能把握理智的真正诞生,因为他们一开始就已经设定了理智,将其设定为一种纯粹的认识主体。但这一做法的不足在于没有认识到,理智的本质就在于它是一种为生命、为行动而展开的生命活动,是认识活动从属于生命,而不是生命从属于认识活动。而且,形而上学家也没有注意到,理智的逻辑其实是一种固体的逻辑(logique des solides)。理智在无机物特别是在固体中才感到舒适,因为固体具有可见、可触的特征,而视觉和触觉正是人的认识能力中最重要的两种感官,特别受到形而上学家们的重视。例如,在笛卡尔那里,通过对蜡块的分析,得出结论,物体最重要的属性只是其广延,而与广延相关的感觉就是视觉和触觉。然而,将固体的逻辑应用于生命,用来把握生命,理解生命,就不可避免地造成对生命的种种误解,所以实际上理智无法把握生命。然而,在柏格森的时代,这样一种理解方式,不仅存在于心理学中,也存在于斯宾塞的宇宙论中,存在于费希特的形而上学中。他们的错误,都在于事先设定了自然的统一性,并且在一种几何的形式之中来呈现这种统一性。斯宾塞和费希特都成为柏格森批判的目标,在他看来,这两个哲学家都持有以下两个信念:(1)自然是统一的;(2)理智的功能在于对自然的整体把握①。这样,理智就是被给予的和被设定的。"认识能力已经被设定为与经验总体有共同之外延,认识能力的诞生不成其为问题。"②因此,形而上学家们经常高估个体精神的角色,从而对于他们而言,"哲学只是一个哲学家的产物,一个对于总体的独一无二的整体的观看"③。

---

① 《创造的进化》,第192页。
② 《创造的进化》,第192页。
③ 《创造的进化》,第192页。

柏格森本人,把哲学视作一种努力,一种与总体合而为一的努力,或者说,消融在总体(le tout)之中①。但是,首先要考察的,是这里所涉及的,到底是何种总体? 以及以何种方式消融在总体之中。这两种检验,对应于我们在前面所指的两种形而上学信条。根据第一个信条,自然是统一的,对此,柏格森回应道,在设定这种统一性之前,我们必须设想在无机物和生命体之间的区别和差异②。因此,也必须求助于实证科学,在科学、认识论、形而上学之间反复穿梭,以便抓住在无机物和生命体之间的差异之所在。我们对物质的科学认识越是深刻,我们越是能够发现认识是与我们的行动相关的,越是有可能在一个新的平台来发现一切科学知识同时也是生命的认识。"在这一新的平台上,哲学应该紧随科学,从而在科学真理之上放置另一种认识,可称为形而上学认识。"③这样,通过直观以超越理智,人得以重新融入总体,总体是"生命的海洋"(océan de vie),是"真正的、内在的、活生生的统一性"(l'unité vraie, intérieure et vivante)④。"在绝对之中,我们存在,我们循环,我们生活。"⑤而且,一旦重新融入总体之中,就必须从总体出发来设想物质和理智的生成。"因为物质是根据理智而被规范的,因为在物质与理智之间有着某种显而易见的和谐,因此人们无法不产生此而不同时生成彼。"⑥也就是说,物质与理智有着某种共生关系,或者说同时生成的关系,理智的诞生同时意味着物质的诞生,而物质的生成的样式又与理智的样式是相关的。这意味着,有什么样的理智,就有与之对应的物质。根据柏格森的讲法,我们完全可以推论,假如我们有另一种理智,我们对物质的认识将是另一种面目。

---

① 《创造的进化》,第 193 页:"哲学只能是一种重新融入总体的一种努力。"
② 《创造的进化》,第 199 页:"……人们将在一个实在的圆圈里打转,这个圆圈就在于努力地在形而上学之中重新找回一种统一性(unité),一种人们在一开始就已经设定的统一性,一种人们盲目地、无意地承认的统一性,正是基于这一点,人们把经验遗弃给科学,把所有的现实遗弃给纯粹的知性。相反,我们一开始就划分出在无机物和生命体之间的分界线。"
③ 《创造的进化》,第 200 页。
④ 《创造的进化》,第 200 页。
⑤ 《创造的进化》,第 200 页。
⑥ 《创造的进化》,第 200 页。

在柏格森看来,诞生的过程是一个普遍意识渐渐放松的过程。这是绵延的放松,是一种减少(diminution)、一种中断(interruption),一种反转(inversion)。"现在,让我们放松……如果放松是完全的,那么就不再有任何记忆,也不再有任何意志。"①在松弛的极限,是处于纯粹几何形式和数学形式的物质,在物质中,任何绵延、任何心理性质的实体都不参与,没有任何创造,一切都只是纯粹的重复。这是一个纯粹被动性的世界,只有"一种存在,是由一个不断开始的现在造成的"②。这是一个由机械论法则所统治的世界,正如笛卡尔所说的,一个"持续创造"(création continuée)的世界。③

但是,在柏格森看来,这个方生方死、持续创造的世界,只是在理论上存在,因为真实的世界是不断绵延着的。这样一种世界观,实际上是将物质的无限可分性质运用于时间,而时间本身却是不可分的。实际上,如果我们深入地理解柏格森关于物质思想的分析,我们可以理解到其实物质本身是无所谓可分或者不可分的,因为物质本身也是一种绵延,而仅仅是人的理智和实践活动作用于其上时,才变得可分,变得具备各种属性,而这些属性,其可分与不可分,最终反映的其实都是人的行动(action)。即使在知性的分析下,人们可以把物质简化为许多原子式的片断,但也必须注意到,这些片断本身仍然有着一定程度的绵延,哪怕是非常微弱的绵延,但并不等于零。

绵延的运动有两个方向:第一个方向,就是朝向紧缩,正是在这种紧缩中体现着生命、意识、自由;第二个方向,是放松的方向,这是朝向物质性的方向。在第二个方向的极限,出现了纯粹的物质性,没有任何绵延,是一种"持续的创造",方生方死,方死方生。在宇宙中,在我们的人格中,都有着这两种运动。我们的人格总是能够同情地感受到宇宙中的这两个方向的运动,不论是其倾向于纯粹绵延的运动,还是其倾向于纯粹物质性的运动。这样,一方面,紧随着我们的理智的自然倾向,我们的人格能够下降到物质性的方向,下降到空间之中;另一方面,我们的人格亦可集中于一点,在这一点

---

① 《创造的进化》,第201—202页。

② 《创造的进化》,第202页。

③ 参见《创造的进化》,第22页:"数学家所开展其活动的世界,是一个每一瞬间都诞生和死去的世界,这个世界也就是当笛卡尔说到持续创造时所想到的世界。"

中所有的状态彼此交融、互相渗透,从而把理智转为直观。

在柏格森看来,形而上学家们对于精神和事物的关系、理智和物质的关系、主体和客体的关系有一种错误的观念。对于这样的二元关系,认识论中通常有三种方案可供选择:"或者,精神为事物所规范;或者,事物为精神所规范;或者,必须假设精神与事物之间有一种神秘的和谐。"①但是,形而上学家们没有想到,还可以有第四种:"这种解决办法首先就在于,把理智考虑为精神的一种特殊功能,本质上是面向无机的物质。其次,在于认为物质并不能决定精神的形式,理智也不能将其形式强加以物质……但是,渐渐地,理智和物质彼此之间相互适应,并最终停留在某种共同的形式。"②这种适应是一种自然的过程,因为这里所涉及的是"同一种运动的同一种反转,这种运动同时创造了精神的知性和事物的物质性"③。

柏格森尝试描述这种在理智和事物之间的相互适应。他所处理的首先是理智。理智有一种在空间之中考察事物的倾向,因为理智是一种潜在的几何学。理智的两个基本功能,归纳和演绎,都已经预设了某种空间直观作为前提条件。为什么需要这种预设? 因为绵延一旦暂时停止,就会有一种空间化的倾向。正如柏格森所说的:"这种创造的潜能一旦被设定,这种潜能就只能自行转变(se distraire)从而自行放松(se détendre),自行放松以便自行延展(s'étendre),自行延展以便数学秩序和不可改变的决定论显示创造者行动的中止,其中数学秩序先于彼此分别的诸因素的布局,而决定论则将这些因素连接起来。"④这种放松的运动的终点,就是获得一种匀质的空间。在自然中,从非广延到广延,从自由到必然,这其实是同一种运动。宇宙绵延着,自然本身是无法被测量、无法被计算的。但是,人的理智总是想要以各种方式,来表象自然事物,并且加以测量、计算,于是这些自然事物就必须被并置在某种空间之中,某种几何秩序之中。从而自然事物一旦朝向人的意识显现,就必须先天地具有某种几何性质。"对于物质,是这样的:

---

① 《创造的进化》,第207页。
② 《创造的进化》,第207页。
③ 《创造的进化》,第207页。
④ 《创造的进化》,第218页。

我们能够通过任何一个目的来看待它、通过任意一种方式来把握它，最终物质将堕入我们的数学框架中的某一个，因为物质是负载着几何。"①

不过，我们要注意，当我们说理智是人格放松的一种产物，这种放松只是从纯粹绵延状态的思想放松到知性状态的思想，而不至于变得如同物质那样，放松到一种纯粹的广延。这里有一种张力，一方面，人格要求放松，从而下沉为理智；另一方面，人格不能过分放松，需要保持一种生命注意力（attention à la vie）。一旦放松到无法保持这种生命注意力，就会在语言、行动等方面表现出某种机械性，从而引发某种喜剧感，这正是《笑》中所研究过的。人在睡梦中，几乎完全地丧失这种生命注意力，于是就表现为梦境，可以参见《心力》中的《梦》一文。

如果说，理智是人格放松后的一种产物，那么，如何设想物质性？在柏格森看来，要考虑物质的本性，就必须与物理科学的最新进展对话，他自己正是这样做的，他特别关注当时的物理学中的两大原理：一是能量守恒定律，一是热力学第二定律。能量守恒定律是一个量化的法则，它所关注的是世界的两个部分或者两个片断之间的关系。热力学第二原则是"物理学法则中最形而上学的法则"②，它表达的是"所有的物理变化都有一个堕落为热量的趋势，而热量本身趋向于在所有物体之间以一种单一形式的方式分布"③。这一原理所表达的，与其说是一种规律，不如说是一种趋势。这就导致，物质世界朝向下降的方向前进，朝向一个一切匀质、等热的世界运动。如果物质服从于这一运动，那么要注意到，在物质之中有一些部分却呈现出一种相反的运动，也就是生命的运动。这样，物质是一种自我取消的现实（une réalité qui se défait）④，而生命则是一种通过自我取消的现实而形成的自我生成的现实（une réalité qui se fait à travers ce qui se défait）⑤。生命是一种运动，物质是一种与生命相反的运动，在二者之间，就有着"生命的样

---

① 《创造的进化》，第 221 页。
② 《创造的进化》，第 244 页。
③ 《创造的进化》，第 244 页。
④ 《创造的进化》，第 246 页。
⑤ 《创造的进化》，第 248 页。

式(modus vivendi),也就是有机生命体"①。这样,借助于对热力学第二定律的一种形而上学考察,柏格森在物质与生命体之间划开了一道分水岭。

在第三章的最后几个段落,柏格森又返回到了我们在前面所提及的个体性问题。"个体化部分地是物质的产物,部分地是生命自身所承载的效果。"②生命冲力分散为一个又一个的个体,如同诗歌分散在多个诗句。生命是一种冲力、一种冲动,隐含着"某种浩瀚的潜在性"(une immensité de virtualité)③。但是,生命也是有限的,生命不可能显现出所有的潜在性,战胜所有的困难。这样,生命就在某种形态之中停止了其脚步。

一切有机生命体,对于普遍生命而言,不过是普遍生命的个体化、片断化的产物。在大多数物种之中,生命体被封闭在自动机器之中,意识沉睡着,从而面对外部世界的刺激和挑战,只能作出本能的回应,而没有自由选择的可能。只有在脊椎动物这里,意识才得以苏醒。而只有在人这里,意识才得以完全苏醒。在这一章的结尾部分,柏格森返回到意识与支持意识的生命有机体的关系问题④。他返回到《物质与记忆》的结论,指出在意识与大脑之间确实有一种相关性:"实际上,意识并不是来自于大脑;但是,大脑与意识互相呼应,因为大脑与意识——大脑通过其结构的复杂性,意识通过其苏醒时的强度——衡量出生命所持有的选择数量。"⑤柏格森进一步解释道:"确切说来,因为一种大脑状态,只是简单地表达了在相应的心理状态中有某种行动的诞生,而关于这种行动,心理状态比大脑状态表述得更为长久。"⑥也就是说,大脑状态可以表示在心理活动中有一与之对应的心理状态,但这种心理状态是强还是弱,是瞬间消失还是持续甚久,就不一定了。换句话说,同一大脑状态,完全可能引起不同的心理状态。因此,人们就不应该仅仅根据人和灵长目动物在大脑结构上的简单相似,就判定两个物种

---

① 《创造的进化》,第 250 页。
② 《创造的进化》,第 259 页。
③ 《创造的进化》,第 259 页。
④ 《创造的进化》,第 262 页。
⑤ 《创造的进化》,第 263 页。
⑥ 《创造的进化》,第 263 页。

之间有着类似的意识。

不过，柏格森并不因此就抹杀在动物和人之间的区别。动物的意识和人的意识之间不仅有所区分，而且是本质的区分（différence de nature）。在柏格森看来，人的意识和灵长目动物（例如猴子）的意识之间，有着本质的区别（différence de nature）。在灵长目那里，尽管表现出一定程度的意识、语言，以及一定程度的制造工具的能力，但毕竟都相当有限，灵长目动物更多地只是表现出自然所赋予的种种本能。而对于人则不同，人在工具的选择、制造等方面，表现出无限的多样性和创造性，从而使得人们得以适应各种类型的自然，全面而深入地利用和改造自然，从而人最终得以分布在地理环境差异极大的世界五大洲的不同区域。在地球上的所有物种之中，人能够适应的气候和地理环境是最多的，热带雨林、沙漠、草原、高山、雪原，甚至人的足迹还抵达了月球。这种多样性、灵巧性、创造性，都是动物所不具备的。可以说，在高级动物那里，体现出有限的自由，而在人这里，则体现出可以扩展到无限的自由。"从有限到无限，有着从封闭到开放的全部距离。这不是一种程度的差异，而是一种本质的差异。"[1]柏格森把人的意识的优越性总结为以下三件事情：语言，社会生活，大脑。"（大脑）使得人能够建构起数量无限的运动机制，不断地用新的习惯反对旧的习惯，并且在反对自身的自动性的同时控制这种自动性。……（语言）给意识提供了一个意识得以具体化的非物质的身体，使得意识免于专注于物质物体，物质之流带来意识又将其淹没在物质之中。……（社会生活）贮存和保存着努力，正如同语言贮存着思想，从而在一个诸个体皆能达到的中间层次固定下来，通过原初的激励，阻止平庸者的沉睡，推动优秀者勇攀高峰。"[2]但是，大脑、语言、社会三者都不过只是外在的符号，三者以不同方式表达了生命在某一阶段取得了一定程度的凯旋。可以说，在这三个方面，人相对于其他动物，都取得了最高程度的发展。例如，就大脑而言，许多动物都有大脑，但在人这里，脑在整个头部所占的比重最大，充分表明了从生理上来说，在人这里，脑得

---

① 《创造的进化》，第264页。
② 《创造的进化》，第265页。

到了最高程度的发展。而就语言而言,某些昆虫、鸟类、哺乳动物,都有其用于交流的符号系统或者语言,但唯有在人这里,语言获得了最高的发展,而且还出现了文字。社会生活,也不是人这个物种所独有的现象,在膜翅类昆虫那里,也发展出了相当复杂、分工明确从而显得相当完备的社会,人类社会在复杂性、多样性、灵活性、多变性、创造性等方面,都远远超过昆虫。

正是出于以上的考察,柏格森提出了这样的观点,"人是进化的终点和目的"①。就一般而言,生命是持续不断的创造,因此不可能有什么事先的计划和方案,就此而言,可以说任何一个物种都是生命的创造,彼此之间并无高下之分。但是,如果将生命理解为一种朝向自由和运动的不断努力,理解为一种不断突破物质的障碍从而战胜物质并控制物质的冲动,理解为一种试图不断追求创造的意识和行动,那么,我们就可以说唯有在人这一物种这里,生命冲动才达到其进化的最高点,体现出源源不断的创造和对物质的超越。但是,我们切忌从传统的目的论来理解,因为人这一物种的出现,并不是某种事先规定的计划的结果(不论这种计划是理性的计划还是神意的计划),也不是某种事先设定的目的或者意义的展现或者实现,也不是某种潜能的实现。相反,自然界中的任何一个物种,包括人类,都是生命冲动在漫长时间的进化之中,经历了无数的偶然的变异之后取得的结果。但无数偶然的变异并不必然带来物种的进化,而只在当这些个别的变异都在生命冲力的引导下,朝向同一个方向努力时,才有可能真正地实现物种的进化和突破。当然,从今天不断进展的生命科学和生物学来看,柏格森的这样一种进化哲学所依据的科学材料无疑大都已经过时,但是在我们看来,其哲学观点仍然富有启示、引人深思,仍然具有源源不断的理论活力。

柏格森还指出,理智没有能力把握生命,必须通过直观来把握生命和精神。"只有重新置身于直观之中,从而超越理智,才可能重新认识到生命,因为从理智,人们无法过渡到直观。"②在柏格森看来,生命以行动为中心,因此,人的精神,当其返回到自身时,会有一种陌生感和不自在的感觉,而精

① 《创造的进化》,第265页。
② 《创造的进化》,第268页。

神作用于外,运用于物质之上时,精神反而感觉到一种熟悉感,感受到仿佛回到了自己的家。精神的这种奇特的悖论,其原因就在于,人的理智、人的认识能力,是专门为认识外部世界、为了对外部世界有所行动而准备的,因此,人总是习惯于在空间之中来思考,用思考物质的方式、词汇来思考精神。人们往往忽略了,正如同不能用有形的事物来思考无形的事物,也不能用思考物质的方式来思考精神。当人们设想一门关于心灵的物理学时,已经将心灵简化为某种意义上的物质,从而忽视和错失了精神之为精神的特殊性质,忽略了其灵性(le spirituel)。因此,柏格森指出,在人们习以为常的知性的认识方式之上,还有另一种认识方式,即直观。但直观并不神秘,其实也是人的理智(intelligence)的一种能力,只是潜伏在人的精神之中,而往往为人们所忽视,并且在多数情况下,为人的知性所遮蔽。"直观的能力在我们每个人处都存在,但是却往往受到了一些有利于生命的功能所遮蔽。"[1]这样,类似于胡塞尔所说的现象学还原、海德格尔所说的去蔽,柏格森的直观的第一步工作,也是一种批判的、否定的工作,在于对知性的思维方式进行彻底的批判,并且从旧有的种种思维习惯之中解放出来。第二步,所需要的是一种对话,一种在形而上学与科学之间往复穿梭的对话。柏格森虽然严厉地批判科学主义和科学主义所倚仗的知性主义的思维方式,但他并不因此就贬低科学。实际上,在他看来,科学和形而上学,分别把握着现实的不同侧面,只有将二者结合起来,才能对现实获得完整的观看。所以,科学与形而上学并不是互相排斥的关系,而是互相促进、互相补充的关系。第三步,通过不断的对话,从而哲学家对于每一个新问题、每一个新对象,都获得某种独一无二的整体性的一个总体性的观看(vision),从而把握到其绵延,也就是说在直观之中让事物自身完全地呈现其运动和变化。这样的一种经验或者体验,柏格森称之为"总体经验"。

在柏格森看来,通过直观,我们得以超越知性主义在空间之中把握事物的表面现象的局限性,从而捕捉到事物本身的运动变化,体验到从内到外、从意识到物质、从自身到外界等宇宙外物的活生生的绵延。不仅我的意识

---

① 《思想与运动》,第47页。

是绵延的,所有的生命体都是绵延的,甚至无机物也是绵延的,整个宇宙都绵延着。于是,通过直观,我们重新找回了各种知性主义的哲学体系所无法把握的生生不息、运动不止的生命。

根据这一观点,柏格森重新检验了精神生命与身体生命的关系问题①。他首先批判精神论理论的不足。精神论的错误就在于他们将精神孤立出来,并且把精神放在了过高的位置,然而实际上却无法达到这种过高的位置。相对于唯物论观点而言,柏格森确实更接近于精神论观点,尽管对于其不足也有所批评。在柏格森看来,为了真正解决问题,必须超越理智,返回直观,必须"在生命实际所在的地方、在将身体生命带向精神生命的道路上,来考察身体的生命"②。也就是说,要如其所是地考察身体生命(la vie du corps),并且放在身体生命与精神生命的关系之中来加以考察。显然,这里柏格森所用的身体生命,不过是前面所提到的生理生命(la vie physiologique)的另一种表述。

灵魂来自何处?要回答这样的问题,就不能只是考察这样或者那样的个别的特定的生命体。而是要考察普遍生命的运动。正如我们前面所说的,普遍生命有两种运动:一种是朝向物质的运动,一种是形成生命、朝向精神的运动,体现着生命冲力、普遍意识。但是,第二种运动所做的,其实只是延缓了物质下降的趋势从而使之在一定程度上得以上升。这就好比,水一般都是往低处流,但在一定情况下,借助于水车等机器,可以将水由低处运至高处。生命冲力,作为一种意识,包含着许多互相渗透的潜能。"物质自身负载着这种冲力,在物质的空隙之中冲力得以嵌入进去,从而把生命冲力分化为若干互相区别的个体。"③因此,生命之流,穿透无数个世代,最终分化为不同的物种,并在每个物种之中形成为数之不尽的个体。所有的生命有机体,不过只是这一伟大的生命之流的片断化、个体化、具体化的产物。这样,人的灵魂,也是这一普遍意识的片断化的体现;人的身体,则是普遍意识的这一片断化在某一部分物质之中的实现。"因此,意识之流穿越人类的

① 《创造的进化》,第268—271页。
② 《创造的进化》,第269页。
③ 《创造的进化》,第270页。

世代,散殊为个体:这种散殊只是模糊地定位在意识之流之上,但是散殊并不是没有物质而强加的。这样,就不断地创造出一些灵魂,然而,这些灵魂在某种意义上可以说是预先已经存在。这些灵魂不是别的,就是生命的洪流所分散形成的众多溪流,通过人类的身体而流淌。"①这样,即使在每一时刻,大脑所传递的都是某种意识的状态,这里的意识状态,都应该和生命冲力、普遍的宇宙意识联系起来。这样,人的意识的命运并不直接关联着大脑的命运。人的意识所关联的,乃是普遍的意识。"这样,在努力于把理智重新融入直观的哲学之中,许多困难都消失了或者弱化了。"②

---

① 《创造的进化》,第 270 页。
② 《创造的进化》,第 271 页。

第 三 章

生命与开放社会

借助于《创造的进化》的成功,柏格森达到其荣耀的顶峰,他成为闻名世界的哲学家。这种名誉,给他带来了大量的读者和崇拜者,也带来了大量的误解。"名声越是显赫,受误解和争议就越多。"①这就迫使他撰写了许多文本来澄清他的学说中的晦涩难明之处。在这些解释性文本之外,柏格森仍然不断深化他在其他方向的反思,以便开启新的研究领域。正如古耶所注意到的,柏格森在《创造的进化》之后,其哲学反思集中在两方面,一方面,是关于心灵与身体的关系的研究,另一方面则是关于人格问题。在古耶看来,"两个研究虽然不同,但却互相沟通"②。正是关于人格的研究,引着柏格森继续他关于道德和宗教问题的研究。一些研究者,诸如希济耶(Camille Riquier)、维尔多(Patricia Verdeau)、费纳伊(Antony Feneuil)③,正是顺着古耶的思路,以不同方式对人格问题进行了考察。但是柏格森并没有停留在人格问题,而是在此基础上继续发展其哲学,于是进而深入到关于道德和宗教问题的研究,并于1932年发表了《道德与宗教的两个来源》一书。

实际上,《两个来源》一书有着极为深刻的哲学思考,此书从社会哲学

---

① 柏格森:《哲学论述集》中的"第四部分介绍"(《Présentation de la quatrième partie: entre *L'Evolution créatrice* et *Les deux sources de la morale et de la religion*》, in Henri Bergson, *Ecrits philosophiques*, Paris, PUF, édition critique, 2011),第 333 页。

② 参见古耶:《在西方思想史中的柏格森》(Voir Henri Gouhier, *Bergson dans l'histoire de la pensée occidentale*, Paris, Vrin, 1989),第 87 页。

③ 参见希济耶:《柏格森的考古学》(Voir Camille Riquier, *Archéologie de Bergson*, Paris, PUF, 2009),第 451*sq* 页;费纳伊:《柏格森:神秘主义与哲学》(Anthony Feneuil, *Bergson. Mystique et philosophie*, Paris, PUF, 2011),第 21*sq* 页;韦尔多:《在柏格森思想中心的人格》(Patricia Verdeau, *La personnalité au centre de la pensée bergsonienne*, Paris -Louvain, Editions Peeters, 2011)。

的角度重点讨论了道德、宗教、政治、技术等问题,是他在经历了 25 年的研究和沉思之后的思想结晶。这代表着哲学家在经历了第一次世界大战之后对于整个欧洲文明的深入反思,集中地体现着柏格森的社会哲学,尤其是他关于道德、政治、宗教、技术等方面的主要思考。在他看来,一切道德都有着某种生物学性质,也就是说应该从生命出发来考察道德,而不应该抽象地从理性出发来考察道德。类似于蚁群、蜂群,人类也是一种社会动物,会自然而然地形成一些群体,如家庭、部落、种族、城邦、国家等。每个群体构成一个封闭的、自给自足的社会单元,因此群体内部自然而然地将会产生某种封闭道德。封闭道德的目的在于使个体服从整体,从而保障群体的正常运转,而群体之间则处于敌对状态。只有开放道德能够打破群体的界限,发展出一种扩展到全人类的爱。

《两个来源》一书,一方面是柏格森的生命哲学的继续发展,指出人类的道德和宗教现象正是人类的生命本身所要求的,因为人类作为社会性的动物,为了保证人的社会性生存需要发展出与社会相应的道德和宗教;另一方面,也是对于之前的生命哲学的一种超越。由于人类的生命冲力是不断向前、永不停止的,因此人类社会将会创造出比一般的生命更高的形式,但这并不是通过社会自发完成的,而是需要借助于社会之中偶然出现的某些英雄人物,通过其行动和人格,创造出新的道德、新的价值、新的宗教,从而发展出开放道德和动态宗教,从而使一种真正的开放社会成为可能。

第一节　灵魂不死

在进入到《两个来源》一书之前,我们看看柏格森在《创造的进化》(1907)与《两个来源》(1932)之间的若干重要文本,从而试图找到使得柏格森思想从生命哲学到社会哲学的发展历程中的若干重要的节点。

1912 年,柏格森受邀为《信仰与生命》(Foi et vie)系列讲座作一场报告。他的报告题目是"灵魂与身体",这一讲座是对柏格森在《物质与记忆》之中所展示的身心关系理论的一个概要,《物质与记忆》中许多观点得到了简要的表述。但是,由于是一场面对公众的演讲,因此,柏格森的做法并不是直接地引出他自己的观点,而是根据一些众所周知的"事实的线索"(lignes de faits)来论述灵魂与身体的分离与合一。通过经验事实的暗示和指导,柏格森重复了他在《物质与记忆》之中所展示的几个重要命题,例如:对身心平行论之批判、以行动为指向的意识生命、失语症等。

但是,在讲座的最后一部分,柏格森谈到了灵魂不死问题。在柏格森看来,精神生命超出生理生命,身体对于精神而言只不过是一个工具。当然,在意识和大脑之间有一种密切的相关性,但这种相关性并不是身心平行论者所希望的那种一一对应关系。如果说,身体与心灵并不完全相应,心灵活动多于身体或者说超出身体,由此就可以很自然地进一步提出设想,是否在身体停止活动时,心灵仍然可以继续活动,甚至,身体死亡之后,灵魂是否继续存在? 这个灵魂不死的问题,不是一个单纯的理论问题,而是触及到"灵魂的命运"(destinée de l'âme)①以及我们的生存的意义。这也不是一个纯粹的思辨问题或者说纯粹的科学问题,而是一个关涉到人生在世可以怀有怎样的希望和信念的伦理问题。在柏格森看来,哲学应该回答这样一些问题:"我们从何处来? 我们在此做什么? 我们到哪里去?"否则,抽象的哲学思考将是毫无意义的。

在柏格森看来,如果灵魂不死无法以经验的方式得到证明,其原因在于,人们总是相信,在身体死后灵魂必须消灭的观点并不是完全能够成立。"因为,相信在死后,意识也将消亡的观点,其唯一的理由,就在于人们看到身体解体了,但是,如果意识相对于身体是完全独立的,毕竟这也是一件人们可以观察到的事实,那么上述理由也就不成立了。"②但是,既然精神相对于身体是独立的,那就有可能,对于精神而言具有一种不同于身体的时间。这样,不需要借助于宗教所用的启示,只是在经验的平台上,我们可以设想,相对于固定时间的身体而言,灵魂的时间是一个 X。我们且先不论这个 X 是不是无限。首先要关注的是,不要简单地回答"是"或者"否",并且避免

---

① 《心力》,第58页。
② 《心力》,第59页。

用描述物质的术语来描述精神。这个时间 X 并不需要被定义为无限制的期限或者有限制的期限。关键在于，这个时间 X 可以暗示我们，我们不应该如同对待物质物体那样对待精神。通过这个时间 X，打开一个开放的领域，让我们超越纯粹的知性，重新置身于经验之中，而正是在这经验之中，有着朝向彼岸的指引。

但是，我们不应该认为，柏格森设定了一种在身体死亡之后仍然能够实在地存在的灵魂。这是不可能的，因为柏格森本人也多次强调在灵魂与身体之间的密切关系，强调通过生命注意力使生命在意识和身体之间紧密结合起来。我们不应该设想一个外于身体的灵魂（une âme hors du corps），而应该设想某种"异于身体的灵魂"（une âme qui est autre que le corps），与身体有着性质的差异。因此，时间 X 就意味着灵魂的时间不同于身体的时间。如果身体的时间是一种空间化的时间，那么灵魂的时间则是一种绵延。即使人的意识随着身体的死亡而停止活动，也不应该将精神所体验的时间简化为固体事物的几何式时间。

此外，通过个体灵魂和宇宙灵魂的联系，我们还可以有另一种方式来设想灵魂不死。正如我们在前面所说的，有一种普遍的生命，从一个生命体过渡到另一个生命体，从一个世代到另一个世代。在这种情况下，时间 X 就可以被设想为无限的时间。这种宇宙意识，或者说这种生命冲力，是一种力量，它从一个世纪到另一个世纪，从一个物种到另一个物种，从一个生命个体到另一个生命个体，这种生命并不总是呈现出来，而是更多地作为一种潜在的力量，作为默默等待但是随时有可能爆发的力量。这是一种"生的永恒"（éternité de vie），而不是一种旧形而上学所设想的"死的永恒"（éternité de mort）①。从这个角度来理解，时间 X 一方面可以被看做无限的，就灵魂分有了普遍意识的生的永恒而言；另一方面也可以被视作是有限的，就这个

① 参见《思想与运动》，第 208、210 页。对于柏格森而言，"死的永恒"这一表述指的是一种概念的永恒，"这种永恒不是别的，是一种空洞的运动，缺乏了生命所形成的运动性"（PM，第 208 页）。在宇宙之中，有两种运动，一种朝向物质性，"在其极限，就是纯粹的同质性，纯粹的重复"（PM，第 210 页）；另一种运动朝向绵延，在这个方向上，"我们走向一种绵延，这种绵延不断扩大、不断收紧、不断浓缩；在其极限，就是永恒"（PM，第 210 页），但这是生的永恒。

灵魂只是一个个体的、有限的灵魂而言。无论如何,时间 X 总意味着某种超出科学经验的未确定性。

在这一时期的其他文本中,我们也能找到关于灵魂不死的讨论。例如"生者幻像和灵异研究"①,再比如关于"灵魂不死"的四个讲座②,关于"意识和生命"的讲座③。柏格森承认,这只是一个假设,灵魂不死只是可能的,没有任何直接的经验可以证实之。"承认我们的无知,但是,不要执着地相信"④,这是柏格森的态度,毋宁说是存疑的态度,或者说,与其信其无,不如假定其有的态度。

关于灵魂的研究,渐渐将柏格森引向关于人格问题的研究。1911 年,他在马德里作了四个讲座,题目为"论灵魂不死",在其中他对精神的本质特征进行了检讨。在第一个讲座中,柏格森指出,关于灵魂,有三种类型的学说:经验论,把灵魂视作一种多样性;实体论,将灵魂视作一个实体;批判哲学,认为关于灵魂的形而上学认识是不可能的。正如我们将要看到的,关于人格理论,他也有差不多的说法。根据第四个讲座的记载,灵魂被理解为"卓越的创造能量"(la puissance créative par excellence)⑤。这种能量,在生命冲力的形式下,在星球的历史之中显现出来。生命冲力的努力在进化的大部分方向都归于失败。但是生命的进化将在人这里取得成功,能量最终得以解放,从而仅仅在人这里,才有人格被建构起来⑥。接下来,让我们考察一下人格理论。

① 《心力》,第 79 页。
② 《杂著集》,第 944 *sq* 页。
③ 实际上,《意识与生命》这一讲座的最后一部分,是贡献给"彼岸"(l' au-delà)这一主题。参见《心力》,第 27 页,柏格森强调说:"人的心理活动超出其大脑活动,大脑储存着一些运动习惯而不是回忆,思想的其他功能比起记忆来更加独立于大脑,于是,人的身体解体之后,人格的保存和强化仍然是可能的甚至可能性不小。"
④ 《心力》,第 27 页。
⑤ 《杂著集》,第 958—959 页:"灵魂——主要是行动、意志、自由——是最杰出的创造性力量,是世界中新颖性的产生者。"
⑥ 《杂著集》,第 959 页:"但是,在进化的线路上,将人引向解放的东西已经完成,从而人格已经能够建构自身。"

第二节　人格理论

　　人格理论出现在柏格森20世纪10年代的多个文本之中。在1910—1911学年,他在法兰西公学所开的两个课程,其中之一就是关于"人格理论"(la théorie de la personne)①。1913年,柏格森在美国作了一堂公共课程的讲座,题目为"精神与自由"。1914年,他在爱丁堡大学的吉福特讲席作了11次讲座,题目为"人格"(La personnalité)。1916年,他在马德里作两次讲座,题目分别为"人的灵魂"(L'âme humaine)、"人格"(La personnalité)。当然,在这些文本中,会有一些互相重复之处。我们将首先考察在吉福特讲座关于人格问题的11个讲座,因为这些讲座的文本,为我们呈现出"柏格森关于人格最广泛和最深入的看法"②。

　　在第一次讲座中,柏格森就把人格问题视作哲学的核心问题。实际上,哲学首先尝试"在一种独特的看法中来包含事物的总体"③,用来满足我们的理智的需要,即用一种总体化的方式来看待世界。在哲学史中,有两种总体化的方式:第一种就在于把个体事物的多样性简化为一定数量的概念,再将这些概念归结为一个能够包含一切的理念;第二种就在于在事物或者事实之间建立起一些法则或者规律,并且假设这些规律可以过渡到一个唯一的原则。但是,所有这些知性主义的尝试都有一种共同的倾向,倾向于一种独断论,忽视新颖、意志和自由,因此往往会遇到自由意志的强烈反对。正如柏格森所说的:"在这些针对形而上学独断论的攻击之中,实际上有着一种意志的反抗,这种意志不断地诉诸自身的独立性。"④这样,就必须超越知性主义的障碍,尽可能贴切地把握精神的实在。

　　什么是人格?很难给出一个定义。形而上学家往往从概念出来,与之

---

① 《杂著集》,第847—875页。
② 古耶:《在西方思想史中的柏格森》(Henri Gouhier, *Bergson dans l'histoire de la pensée occidentale*, Paris, Vrin, 1989),第94页。
③ 《杂著集》,第1071页。
④ 《杂著集》,第1072页。

相反,我们必须直接追问现实。柏格森在第一次讲座中说道:"我们必须更切近地把握我们关于我们自身人格的意识。"①我们应该检查在我们的意识之中呈现出来的东西。首先,有着我们关于我们的身体及其感知的意识;其次,有记忆;最后,有对未来的预料。"所有这些因素中的任何一个,都并不是人格,然而,人格与任何一个因素都有一定的关系。"②这样来理解的人格,可以被呈现为意识的统一性,意识在其构成成分的多样性之中始终保持同一。柏格森在其马德里讲座中说得更清楚:"什么是关于人格的形而上学问题? 就是下列这些。一个人格如何是独一无二的? 当我们的意识朝内,意识能区分出什么? 一个心灵状态,接着又一个心灵状态,接着又一个,如此这般,连续不断地出现观念、感觉、判断。然而,所有这些状态,都彼此互相维持着,互相连接,共同建构成我们称之为人格的东西。"③因此,人格问题的最大困难,首先就在于设想这种统一性和多样性的悖论。

但是,如果我们回忆一下我们在前面所介绍过的《创造的进化》中的学说,似乎"人格"并不是别的,而就是作为宇宙意识的个体化或片断化的产物的个体意识,因为在柏格森的笔下,人格被描述为"一种创造性的力量"(une force créatrice),"内在生活的延续性"(la continuité de la vie intérieure)、"实体的变化"(changements substantiels)、"不可分的绵延"(durées indivisibles)等。仅仅在人这里,才有人格。人格呈现出一种我们在动物那里无法找到的复杂性,特别是人可以通过其自由可变的行动,呈现为自身的对立面。只有人,才可以否定自身,成为非人。然而,动物满足于重复于其自然倾向,也就是说不可能像人这样否定自身,成为自身的对立面。所以,在一个建筑师的作品中,我们看到的是比一群蜜蜂的蜂巢更多的创造性和自由,哪怕有时前者远远不如后者精致。然而,在蜂巢中,只有重复,而在建筑作品中,我们看到了创造。

人格能够呈现出一些表面看来互不相同的一些面向或一些状态:一和多的问题,正是人格理论中的核心问题。如果精神是一,如果身体是多,灵

---

① 《杂著集》,第1072页。
② 《杂著集》,第1072页。
③ 《杂著集》,第1218页。

魂和身体的关系问题就建构成人格问题的一个面向。实际上,精神必须保持在某种张力之下,从而保持作为一个人格,保持灵魂与身体、人格与环境、思想与行动之间的某种平衡。这样,成为一个人,这是令人疲惫的,因此,人们有时需要休息。有时,有些人会想象着自己变成了另一个人;这样,就有双重人格的问题。因此,人格问题就集中在三个面向:一和多(统一性和多样性);心灵与身体;双重人格(人格的多重性)。但是,如果我们有一种绵延的直观,我们就不难想象,这些不同的变化和变形,都不过是宇宙意识通过其不同面向所显现出来的。人格通过不同的面向、不同的状态显现出来,正如生命冲力通过不同的植物物种和动物物种显现出来。如果所有的生命个体都只是普遍意识的一些观点或者一些视角,人们就可以说,实际上,正是同一种精神,同一个人格,可以通过不同的观点来呈现。

人格问题的主要困难,首先就在于如何设想一与多的悖论。为何我们的人格,既是一,又是多?柏格森在 1901 年的《形而上学导论》一文中实际上早已涉及这个问题。在这个有名的文本中,人格,或者说"通过时间而流逝着的我们的人格"①,体验到一种悖论性的经验:人格同时显现出统一性的特征和多样性的特征。一方面,我发现意识的不同时刻,意识的状态,知觉,是多样的、互相区别的;另一方面,我在心中保有这样一种感受,即"关于我自身的流逝的原初感受"②。流逝(écoulement),自我或者人格通过时间,不断地流逝,每个人都可以清醒地感受到这种生存感受。正如孔夫子所说,"逝者如斯夫,不舍昼夜。"在这种情况下,有人不禁会问,既然时间不断流逝,自我不断变迁,今日之我,已非昨日之我,甚至当下的我,已经不同于一秒钟之前的我,那么,"我"还是"我"吗?是不是有无数个"我"?

根据柏格森的梳理,哲学史上,思考人格有两种方式,或者说两种主要的趋势。根据这两种方式,要么把统一性、要么把多样性视作首要的:经验主义把人格看成多样性,唯理论则把人看成统一性,把自我看成意识状态的发生地。在柏格森看来,人格当然有其统一性,亦有其多样性,但问题的关

---

① 《思想与运动》,PM,第 182 页。
② 《思想与运动》,PM,第 185 页。

键在于,这是怎样的统一性和怎样的多样性。柏格森用了圆锥体的比喻,来暗示在直观中所呈现出来的人格之所是。在圆锥体中,有一个顶点,可以象征着统一性的形象,而圆形的底座则象征着多样性。"但是,无论是顶点,还是底座,还是将二者相提并论,都不足以给出圆锥体的观念"①。通过这个比喻,柏格森要说的,其实无论是点还是面,无论是顶点还是底座,无论是统一性还是多样性,无论是一还是多,其实都不过只是对同一现实在不同平面、不同角度的观看的结果。因此,统一性和多样性,都不是对人格之所是的同一现实的不同的观看。

统一性和多样性的悖论在柏格森后来关于人格问题的研究的文本之中,仍然是一个主要的难题。不过,柏格森区分出三种关于人格的观点:经验论、实体主义、批判哲学。经验论是赋予多样性以特别的重要性,自我或者人格被定义为无数观念或者无数意识状态的集合,这就是经验主义哲学家的立场,例如休谟。如果把这种重要性归诸于统一性,这种统一性就可以被定义为一种实体或者一种形式的统一性。这就是精神论者的立场和批判哲学的立场。精神论把人格看做一种实体。而批判哲学,如康德,则把人格看成一种形式的统一性。实际上,这个问题只是一个假问题,一旦这样提出问题,就已经设定了,有可能用两个数学的术语,统一性和多样性,来对直观给予的总体进行切割。

在柏格森看来,人格的统一性和多样性的问题,前提在于一种形而上学的设想,根据这种设想,人格可以一分为二。在吉福特讲座的第五讲,柏格森认为:"传统哲学的倾向在于,在每个人格之中,区分出两个不同的自我。"②一方面,有一种经验的自我,它是多样的并且散布在时间之中;另一方面,有一个在时间之外、在永恒之中的自我。正是在后一个自我之中,人们试图去寻找真正的统一性和真正的人格。前一个自我,则只不过是后一个自我的影子。正如柏格森在关于人格的讲座中所说的:"一方面,有着一位真实的、永恒的苏格拉底,居住在超时空的领域;另一方面,有一个现实的

①　《思想与运动》,PM,第 198 页。
②　《杂著集》,第 1078 页。

苏格拉底,他有生、老、病、死,处在具体的时空之中,这个苏格拉底相对于前一个苏格拉底,如同纸币和金币的关系。"①也就是说,现实的苏格拉底只不过是对理念的苏格拉底的模仿或者分有。这样,存在着两个自我,一个处于超越时间的永恒之中,另一个处于时间之中,这样的观念实际上在哲学史上有着悠久的历史。因为这正是许多古代哲学家,例如柏拉图和普罗提诺的观点;而在现代哲学家之中,斯宾诺莎和莱布尼茨实际上也采用了同样的解决办法。康德也采用了这样的观念,他同样区分了两个自我,只是他认为我们的认识能力无法认识和达到时间之外的永恒的自我。因此,康德不把自我视作一个实体,而是视作一个先验主体,作为一切认识活动和实践活动的基础。

对于柏格森而言,只有一个人格,只有一个自我,这个人格、这个自我是一种不断变化的、不断创造自身的延续性,是一种不断更新、不可预见的新颖。统一性和多样性,不过是对同一个人格的两种观点。同样的,将自我人为分割为两种自我,也不过是对同一个自我的、同一个人格的两种观点。两个自我的观念,其错误就在于没有认识到人格的真正本性,没有认识到人格是一种"内在的、活生生的统一性"(une unité intérieure et vivante)②。如果我们在我们的直观中、而不是在分析中,再现我们的人格,这个人格将会呈现出统一性和多样性、差异和同一、新颖和创造。在形而上学史中,所有这些关于自我的概念,例如经验自我、形式自我、先验自我、我思,都可以视作人格的影子。

在这样一种人格理论中,如果我们把身体和心灵分别视作人格的两个面向,就可以重新检讨身心关系,重新检讨生命。于是,问题就变成生理人格和精神人格的关系问题。在吉福特讲座的第二讲,柏格森考察了身体和身心关系。他指出,身体无法产生意识。在身体和精神之间,不存在严格的平行论关系。"身体的角色在于以某种特定方式限制精神,从而保持以行动为目的的专注于生命的精神的注意力。"③实际上,如果人们坚持在大脑

① 《杂著集》,第 1219 页。
② 《杂著集》,第 1078 页。
③ 《杂著集》,第 1084 页。

事实与心理事实之间有着一种对等关系,身心关系反而变得难以理解。"但是,如果人们把大脑状态视作心理事实的副产品,一切都变得简单。"①在我们看来,在吉福特讲座中,柏格森所说的似乎并不比他在《物质与记忆》中得出的结论走得更远。为此,我们有必要考察柏格森在 1910—1911学年在法兰西公学所作的课程"人格理论"的提要。在这些课程中,柏格森检讨了在主体的不同活动,如知觉、记忆、思想中身体所充当的角色。关于知觉和记忆,柏格森重拾了他在《物质与记忆》中的观点。关于思想(la pensée),有理论的新发展。思想不是各个分散的观念的集合,而是一种从观念到观念的运动。运动中的观念是潜在的、彼此渗透的。这样,一个现实的观念,只是"对这一运动的一个瞬间的观看、一个假设的暂停"②。但是,在思想活动中,身体扮演什么角色呢?"就在于引导精神的工作,引向在此时重要的东西,朝向对于当下有利的东西;身体的角色就在于给予心理人格以压力,给予生命以严肃,迫使主体运用其注意力"③。

接下来,柏格森在人格和宇宙的关系之中来考察身心关系。他用两个比较来强调在心理人格和宇宙关系之中身体的重要性:"身体,就其与精神的关系而言,标志着心理人格的方向,或者人格相对于事物之总体的位置。身体,如同指南针,引导着心理人格,定位人格与将人格包容于其中的现实世界的关系,使得人格有可能将其注意力专注在现实之上。身体,如同船首,乘风破浪,使我们得以在构成我们生存环境的生活激流之中标示出前进的方向,从而,使得不断变动着的我们,得以不断重新转身置身于变动不息的万物之中。"④或者说,这是一种披荆斩棘的努力,是一种奋斗,一种抗争,从而不断地突破生命所遇到的限制,为生命开拓出更大的空间和更广阔的自由。正是借助于身体,人格得以不断地置身于万物之中,又得以不断地自由地施展其潜能,并最终超越物质界的障碍和限制,得以不断地超越自身,走向更高的精神境界。

---

① 《杂著集》,第 1084 页。
② 《杂著集》,第 869 页。
③ 《杂著集》,第 869 页。
④ 《杂著集》,第 869 页。

正如我们前面所说的,柏格森认为,精神超出身体。如果人们能够把精神和身体理解为人格的两个面向,那么,就必须避免过度将身体精神化。身体仍然处于物质的平面上,仍然构成为物质界的一部分。"因此,不可能让身体进入到精神生命的纯粹现象;身体是物质世界的一部分。"①身体能够被视作精神与万物相遇的点、人格与世界相遇的点。正是通过这个点,人格嵌入到物质世界之中并让心理人格(精神)得以通过。

柏格森继续提问:"为什么心理人格在延续不断的物质世界之中切割出一个身体出来,这一操作意味着什么?"②为回答这一问题,柏格森把人格重新置入进化的历史之中。普遍意识是一种冲力,透过物质以便制造出某些生命有机体。这些有机体可以被视作自由的工具。但是,在大部分物种之中,包括植物和大部分动物,意识最终都只是被封闭在某种自动机制之中或者封闭在某种麻木状态之中。在植物界之中,生命创造了许多非人格的形式,这些形式在被创造出来之后,就不断重复自身。在动物界,生命体获得了一定程度的自由。在动物中,其行为多少有一定的选择,但他们却总是重复着同样的选择,从而最终也归于某种自动机制。唯有在人这里,这种自动机制的链条被打碎了,意识得以发现其最大的自由,并且建构起自己的人格。正如柏格森在其马德里讲座所说的:"唯有人是一个人格。唯有人,在其内在的意识生活之中,建构起一种不可分的延续性。"③

一旦澄清了进化的历史,就很容易解释身体的诞生,以及身体与人格的关系。物质是空间性的领域,是一个各个部分互为外在(*partes extra partes*)的领域。唯有在这样一种物质的领域或者空间性之中,人们才能够使用各种数学术语,如一元性、多样性等。如果要使得心理人格能够被计算,那就必须让这个心理人格具有一个身体,从而能够放置在同质的空间之中。因此,"身体的角色就在于迫使人格与人格分离并互相区分"④。这样,我们也许可以回答身体的诞生问题:"心理人格在物质世界之中,切割出某种物理

---

① 《杂著集》,第 869 页。
② 《杂著集》,第 870 页。
③ 《杂著集》,第 1224 页。
④ 《杂著集》,第 870 页。

人格,因为对于心理人格而言,通过这种操作,能够战胜必然性,并且通过这一胜利实现独立的存在。"①

要注意,身体对于人格而言,不只是通向自由的工具,也是一个限制原则。"身体将精神的活动专注于一个点,而这个点就是瞬间的行动。"②瞬间的行动分为三种:身体对其他物体的行动;一个人对另一个人的行动;人对自身的行动。所有这些行动,都要求灵魂与身体的合一作为人格的条件。如果人们不再关注生命,如果失去了在心理人格和身体之间的平衡,就会陷入某种病态。柏格森在其文本中对这些病态状态有多种讨论,尤其是通过双重人格的案例。在1910—1911年法兰西公学课程和在马德里的《人格》讲座中,他都提到了这些案例。

柏格森讨论了好几个案例。其中第一个案例,上述两个文本都有引用,其实是引用了美国哲学家詹姆斯(William James)在其《心理学原理》中所研究过的案例。有一位布恩先生(Monsieur Bourne)③,他本是美国普罗维登斯(Providence)城的一位新教牧师,有一天突然消失,并且去到宾夕法尼亚的一个小城市变成了另一个人,并自称布朗(Brown),并且完全忘记了他曾是布恩先生时的一切。在两个月的时间里,布朗在小城里做着小生意,过着平静的生活。一位早上,他醒来时,惊奇地发现他处在一个陌生的地方,原来,他又变成了布恩先生,至于在这两个月期间他作为布朗先生做过的一切事情都完全没有印象。但是,在催眠状态下,他又变成了布朗。这样,在他这里,其实存在着两个毗邻而居的人格:一个是布恩,一个是布朗。

在柏格森看来,布朗并没有忘记他作为布恩时的全部记忆,他仍然保留着关于物体、关于语言的记忆。"他所丧失的,主要是个人的记忆。"④但是,为什么这些个人记忆会丢失呢?"在那里,我倍感疲倦,我需要休息"⑤,布恩自己作了这样的解释。这句话给我们提供了理解问题的关键思路。"如

---

① 《杂著集》,第870页。
② 《杂著集》,M,第871页。
③ 这个例子,也出现在法兰西公学1910—1911年度的课程中,以及马德里关于"人格"的讲座之中。参见《杂著集》,第850、1226页。
④ 《杂著集》,第1227页。
⑤ 《杂著集》,第1227页。

果人格是一种持续向前的运动,将现在推向未来,将过去保存为记忆,成为一个人就是令人疲倦的。"①活着,是一件令人倍感疲倦的事情,以至于所有人都有可能产生这样的念头,想要逃离世界,在一个无人认识自己的角落安静地休息。正常情况下,这个念头只是一闪而过。但是,在某些人那里、在某些情况下,由于过于疲劳,逃离世界的念头就会越来越强,于是自然有时会为人提供一种休息的方法。实际上,在布恩先生的案例中,他在某一段时期变成了布朗,也就是说自然让他处在布朗的状态下,完全忘记布恩,从而让他可以彻底得到放松和休息。这种强制的休息,使得人可以在放松和休息之后,继续其正常的生活。这样,第二人格布朗实际上并不是一个独立的人格,而只是布恩的正常人格的一个侧面、一个面向。柏格森作了这样的结论:"实际上并不是人格的双重化或者人格的分离:只有一个人格:正常人格。"②所谓的第二人格,其实不过是正常人格的变体,是人为了自我保护、获得休息而采取的暂时性的变化而已。

最后,我们有必要对柏格森的人格理论作一个总体的概观,并考察其在柏格森哲学中的位置。在我们看来,《物质与记忆》中的理论和《创造的进化》中的理论最终通过人格理论紧密联系在一起。在《创造的进化》中,人被视作进化的最高点。但是柏格森在《创造的进化》一书中,对于人的特性并未多谈。正是20世纪10年代的人格理论,基于此前的几本著作中的结论,专门处理人的问题。人格仅仅在人这一物种这里出现。为了检验人的特征,必须考察知觉、记忆、思想、意志等现象。为此,就有必要借助于《物质与记忆》中的理论。而为了把人格放在进化的整个历史之中来加以考察,当然也要整合《创造的进化》中的结论。这样,柏格森发展了一种生物学和精神论的人类学,把《创造的进化》和《物质与记忆》整合在一起。而且,一定意义上,这一理论可以被视作柏格森在他的前几本著作中关于人的问题的看法的总结。

在这些关于人格的文本之中,身心关系问题被视作人格问题的一个

---

① 《杂著集》,第849页。
② 《杂著集》,第1228页。

面向。在同一个人格之中,有着心理人格的一面,亦有生理人格的一面,二者如何联结在一起? 正如我们前面所说的,心理人格在物质世界之中划分出一片区域作为生理人格。一方面,精神呈现出相对于身体的独立性;另一方面,精神应该紧密地与身体相联,不然,一旦失去这种相关性就会陷入某种病态状态。在精神与身体之间有着某种平衡,这是正常人格的必要条件。

最终,正如希济耶所揭示的,正是通过人格理论,我们才能够回答那些与生命最关切的问题:"我们从哪来? 我们来自那唯一的、普遍的生命冲动……我们是什么? 我们就是生命之流本身……我们到哪里去? 我们走在通向神圣的大路上。"① 通过这样一种神秘经验,人格找到一个出口走出自身、超越自身,从而进入更高层次的存在。这样,要理解在神秘经验中得以揭示出来的上帝概念,人格理论是一个重要的进入方式。这个出口,既是人格理论的出口,其实也是生命冲力的出口,是生命哲学的出口。因为根据柏格森的理论,生命冲力是不断扩张、不断生长、不断增强的,因此必须在原有的基础上不断地加以突破和超越,如果说在生物学的层面上,人类这一物种,一定程度上已经是生命冲力的创造的最高成就,那么显然不可能由生命冲力直接造就出比人类更高的物种,那么如何体现出更高阶段的生命冲力。在柏格森看来,这只能是人类中的特别的优秀人物(英雄、圣贤)通过其伟大的人格和行动所创造出来的新的道德价值、新的宗教价值、新的精神价值,因此,生命哲学最终的归宿就走向了以开放道德和动态宗教为代表的社会哲学。

第三节 《两个来源》:从生命哲学到社会哲学

1932 年,柏格森出版了他的最后一部主要著作《道德与宗教的两个来源》(以下简称《两个来源》)。这部著作标志着其哲学的最后进展。两年之

---

① 希济耶:《柏格森的考古学》(C. Riquier, *Archéologie de Bergson*, Paris, PUF, 2009),第476 页。

后,柏格森出版了另一本书《思想与运动》,但这部著作只是1903—1922年期间所写的若干论文和讲座的集合。1932年的著作,主要处理的是道德和宗教问题,特别是就这两个主题直接或间接地与一些大哲学家展开讨论,如康德、柏拉图、涂尔干等。

在《两个来源》一书中,柏格森多次谈到"灵魂"。这本书中最重要的区分,在于"封闭"和"开放"的区分和对立,这实际上可以视作绵延与空间的对立在另一个层面的转化。据此,他区分了封闭社会和开放社会,静态宗教和动态宗教,也区分了开放的灵魂和封闭的灵魂。但是,"灵魂"一语,大多数情况,都是就个人与社会之关系来着眼考察的。柏格森把他的生命哲学观点应用于社会领域。人类社会,如同蚁群、蜂群一样,应该构成为一个有机的整体。社会由个人组成,正如同一个生命体由无数细胞构成。个人对于社会,就如同细胞对于生命体,如同蚂蚁对于蚁群。区别就在于,人能够对其社会中的行为进行反思,甚至进行某些反社会的行为,而蚂蚁则没有这种反思能力。这样,"灵魂"概念应该就其与其他个人的关系,就其与宇宙其他部分的关系来进行理解。实际上,这里可以把"灵魂"理解为人格。正如费纳伊(Antony Feneuil)所揭示的,《两个来源》基于某种人格理论[1]。但是,在这本书中,仍然有好几处地方,柏格森通过社会和宗教反思所开启的新维度来考虑身体、灵魂和生命问题。

正如法国学者费纳伊(Antony Feneuil)所指出的,《两个来源》一书的论述是以人格理论为基础的[2]。也就是说,作为宇宙意识或者普遍意识的个体化的人格,将与其他人格一起,共同组成社会。人格本身一方面作为宇宙意识的个体化和片断化,本就是宇宙本身以及宇宙意识之一部分,从而与其他人格、其他生物乃至整个宇宙是广泛联系从而成为一个整体。但是,另一方面,作为独立的人格,人格的本质倾向就在于"成为你自己",也就是说,每个人格都有某种实现自己的独立、自由、完满的倾向。因此,这种个体性和整体性之间,就必须会有所冲突。就一般生物而言,由于生命体都服从其

① 参见费纳伊:《柏格森:神秘主义与哲学》(Anthony Feneuil, *Bergson. Mystique et philosophie*, Paris, PUF, 2011)。

② See Anthony Feneuil, *Bergson. Mystique et philosophie*, Paris: PUF, 2011.

所在物种的属性和规律,因此个体性原则和整体性原则能够得到有机的统一。例如一株植物,尽管在其生成过程中,它能够为了个体性的需要,不断从周边吸收营养;但是,当其成长到一定阶段,达到一定的成熟程度,它的个体性就会让位于其生殖功能,在其生殖活动中,植物甚至有可能一定程度地牺牲自己来满足下一代的需求。

然而,由于人是一种理性的存在者,因此人类不同于其他的动物,就在于人并不是像其他动物那样受限于其族类的本能,而是总是能够通过自己的智力活动来制造新的工具,从而对外部自然环境进行改造,从而改善自己的生活。但随着人类智力的发展,其所思所虑将不仅仅是满足生命的需要,而是会进一步形成个体、利益、荣誉等观念。这时,人的智力的发展,就使得社会之中有一部分人,会倾向于某种自我中心、独善其身的"自我中心主义"(egoïste)。越是成熟和高级的社会,这种倾向就越是明显。但并不意味着较为原始的社会就没有这种倾向,相反,既然生命的倾向之一就是自我保存,因此智力也就会形成"自我中心主义"的倾向。一旦这种"自我中心主义"在社会之中出现和流行起来,就有可能感染到越来越多的人,就有可能导致越来越多的人朝着这个方向发展,其结果必然会导致社会的解体,或者说在某些个体身上发生一些反社会行为,例如盗窃、杀人等。因此,社会作为一种自然产物,它自身之中自然有着某种能够对治这种"自我主义"的机制,从而使得每个个体有意或者无意地遵循社会的法则,使得个体服从社会,使得社会成为一个有机的共同体。但是,光凭理智本身不足以克服这种自我主义的倾向,而是需要借助于理智之外的东西,在柏格森看来,是借助于某种超出理智的、超出个人的虚构功能。

如果现在智力发出威胁,要在某些环节上打破社会的聚合性,但我们的社会又必须持续下去,那么,在那些环节上,必定有某种平衡之物来抵消此理智的力量。假如由于智力已经占据了本能的位置,所以该平衡之物不可能是本能,其平衡之力必须来自于某种类似本能的东西,或者来自于那依附在理智边缘的本能的残余。该残余不能直接发挥作用,但由于理智作用于思维,唤起想象,而想象会和实际相抗衡,结果通过理智本身而抵消了理智的作用。①

柏格森指出，想象力这个名词，既可以用来指文学艺术中的某种能力，也可以指科学、宗教等活动中的某种活动。这些性质并不完全相同的能力或者活动之所以被归为同一类，是因为它们既不能归为知觉，也不能归为记忆，更不能归为逻辑、推理等知性活动。柏格森愿意将心灵的这种活动称为"虚构"（fabulation）。小说、戏剧和神话都依赖于这种活动，"但是，我们并不总是有小说家、戏剧家，而宗教却是我们人类从来都少不了的东西"②。而由于文学和艺术往往也从宗教和神话之中汲取资源，因此"宗教是虚构功能的存在理由"③。虚构并不能提供真实的经验，但却有可能提供经验的替代物，从而用来阻止行动或者修正行动。这些虚构在智力的周围构成了一个晕圈，从而修正个体的行为，使之不至于过于偏离生命本来应有的方向，亦使个体不至于过分地离群索居、远离社会。这样，虚构是对于智力的一种补充，可以称为一种"潜在的本能"（instinct virtuel）④，是"围绕着智力的本能的晕圈"（une frange d'instinct autour de l'intelligence）⑤。

为了具体说明这种虚构功能是如何起作用的，柏格森举了一个心理学的例子。

> 一位女士在某旅馆楼上，想下楼去，于是她走到楼道口。升降电梯的门碰巧是开着的，由于只有电梯停在某一层时门才会打开，所以该女士自然以为电梯正停在那儿等着。她几步跑了过去，但突然，她觉得自己被什么东西向后猛地推了一掌，似乎是管电梯的工人刚好出现在那

---

① 《道德与宗教的两个来源》（Henri Bergson, *Les deux sources de la morale et de la religion*, Paris: PUF, 2008），第 124 页。中译本《道德与宗教的两个来源》，王作虹、成穷译，贵阳：贵州人民出版社，2007 年，第 74 页。（以下标记为《两个来源》法文本，页码；中译本，页码）

② 《两个来源》，法文本，第 112 页；中译本，第 68 页。

③ 《两个来源》，法文本，第 112 页；中译本，第 68 页。

④ 《两个来源》，法文本，第 114 页。此处中译本不知为何译为"事实上的本能"。

⑤ 《两个来源》，法文本，第 122 页；中译本，第 73 页："我们不能忘记，在理智的边缘还悬挂着一圈本能，而在本能的深处潜存着理智的微光"。

里并一掌把她往后推到了楼道口。但就在这时女士突然清醒过来,她惊诧地发现,眼前既无什么工人,电梯也没有停在那里。原来,由于机械上的故障,门尽管是开的,但电梯并没有停在那里,而是停在下面!本来,她正要一步向前跨去,悬空跌进那张着大口的虚空之中,但一种神奇的幻景救了她的命。我们能说这奇迹容易解释吗?女士根据客观事实作出的推理也是正确的:门既然是开着的,电梯必然停在那里。空荡荡的电梯井道足以在刹那间让她明白自己这一次犯了错误,但为时已晚,她先前根据常识得出的结论差一点导致了致命的行动。那么,是某种潜藏在她理性人格之下的本能或梦游着的自我在千钧一发之际发挥了作用。是它看到了危险并立即行动,所以把女士往后面掀,同时在瞬间诱发虚构的幻觉般的感受,这种感受唤起并解释表面上的不合理的动作①。

由这个事例可以看出,在人类的理智能力之外,还有另外一种类似于本能或者直觉的能力,作为理智的补充。在日常生活状态中,这种能力并不发生作用,但是在一些紧急的状态之中,这些能力就会及时地介入,从而纠正由于理智的惯性所可能导致的危险。这种能力介入的同时,亦给理智带来某种想象或者幻觉。如果说对于个体而言,这种虚构可以避免个体远离危险、防止其偏离生命正常轨道;那么对于由无数个体构成的人类群体而言,这种虚构将通过神话、宗教等形式出现,其目的一方面也正是为了维持生命,使得群体的统一性不被个体的自我中心主义倾向所破坏。"宗教是大自然对抗理智的消解力的一种防卫性反应。"②通过这样的宗教,无数个体在群体之中连接起来,就好像众多蜜蜂在蜂群中、众多蚂蚁在蚁群中,从而个体为了群体而生存,甚至能够为了群体而牺牲自己。这样,对于群体而言,尽管它的部分个体受到压制甚至被牺牲,但是作为一个群体却得以实现自身,使其群体的生命得以保存和延续,并且在

①《两个来源》,法文本,第124—125页;中译本,第75页。
②《两个来源》,法文本,第127页;中译本,第76页。

这个基础上取得物质和精神上的进步。这样的一种社会,柏格森称之为封闭社会。

正如不少学者恰当地指出,在《两个来源》一书中,最重要的区分,在于"封闭"和"开放"的区分和对立,这实际上可以视作绵延与空间的对立在另一个层面的转化,但是又有着极大的不同。柏格森区分了封闭社会和开放社会,封闭道德和开放道德,静态宗教和动态宗教。什么是封闭社会?视相应的群体大小而定,可能是一个家庭、家族,也可能是部落、民族、城邦、国家。在其内部,人与人之间皆是兄弟;而处于其外部的人,则被视为陌生人、敌人。在群体内部,通过道德、风俗、宗教、法制等,所有人都得以或紧或松地结合在一起,成为一个如同蚁群、蜂群一样的自成体系的一个共同体。因此,在封闭社会之中,关键的区分就在于:谁是我们的朋友,谁是我们的敌人? 而19世纪开始的民族主义,正是这种封闭社会在政治思想中的表述,而纳粹可以说是民族主义极端化的产物。

然而,生命冲力的本性就在于它永远不会满足于既有的形式,而是不断地试图突破既有的物质限制,创造出新的生命形式。而人类的一切物质文明和精神文明的成果,其实也正是内在于人类精神的这种生命冲力通过人类行为所创造出来的。但是,在一个封闭社会,人类只是在既有的社会形态之中不断地重复,因此也将构成对于人类的自由和创造的一种限制。因此,人类将有可能突破和超越封闭社会,走向某种开放社会。在开放社会之中,旧有的敌友关系不复有效,而是代之以"四海之内皆兄弟"的博爱,也有可能进展到"民胞物与、泛爱万物"的博爱。但是,和儒家不同的是,在柏格森看来,我们是不可能通过推扩的方式进入到这种博爱,也就是说,从爱亲人、爱邻人扩展到爱民族、爱国家是有可能的,但进而扩展到爱人类、爱万物则是不可能的,在爱邻人、爱国家到爱人类之间,有着类似于有限到无限的距离,是不可能通过推扩方式达到的。因为爱亲人、爱邻人、爱国家,皆是对于一定范围的特殊对象的爱,而爱人类则是普遍范围、不分范围、无条件的爱,由特殊性到普遍性并不是可以通过某种简单的推扩就可以实现。封闭社会如同一种本能,"但该本能本身并不关涉人类,因为在民族(无论多大)与人类之间,其间隔着有限到无限、封闭到开放的整个距离"①。

那么,开放社会如何可能?在柏格森看来,这有赖于人类历史上某些英雄人物的出现,诸如耶稣、佛陀、孔子这样的圣人。他们不是通过概念、观念,而是通过他们的行动和人格,使得身边的人被感动。一方面他们创造出新的道德价值,并且这些价值可以一传十、十传百地不断传播开来;另一方面,他们通过自己的行动和人格魅力,被身边的人和后世的人视作道德和精神的典范,从而成为后世的人学习和效仿的楷模,在这个意义上他们都是人类的伟大导师。这些圣贤的创造,使得开放道德和动态宗教成为可能,使得开放社会成为可能。

> 只有那些接触过某一伟大道德人格的人,才能充分认识到这种感召力的性质。……[这种人格]有可能是一种关系或是一位我们从思想中召唤出来的朋友。但它也可能是一位我们从未遇到过的人,这个人的生平是人们告诉我们的,我们在想象中让自己的行为服从这个人的评判,害怕受到他的指责,以得到他的赞扬为骄傲。它甚至有可能是这样一种人格,这种人格是从灵魂深处被带到意识的光明中来,拨动我们内心的生命,我们感到它后来完全渗透了我们,我们也希望做他的门徒,暂时把我们自己托付给这个人格。②

在柏格森看来,正是这些伟大人物,通过他们的人格,不断创造出新的道德和新的宗教,而且也为人类创造出新的命运,使人类精神得以有可能超越封闭社会,走向开放社会,上升到更高的精神境界。只有在这样的一种开放社会的维度之中,才有可能理解柏格森的宇宙论哲学的最终归宿。整个宇宙,以及宇宙之中的所有生命,其存在都是为了让生命冲力朝向更高的境界前进,尽管人们在日常状态中很容易在封闭社会之中沉沦,可是总是会有某些圣贤挺身而出,为人类创造出新的价值,如同火光照亮黑夜一样,引领

---

① 《两个来源》,法文本,第27页;中译本,第17页。
② 《两个来源》,法文本,第30页;中译本,第18页。

人们继续前行。正如柏格森所说的：

> 各种宗教的创建者与改革者、神秘主义者与圣徒、道德生活的无名英雄（我们在我们的生命道路中遇见过他们，他们在我们眼中和那些最伟大的人物同样伟大），这些人都在这里；我们受他们榜样的鼓舞而追随他们，就像参与了一支征服者的部队一样。他们的确是征服者；他们已摧毁自然的反抗，把人类提升到新的命运上去了。①

---

① 《两个来源》，法文本，第47页；中译本，第29页。

第二部分

康吉莱姆的医学哲学和生物学哲学

第 四 章

康吉莱姆与概念哲学

第一节 康吉莱姆的生平与主要著作

在汉语学界,康吉莱姆及其思想,仍然是相当陌生的。对于许多人而言,之所以知晓他的名字,只是因为了解到他是福柯的老师。对于法国哲学,人们通常首先会想到笛卡尔,想到卢梭、孟德斯鸠等人为代表的启蒙思想,以及萨特、波伏娃等人的存在主义,列维-斯特劳斯、福柯等人为代表的结构主义,乃至德里达、利奥塔的后现代主义,以及目前仍然在世并且影响力持续扩大的巴迪欧、朗西埃等左翼思想家。康吉莱姆似乎是一位名不见经传的无名小卒,除了研究哲学、科学史的专业人士,一般人都罕闻其名。但是,如果了解到他是萨特在巴黎高师时的同学,后来又担任过福柯、布尔迪厄等人的导师,可能会感到他并不简单,甚至相当重要。如果进一步了解到他曾经长期占据法国学术界的重要位置,并且他的思想对于二战之后的法国马克思主义、存在主义、结构主义等都有着决定性的影响,可能觉得是一位隐蔽的大师。

尽管康吉莱姆并不如他的高徒福柯那么有名,但是仍然可以被视为20世纪最具原创性的几位法国哲学家之一。法国著名的"我知道什么?"(*Que sais-je?*)丛书,居然专门出了一门小册子介绍他的学说①。要知道,鼎鼎大名的现象学家勒维纳斯、梅洛-庞蒂都未能获得这一待遇②。他和萨特同一年出生,都出生在1904年,后来考入巴黎高师,与萨特、尼赞、梅洛-庞蒂、阿

---

① Dominique Lecourt, *Georges Canguilhem*, Paris: PUF, 2016.
② 当然,研究萨特和梅洛-庞蒂的学术专著和论文,相对于研究康吉莱姆的著作和论文而言,数量上要多很多。但是,就"我知道什么?"丛书将康吉莱姆列入其中,还是充分地显示出法国学术界显然是承认和重视康吉莱姆思想的分量和原创性。

隆(Raymond Aron)等人成为同学。1995 年,逝世于巴黎近郊的马里勒鲁瓦(Marly-le-roi)。在学术上,他的专业研究领域是认识论(épisthémologie)和科学史(histoire des sciences),并且始终以生命(la vie)、生命体(vivant)作为其哲学所关注的核心问题。

康吉莱姆出生在法国西南部的小城卡斯特诺达里(Castelnaudary),这座小城位于图卢兹的东面。他的父亲是一个裁缝,母亲则在家务农,因此康吉莱姆在其青少年时代,也需要协助家人从事农业生产活动。他在 1926 年的一篇文章中,称自己"来自朗格多克,在巴黎高师求学准备参加哲学教师资格考试。其余时间在乡下耕田"①。从小成绩优异,对于哲学、文学、自然科学都有深厚的兴趣。他后来考入著名的亨利四世中学,那时他的哲学班老师是著名的哲学家阿兰(Emile Chartier,dit Alain)。1924 年,他考进了巴黎高师,他那一届的同学有卡瓦耶(Jean Cavaillès)、萨特、阿隆(Raymond Aron)、拉加什(Daniel Lagache,1903—1972)。1927 年他通过了哲学教师资格考试,名列考试的第二名。也是从 1927 年开始,他经常给阿兰的杂志《自由谈话》(Libres propos)②撰写稿件,并且从 1931 年至 1935 年担任杂志的主编。之后,他在法国多所中学担任哲学教师,同时也开始了他在医学方面的学习。1941 年,他成为斯特拉斯堡大学的助教,后来由于战争,斯特拉斯堡转移到克莱蒙费朗。在法国被纳粹占领期间,他暂时告别了书斋,拿起了武器,加入了反对纳粹的抵抗运动。1943 年,他成功地进行了博士论文的答辩,他的博士论文题目是《正常与病态》。

就在他进行答辩这一年,德国军队侵入克莱蒙费朗。康吉莱姆成功地从德国法西斯的魔爪下逃出,并且很快成长为所在地区的抵抗运动的领导成员之一。1948 年,他被任命为哲学方面的总督学。1955 年,他继承了巴什拉(Gaston Bachelard)的教席,成为巴黎大学(索邦)的教授,并且担任科学史研究院的主任,这也意味着他成为法国传统的知识论研究在巴什拉之

---

① Dominique Lecourt, *Georges Canguilhem*, Paris:PUF,2016,p.9.
② 这个杂志是由阿兰首创于 1921 年,每周或者每两周发行一期,1921—1924 年为第一期。1927 年又复刊,一直发行至 1935 年。"谈话"(propos)是阿兰所创立的一种文学体裁,类似于中文所说的随笔或者杂文。

后的又一位大师。

康吉莱姆生前发表的文章和出版的著作并不多。主要作品《正常与病态》(*Le normal et le pathologique*)(1966)、《生命的认识》(*La connaissance de la vie*)(1952)、《在17、18世纪的反射概念的形成》(*La formation du concept de réflexe aux XVII et XVIII siècles*)(1955)、《科学史与科学哲学研究》(*Etudes d'histoire et de philosophie concernant les vivants et la vie*)(1968)、《在生命科学之中的意识形态与合理性》(*Idéologie et rationalité dans l'histoire des sciences de la vie*)(1977)、《论医学》(*Ecrits sur la médecine*)(2002)。然而,在这些著作之外,康吉莱姆还有大量的文章、讲座、讲课。由于法国学术界认为康吉莱姆是20世纪值得人们重视和深入研究的大师之一,因此已经开始着手编辑他的全集,由巴黎Vrin书店出版。预计出版六卷,目前已经出版五卷,即第一至五卷。第一卷收录的是康吉莱姆的早期著述,即从1926年至1939年发表的文章、论文、著作。第四卷与之衔接,收录了从1940年到1965年发表的论文、文章、演讲。第五卷则将收录康吉莱姆从1966年至1995年的文稿。第二卷题为"医学与哲学论述",收录他的三篇博士论文。第三卷题为"科学史与知识论论述"。第六卷则是关于他的生平传记等资料。

德国社会学家勒佩尼(Wolf Lepenies)受邀请在法国著名的法兰西公学(Collège de France)讲学,在其第一讲中,他提到康吉莱姆时说道:"在我看来,索邦的伟大传统体现在康吉莱姆的人格之中,无论是在法国之外还是在法国之内,康吉莱姆可能是战后最受低估的'值得阅读的大师'(maître à lire)。"[①]而福柯在给康吉莱姆的《正常与病态》的英文版所作的题目为《生命:经验与科学》的序言中,也特别强调康吉莱姆的重要性:"抛开康吉莱姆,你就无法更好地理解阿尔都塞、阿尔都塞主义,无法更好地理解在法国的马克思主义者中所进行的一系列讨论;你也不可能领会像布尔迪厄、卡斯特、帕斯隆的独特之处以及让他们在社会学中引人注目的范本,你也会错过

---

① 《康吉莱姆全集》第一卷(Georges Canguilhem, *Oeuvres complètes*, Tome I, *Ecrits philosophiques et politiques*, 1926–1939, Paris: Vrin, 2011),第9页。

精神分析家的理论著作的整个方面,尤其是拉康的追随者们的著作。更有甚者,在有关 1968 年运动前后的思想的整个讨论中,我们很容易找到那些或近或远地受到康吉莱姆的训练的人的位置。"①

第二节　什么是概念哲学?

康吉莱姆早年对孔德的思想很感兴趣。在巴黎高师读书时,对于孔德及其实证主义进行了不少研究,在这些研究中,他关心的是理性与社会之间的关系。1955 年,他继承了巴什拉的讲席,成为巴黎大学的教授,这也意味着他继承了从孔德开始,经布朗什维格、巴什拉等人,传承到他的法国知识论传统。所谓法国知识论(épistémologie française),指的是什么呢?法国学者伽永说"我们完全有权使用法国知识论(épistémologie française)一词,因为它有确切的历史含义"②。但是这种确切的含义是什么,伽永并未对此作出清晰的进一步的解释或者描述。但他却指出"康吉莱姆是法国的科学哲学自孔德以来学术成果的集大成者和具有代表性的象征"③。

由巴什拉、卡瓦耶、康吉莱姆、福柯等人,所共同组成的学派,曾被阿尔都塞称为"阅读知识"的大师,他们对"知识"的解读有何特点?他们这几位,再加上科瓦雷,有时被称为法国知识学学派。这一学派是在二战之后渐渐发展起来的,主要依赖于以下几个人物:巴什拉、科瓦雷、德桑第、卡瓦耶、康吉莱姆。不过,值得注意的是,其中不少人物,如科瓦雷、巴什拉、卡瓦耶,在二战前就已经开展其学术活动,而卡瓦耶由于在二战期间被纳粹杀害,从而其学术生涯和思想生命终止于 1944 年。他们这几位的科学史和科学哲学研究,与 20 世纪早期的几个重要法国思想家,有着极大的不同。20 世纪早期法国的科学哲学研究,以布朗什维格(Leon Brunschvicg)、杜恒(Pierre

---

① 康吉莱姆:《正常与病态》,李春译,西安:西北大学出版社,2015 年,第 262 页。
② 比特博尔、伽永主编:《法国认识论(1830—1970)》,郑天喆、莫伟民译,北京:商务印书馆,2011 年,"前言"第 iii 页。
③ 比特博尔、伽永主编:《法国认识论(1830—1970)》,郑天喆、莫伟民译,北京:商务印书馆,2011 年,第 iv 页。

Duhem)、迈耶松(Emile Meyerson)三人为主要代表,他们认为,科学应该有一个形而上学基础,或者,关于科学的研究至少要以某种形而上学追问为前提。例如,布朗什维格则认为,一切科学,一切形而上学,都必然基于某种理性,某种能够以严格数学方式来表达自然规律的理性。迈耶松认为,科学最终必须诉诸因果性原则,而因果性原则以某种必然的方式基于同一性原则。而以巴什拉等人为代表的新的法国科学哲学,首先在这一点上发生了断裂,即他们完全不再关心科学的形而上学基础,在他们看来,科学并不以形而上学为前提,并不是首先要研究的问题。因为在他们看来,更重要的在于揭示每一种科学内在的运作逻辑,即每门科学自身的合理性(rationalité)。

新的法国科学哲学,至少有两个特点:(1)反对一切先验哲学,而发展一种概念哲学(philosophie du concept),这种概念哲学,致力于描述科学结构内在的变动,而并不关心这种变动的背后所涉及的形而上学前提和主体性。因此,它关心的是每一门科学的特殊性,从而显示出每门科学特有的合理性(rationalités lacales)。(2)要求一种新类型的科学史。因此,他们认为,科学哲学研究与科学史研究密不可分。所以,在法国,也同世界其他许多国家一样,这门学科被称为"科学史和科学哲学"。在巴什拉看来,一切知识学研究都应该是历史的。科学的发展,并不是持续的有目的的演进,而是一系列的突然的断裂,这种断裂在于完全放弃一些旧的假设,而采用一些新的假设。

他们慢慢发现,每门科学都有其各自的合理性,由是导致一种多元理性主义。进而他们发现,通过考察科学史可以发现,科学话语和科学论述往往会与一些非科学的因素混杂在一起,科学实践往往是与一些社会的、政治的实践相关联的。因此,有人进一步认为,在科学中,从来都没有什么真理,而只有权力的关系和物质利益的关系。这样,我们很自然地进展到福柯的观点了。所以,实际上,围绕着知识,从巴什拉到康吉莱姆到福柯,是一脉相承并不断进展的。巴什拉的知识学,主要研究的是物理学史、化学史中的知识问题,康吉莱姆主要研究生物学、医学中的知识问题,而福柯则将二人的理论和方法加以发挥和应用到更为广阔的知识领域,从而成为西方知识界令人瞩目的大师,但我们不应该忘记,福柯的理论和方法,有一部分来自于以巴什拉、康吉莱姆等人为代表的法国知识论传统。

在巴什拉看来，从事科学工作的学者们，往往沉溺于细节，而忽视普遍。而哲学家，则过于重视普遍、重视先验的法则，而仅仅把具体科学事实当做一种例证，当作普遍法则的一种运用。因此，在他看来，需要一种介于二者之间的工作，将先天与后天、科学与哲学、经验主义和理性主义结合起来。他说"经验主义需要得到理解；理性主义需要得到应用。一种没有清晰的法则、没有彼此联系的法则、没有演绎性的法则的经验主义，既无法被思考、亦无法被传授；一种无法实现的验证、无法运用于当下现实的理性主义不能完全地说服人"。在巴什拉看来，科学，既是经验和实验的集合，亦是规律和法则的集合，因此，需要一种理性的辩证法，通过在经验和理性之间的反复穿梭和对话，从而不断在科学道路上取得进步。不过，最终巴什拉在经验和理性二者之间还是有所取舍的，他认为科学是一种从理论走向实践、从理性走向经验的活动，因此他将自己的主张称为一种"应用的理性主义"（rationalisme appliqué）。在巴什拉看来，哲学的任务之一，是对于科学之中的真理生产的实践机制进行历史分析和批判反思。

在我们之前所提到的福柯的文章《生命：经验与科学》一文中，福柯建立了一个著名的区分，即"意识哲学"与"概念哲学"之区分。前者是萨特和梅洛-庞蒂的传统，后者则是卡瓦耶斯、巴什拉、康吉莱姆的传统。不过我们可以进一步追问，到底什么是概念哲学？这种基于科学史研究和科学哲学研究的传统，在何种意义上是一种概念哲学？

康吉莱姆也很清楚，现在已经不是笛卡尔和康德的时代，哲学不再是科学的王后，不再高于其他科学。但是即使如此，也并不意味着哲学无事可做，并不意味着在面对科学时哲学束手无策，只能听从科学的指挥。就认识论而言，在康吉莱姆看来，认识论的问题，在于建立起"概念化过程的秩序"，通过科学实验活动所获得的当下的科学概念，只是这一概念化过程的暂时性的终点或者顶点，但是有必要通过历史的分析，揭示出科学家们是如何一步一步地抵达这一概念的。真理是在科学的诸种实践之中获得的；哲学要分析这些真理的多样性、历史性、临时性，肯定真理的规范性（normality）。认识论是对于这种使得真理得以产生的过程的严格描述，而不是最终理论结果的列表。在他看来,科学也是一种文化的形态,科学是"一种在经验的限定区域之内已经验证过的论述"(a discourse verified in a delimited sector of experience)。在评论巴什拉时,康吉莱姆写道:"关于科学史,如果从哲学上加以追问,就是关于概念的形成、再形成和形成过程,由此诞生了关于科学的哲学。"①康吉莱姆虽然并没有做过巴什拉的学生,但对他的著作十分熟悉,并且在不少方面继承和发扬了他的思想。他的《反射概念的形成》一书,研究的正是"反射"这个科学概念,是如何形成的。

康吉莱姆在 1957 年的一篇文章中,将巴什拉的学说总结为三条公理:(1)错误的优先性:"并没有什么第一真理。只有最初的错误。"(2)直观的非精确性:"直观是非常有用的:直观的用处在于被摧毁。"(3)对象被设定为观察的视域:"我们只是在必然性所组织的范围内来理解现实。我们的思考走向现实,而不是从现实出发。"②根据第一个公理,认识之中最初出现的不是真理和知识,而是错误,正是通过对错误的修正,才构成了新的知识。这些错误,就构成了"认识论的障碍"(obstacle épistémologique)。对认识论的障碍的考察和重视,使得研究者有可能在对于科学史的史实和历史的梳理的基础上,上升到一种思想史的认识,也就是说,考察一个概念的出现、演变、形成,以及一个概念在某个理论和科学领域中的有效性。"必须重建一种综合,在这种综合之中,概念被重新置入概念的背景之中以及经验和观察之中。"③在科学史之中,一个概念的出现、演变、成熟,有其一定的发展轨迹,但每个概念的出现,却如同一个事件,是不可预料的,具有某种新颖性,是无法用之前的材料来加以解释的,因此科学史是非延续性的、断裂的,是层出不穷的新概念、新范式、新理论对旧的概念、范式、理论的取代,这就是所谓的"认识论的断裂"(rupture épistémologique)。巴什拉带给我们的,其实是一种新的写作方式、新的思考艺术。科学史,应该成为"一种关于概念传承的历史"(une histoire des filiations conceptuelles)④。从巴什拉到康吉莱

---

① Georges Canguilhem, *Etudes d'histoire et de philosophie des sciences*, Paris: Vrin, p.175.
② 三条公理,皆引自 Dominique Lecourt, *Georges Canguilhem*, Paris: PUF, 2016。
③ Georges Canguilhem, *Etudes d'histoire et de philosophie des sciences*, Paris: Vrin, p.177.
④ Georges Canguilhem, *Etudes d'histoire et de philosophie des sciences*, Paris: Vrin, p.184.

姆再到福柯,在这一点上都是一脉相承的。福柯在《知识考古学》中这样介绍康吉莱姆的工作:"概念的移位和转变:康吉莱姆的分析可以作为典范;这些分析揭示出,一个概念的历史并不是这个概念的逐渐精细化、不是概念的合理性的逐渐扩大,而是概念的多样化的建构场域的检验场域的历史,是概念得以展开的多样化的理论背景的历史。"①值得注意的是,概念传承的历史,所研究的并不是简单地描述某个概念在历史中不同出现,更不同于词源学、文字学的考证,而是要通过概念分析,揭示某个概念以及这个概念相对应的问题在不同历史时期、不同学科的文本和理论中的出现,以及这个概念在出现之际与其他概念的关联。在这种概念史的研究中,被研究的概念,是不是采用同一个名词,并非关键之所在。例如,在《反射概念的形成》一书中,康吉莱姆研究的是反射概念,在 19 世纪上半叶,在大多数生理学家、生物学家那里,反射指的是一种前意识的、非意识的、非主动的动物性行为,受到某种机械论规律的支配,即当生命体受到外界的刺激时,生命体立刻作出相应的反应行为,这就是反射行为。在反射行为中,与之相关的是关于神经和肌肉的生理学分析。笛卡尔并没有使用反射一词,但是却区分了有意识的行为和无意识的行为,后者被视为一种动物性行为,而前者则是人类通过其自由意志的产物。关于无意识行为的分析,可以上溯到古希腊的亚里士多德和盖伦。然而,19 世纪生理学、生物学中的反射概念,尽管是一个机械论意义上的概念,但却是一位持生机论主张的科学家,才比较完整地提出了这个概念,即英国学者威利斯(Thomas Willis,1621—1675)。在威利斯看来,生命是一种运动,一种与静止做斗争的运动。这种运动与光的运动相似,因此生命的规律与光学规律有着类似之处,而反射概念,正是一个从光学借鉴来的概念。关于他的研究方法,康吉莱姆写道"与其去追问哪位才是作为反射理论先驱的无意识运动理论的作者,毋宁去追问肌肉运动的理论和神经行动的理论都包含了什么,从而去考察诸如反射行动这样的概念,如何在生命现象和光学现象之间建立相似性,从而找到一种真理的意义,也就是说与一系列的其他概念

---

① Michel Foucault, *Oeuvres*, tome II, Paris:Gallimard, p.5.

建立起的逻辑自洽性"①。

这样一种新的科学史的写作方法,是对于以孔德为源头的实证主义方法的一种批判。在孔德看来,理性有着一些固定的步骤和方法,将会随着时代的发展而逐步展开。理性的历史、知识的历史、科学的历史,有着大体固定的阶段和进程,只是不同的个人、不同的民族、不同的时代,处于不同的阶段或者不同的区域而已,但理论上,大家都将走上同样的道路,迈向同一个终点。然而,在巴什拉看来,这种看法是无法成立的,科学活动不是对于某种"先天"的后天验证,而是不断地形成"新颖"(nouveauté)。也就是说,科学活动,并不是对于先天地潜存于自然界或者人类心灵中的各种真理的发现或者再发现,这种先天论已经预设了先于科学活动的某种固定不变的真理或者本质。相反,科学活动是一种否定性活动,其前提是人类在认识和实践活动之中出现的挫折和错误,而面对这些错误,人们其实总是有着多种可能的应对方式,因此科学活动总是需要科学家利用已有的技术手段和知识积累,从而去创造出新的条件、新的环境、新的知识,去超越这些认识论的障碍,从而最终实现科学知识的更新和进步。

带着上述新的视角,康吉莱姆的科学史观点,显然也是对于巴什拉的继承和发展。康吉莱姆指出,"科学史是一种关于一个对象(论述)的历史,这个对象是一种历史并且有一个历史;然而,科学是关于一个并非历史也没有历史的对象的科学"②。言下之意,科学史是关于论述的历史,而不是关于科学的历史,科学本身是没有历史的。科学将自然划分为诸多对象。这些对象是第二位的(secondary),但并非衍生的(derivative);可以说,科学中的对象,都是被建构的(从一定的理论出发)、被发现的(从特定的视角出发)。科学史对于科学对象,扮演了相似的角色、进行了相似的操作。科学史论述的对象,就是"科学论述的历史性,从而科学史进行了一个计划,这个计划是由其内在的规范所引导的,但却被一些危机所导致的偶然所打断,也就是

① Georges Canguilhem, *La formation du concept de réflexe aux XVII et XVIII siècles*, Paris: Vrin, 2015, p.5.

② Georges Canguilhem, *A vital rationalist*, *Selected Writings from Georges Canguilhem*, New York, Zone Books, 1994, pp.25–26.

说被一些判断和真理的时刻所打断"。科学中的真理总是可疑的,总是处在过程之中。"科学史是对于这样一种事实的再确认,这种事实在于,科学是一种批判性的、渐进的论述,这种论述是用来决定经验的哪些面向必须被当作现实。"①

第三节　康吉莱姆早年的思想

2011 年,出版了《康吉莱姆全集》的第一卷②。这一卷收录了康吉莱姆从 1926 年至 1939 年期间所发表的著作和文章。正如编者之一布罗斯坦(Jean François Braustein)所说的,这些文本让我们重新发现了一个"被遗忘的康吉莱姆"(Canguilhem perdu)。这里面收录了康吉莱姆在阿兰所主编的《自由谈话》(Libres propos)中的许多文章,以及在罗曼·罗兰所主编的《欧洲》(Europe)杂志上所发表的一些文章。收录有他在 1930 年代出版的两部讨论政治的小册子,1932 年的《毫无保留的和平》与 1935 年的《法西斯主义与农民》。还收录了他在 1939 年出版的首部学术著作,与卡米埃·普拉纳特(Camille Planet)合著的《论逻辑与道德》(Traité de logique et de morale)。

对于康吉莱姆早期的这些政治论述,我们在此暂不作讨论,而主要讨论他早期一篇题目为《笛卡尔与技术》的重要论文。在笔者看来,这篇论文已经集中体现了康吉莱姆成熟时期思想中的许多重要因素。

1937 年 7 月 31 日,在索邦举行了第九届国际哲学大会中的笛卡尔大会,纪念笛卡尔的《方法谈》(Discours de la méthode)出版 300 周年。康吉莱姆参加了这次大会,并且提交了一篇题目为《笛卡尔与技术》(Descartes et la technique)的论文。勒库(Dominique Lecourt)指出,在这篇早期的文章之中,已经显示出康吉莱姆哲学的核心主题之一③。

---

①　Georges Canguilhem, *A vital rationalist*, *Selected Writings from Georges Canguilhem*, New York, Zone Books, 1994, p.28.

②　Georges Canguilhem, *Oeuvres complètes*, *Tome 1*, *Ecrits philosophiques et politiques*, *1926-1939*, Paris: Vrin, 2011.

③　Dominique Lecourt, *Georges Canguilhem*, Paris: PUF, 2016, p.65.

和几乎所有法国哲学家一样,康吉莱姆十分熟悉笛卡尔的思想。早在1927年,康吉莱姆就翻译了19世纪法国哲学家布特鲁(Emile Boutroux,1845—1921)的拉丁文论文《论笛卡尔的永恒真理》(*Des vérités éternelles chez Descartes*)。而在他后来的研究、写作和哲学思考生涯中,笛卡尔的著作和思想,也一直是康吉莱姆所不断展开对话和批判的对象。在很多文本中,"笛卡尔之前"、"笛卡尔之后"就成为重要的历史分期。例如在《反射概念的形成》一书中,第一章处理的乃是笛卡尔之前的理论,特别是亚里士多德和盖伦的理论;而第二章则是笛卡尔的理论,第三章之后则是笛卡尔之后的理论,显然笛卡尔被视作区分得以形成的关键点。

《笛卡尔与技术》这篇文章虽然从笛卡尔哲学切入,讨论了在笛卡尔的思想之中实际上却涉及许多更具普遍性的话题,如科学与技术、生命与技术的关系。在摘要中,康吉莱姆写道:"在实证主义哲学之后,人们通常都会这样想,认为技术活动只是客观知识的一种单纯的扩展,或者,技术活动是某种原初力量的展示,而科学只是随着这种原初力量之后到来的一种发展计划或者一种预料的编码?笛卡尔哲学似乎已经正面地探索了这一重要问题,并且已经考察了理论与实践的关系,以一种人们意想不到的完备而仔细的方式进行了这种考察。我们有理由认为,对于技术的意义的反思在笛卡尔的体系之中居于核心的地位。"①在孔德等实证主义哲学家看来,科学先于技术。康吉莱姆在这篇文章中力图挑战这一观念,他指出,实际上,存在着先于科学的技术活动。

康吉莱姆指出,对于笛卡尔来说,对技术活动的本性和价值的思考并不是偶然的。而且,笛卡尔哲学与关于机器(machine)的思考有着密切的关系。在《方法谈》的第六部分,笛卡尔指出他的思考,涉及的是所有人的普遍利益,而他的方法有可能提供出"对生命非常有利的"种种知识,从而使得我们成为"自然的主人和拥有者"(maîtres et possesseurs de la nature)②。

① Georges Canguilhem, *Oeuvres complètes*, *Tome I*, *Ecrits philosophiques et politiques*, *1926-1939*, Paris: Vrin, 2011, p.490.

② René Descartes, Oeuvres philosophiques, éd. Par Ferdinand Alquié, Paris, Garnier, 1963, p.634.(AT, VI, 62)

笛卡尔接着写道:"这不仅是要去欲求无限多的人工物(artifices)的发明,使得人们得以享受大地的果品和种种舒适,而且主要是为了健康的保存……"①这样的表述似乎充满着对于知识和技术的不断进步的信任,以及某种享乐主义的情调。然而,这样一种情调和信任,与第三部分之中所主张的斯多亚派式临时道德的风格相比较,是互相矛盾的。这种临时道德,不是主张"宁愿克服自己,也不克服命运;宁愿改变自己的意愿,也不去改变世界的秩序"②。从斯多亚派的观点来看,重要的不在于改造外部世界,而在于改变人的内心。世界本身有其运行的规律,不是个人的力量可以改变,因此技术活动是无意义的,最终都将"如梦幻泡影"。另一方面,斯多亚派相信人类中的每一个成员,都具有某种原初的善,分享着理性、分享着逻各斯,从而每个人都有可能通过后天的努力,不断地提升自己和净化自己的灵魂,从而成为某种类似于苏格拉底的圣人。作为斯多亚派的对立面,伊壁鸠鲁派哲学家卢克莱修在《物性论》(*De rerum natura*)中指出,某种改造世界的技术活动不仅是可能的,而且有可能给人类带来进步,通过技术活动,人类不断地改变人类与人类所居住的宇宙的关系。康吉莱姆认为,就技术活动而言,笛卡尔的观点更接近于卢克莱修。

我们知道,在笛卡尔的哲学之中,一切物质在某种程度上可以归结为广延,这是一种"无真实属性的物质"(une matière sans qualités réelles),笛卡尔的宇宙是一种"无目的论式阶层划分的宇宙"(un univers sans hiérarchie téléologique)。关于物质和宇宙的这样一种看法,正是对于技术的创造性效应(efficacité créatrice de la technique)的信念的形而上学理由。我们常常将笛卡尔的自然哲学说成是一种机械唯物主义,正是因为笛卡尔将宇宙和宇宙中的存在者视为机械(machine),将人的身体和动物的躯体都视为或大或小以及完美程度不一的自动机(automate),也就是说将一种技术观念引入了宇宙论和形而上学。海德格尔在《存在与时间》中,显然也洞察到了笛卡

---

① René Descartes, Oeuvres philosophiques, éd. Par Ferdinand Alquié, Paris, Garnier, 1963, p.634.(AT,VI,62)

② René Descartes, Oeuvres philosophiques, éd. Par Ferdinand Alquié, Paris, Garnier, 1963, p.595.

尔哲学与技术的这一隐秘联系,他指出笛卡尔只是从广延(extensio)来理解存在者,笛卡尔的知性(intellectio)只是数学物理学意义上的认识,然而"恰是笛卡尔的世界分析才使我们得以稳当地建设起当下上手的范本的结构,这种分析只需举手之劳,把自然物补足为充分的使用物就行了"[1]。一定程度上,海德格尔的手前状态(Vorhandheit)和在手状态(Zuhandheit)之分,其前提正在于某种使用手来开展的技术活动。而对于康吉莱姆来说,他关心的是从技术问题入手,来重新解读笛卡尔,他要证明"对技术的关注乃是笛卡尔哲学的源头之一"[2]。

笛卡尔如何认识技术,如何看待技术?怀着这一问题导向,康吉莱姆重读了笛卡尔的著作和通信。这些对象众多、题材广泛的通信,向我们显现出的笛卡尔是一个充满好奇精神的人,对一切都充满兴趣,对于形形色色的机器和工具的制造、各种类型的工艺和工程、手艺都十分关注。工具的制造和医学技艺,是他的通信中最为常见、最受关注的主题之一。当然,对于技术、工艺的兴趣和关心,是笛卡尔的同时代人也都在关心的,而且在更早一些时候的文艺复兴时期,也并不缺乏关心技术问题、关心和发明机器的思想家,例如百科全书式的人物达·芬奇就有着许多天才式的关于各种机器的构想。那么,笛卡尔的独特性和原创性,就在于他关于科学与技术之间的一种新的构想。康吉莱姆首先诉诸笛卡尔的早期著作《指导心灵的规则》来考察笛卡尔的技术观。笛卡尔认为,技术应该在科学的指导下进行。"为而不知其所以然,这只是技术人员的本质;承诺而不行动,这是江湖郎中的行当;通过对于原因的理解从而有意取得结果(obtenir à volonté des effets par l'intelligence des causes),这才是笛卡尔的抱负"[3]。

康吉莱姆注意到,笛卡尔清楚地认识到,在从理论到实践的过渡中,会有一些困难,仅凭理智本身不足以解决。一切知识,都无法消除相应的技术

---

[1] 海德格尔:《存在与时间》,陈嘉映、王庆节译,北京:生活·读书·新知三联书店,1999年,第115—116页(第21节)。

[2] Georges Canguilhem, *Oeuvres complètes*, Tome I, *Ecrits philosophiques et politiques*, 1926-1939, Paris: Vrin, 2011, p.491.

[3] Georges Canguilhem, *Oeuvres complètes*, Tome I, *Ecrits philosophiques et politiques*, 1926-1939, Paris: Vrin, 2011, p.494.

实现环节中的不完美。实践环节无法达到理论的完美,也就是说,在理论中有可能构想出一个完美的机器或者工具,这个理论中的构想无论多么完美,现实中也无法将其完美地落实成形并制造出来,总是会有这样那样的不足和缺陷。"从形而上层面来讲,人们当然可以做成一个如同鸟儿一样在空中的机器,因为至少在我看来,鸟儿也是这样的一些机器,但是,这句话并不可以就形体层面和心灵层面来讲,因为必须有一些足够精细的弹簧和一个足够强大的系统,然而这却是人们所无法制造出来的。"①理论上,一切物质都可以归结为广延,从而针对作为均匀的、同质的广延的物质对象,人们可以根据自己的意愿和需要,作任意的切割和划分,不存在无法被认识穿透的硬核,不存在真正的原子,因为任何原子都仍然是可以再作无限的分割。然而,就实践而言,人们在日常生活中遇到的并不是一般意义上的广延,而是形形色色的物质对象,每个对象都有其特性,都或多或少存在着不为人所知的科学的面向,从而构成了人类的认识和实践的障碍。"如果对于科学而言,物质是同质的、无名的,那么,技术人员所主张的物质,却是特殊的、多样的。因此,笛卡尔的科学需要实验的探索。"②

康吉莱姆进一步考察了笛卡尔的《屈光学》(Dioptrique)。屈光学中重要的主题之一,就是关于镜片的发明和研制,镜片的制作遇到了许多困难,因此笛卡尔认为不能盲目地进行摸索,而是应该首先从光学理论上加以阐明。一次纯粹偶然的技术上的成功,使得笛卡尔有机会在此基础上加以思考,并写成这部论著。康吉莱姆对此作出总结说:"自然知识在两个方面,依赖于人的技术。首先,是工具(这里是眼镜)用于发现新的现象。其次,技术上的不完美,因为遇到了必须解决的问题,这为理论研究提供了机缘。科学来自于技术,并不是因为真乃是对于有利的一种编码,一种对于成功的记录,而是在于这一点:技术上的尴尬、不成功、失败,使得人的精神去追问人类的技艺所遇到的抵抗的性质,去设想独立于人的欲望的对象所形成的

---

① AT, III, 163, 转引自 Georges Canguilhem, *Oeuvres complètes*, *Tome I*, *Ecrits philosophiques et politiques*, *1926-1939*, Paris: Vrin, 2011, p.495 。

② Georges Canguilhem, *Oeuvres complètes*, *Tome I*, *Ecrits philosophiques et politiques*, *1926-1939*, Paris: Vrin, 2011, p.496.

障碍,去探寻真正的知识。"①那么,技术源自何处？ 康吉莱姆明确地说:"技术的创始处就在于生命体的需求之中。"（L'initiative de la technique est dans les exigences du vivant）②"既然我们无法制造出一个新的身体,我们就得在内在的器官之外增加外在的器官,在自然的器官之外增加人工的器官。必须要到需求、欲望和意志之中,去寻找技术制造的创始处。笛卡尔在他的身心合一理论之中所肯定的情感的不可化约性,在其关于错误的理论之中所肯定的意志的原初性,在笛卡尔眼中意味着,哲学所致力于想要更好地去生活（cette vie que le propos de la philosophie consiste à vouloir bien vivre）,绝对不可能被整合到一种纯粹知性的哲学之中,不可能被整合到一种认识判断的体系之中。这样,技术最终不能化约为科学,建构最终不能化约为认识,科学最终也不可能完全和持续地转化为行动,这些仍然是要返回到对于某种原初的能力（l'originalité d'un pouvoir）的肯定。"③

通过上述的概括,我们看到康吉莱姆对于笛卡尔哲学作出了一种全新的解读。他不仅仅是指出了技术问题在笛卡尔学说中的重要性,而且强调对于笛卡尔来说,技术是与科学紧密相关的,是人类在技术活动中遇到了问题,才会想到进一步用科学来加以克服。而且,他还指出,这种技术活动的源头来自于人的生命本身,是为了满足人的生命本身的需求和欲望,因此技术活动本身是一种创造。正如勒库所指出的,这一观点是对尼采学说的一种回应,尼采在《悲剧的诞生》中曾如是说道:"科学问题,仅仅在科学的层面是无法得到解决的……必须在艺术的视角下来考察科学,在生命的视角下来考察艺术。"④

为了更明确和更深入地了解康吉莱姆的观点,我们有必要进一步阅读他于1938年2月26日在图卢兹哲学学会所作的学术报告,题目为《技术活

① Georges Canguilhem, *Oeuvres complètes*, Tome I, *Ecrits philosophiques et politiques*, 1926-1939, Paris：Vrin, 2011, p.497.

② Georges Canguilhem, *Oeuvres complètes*, Tome I, *Ecrits philosophiques et politiques*, 1926-1939, Paris：Vrin, 2011, p.497.

③ Georges Canguilhem, *Oeuvres complètes*, Tome I, *Ecrits philosophiques et politiques*, 1926-1939, Paris：Vrin, 2011, p.497.

④ Dominique Lecourt, *Georges Canguilhem*, Paris：PUF, 2016, p.68.

动与创造》("Activité technique et création")①。

在这篇文章中，康吉莱姆将一切哲学分为三大类：科学主义(scientisme)、实用主义(pragmatisme)和审美主义(esthétisme)。科学主义，在于将意识的一切功能都归结为理论规定性、归结为科学认知；实用主义，则是将一切功能都归结为有用和有利；审美主义，则是将一切意识的功能归结为一种审美功能。他试图从最后一种视角来考察技术，因为技术是一种创造，而只是从审美角度才有可能真正地把握创造："技术在前批判经验之中是知觉的对应物，正如同艺术在反思经验之中是科学的对应物。"②知觉是一种非反思的经验，朝向分析式的认识。知觉，就是定位、确认身份或者分类，知觉就是尝试去确定对象的性质与数量，将若干的可感性质集合到某一对象之下，以便有针对性地认识、操纵、利用对象。知觉是一种并不纯粹的认识，因为我们之所以能够认识到这种或者那种可感性质，是与我们的认识兴趣相关联的。技术也是一种非反思的经验，朝向的是创造(création)。技术是通过某些手段，来跨越障碍以满足人的某种需求或者欲望。技术不同于艺术，艺术是纯粹的、完全的创造。技术并不是纯粹的创造，也不是纯粹的认识，而是始终处在与知觉的一种复杂的关系之中。技术是一种努力，努力使得生命从知觉所提供和引发的不满足状态之中解脱出来，为此需要通过人的努力、人的行动来展开一定的活动，从而修订和改变人与外在的对象以及人与自然的关系。"实际上，精神就在我们的经验之中的可能性，这种能够不被任何一种有限的现实所满足的可能性，精神能够关联到某种判断能力和修改能力从而去使这种现实发生变异。"(L'esprit c'est bien en effet dans notre expérience la possibilité de ne pouvoir être comblé par quelque réalité finie que ce soit, et d'altérer cette réalité en la rapportant à quelque puissance de jugement et donc de correction)③

---

① Georges Canguilhem, *Oeuvres complètes*, *Tome I*, *Ecrits philosophiques et politiques*, 1926-1939, Paris: Vrin, 2011, p.499.

② Georges Canguilhem, *Oeuvres complètes*, *Tome I*, *Ecrits philosophiques et politiques*, 1926-1939, Paris: Vrin, 2011, p.502.

③ Georges Canguilhem, *Oeuvres complètes*, *Tome I*, *Ecrits philosophiques et politiques*, 1926-1939, Paris: Vrin, 2011, p.503.

如果说，康吉莱姆是从审美角度来理解技术，从而将技术理解为一种创造，尽管技术的创造性不如艺术本身。那么，康吉莱姆所说的"创造"一词，应当在何种意义上加以理解？"创造，似乎就是从虚无到存在的过渡，这样一种行动应当是不可分的、瞬间完成的。《圣经》中的上帝在六天里创造了世界，但是，每一次的创造都无需修改、无需重复。"①显然，正是基督教传统为西方提供了最为彻底的创造概念，即一种"从无到有"（ex nihilo）的创造，上帝的创造是一种无需质料、无需模型、无需理念的创造。与之相比，在古希腊哲人那里，创造的概念显得要保守得多，在柏拉图的《蒂迈欧篇》中，作为宇宙之创生者的"巨匠"在进行创生的工作时，一方面可以利用已有的原初质料，另一方面可以依据理念世界之中已经存在着的理念作为模型。比较起来，似乎基督教的上帝像一位真正的艺术家，而柏拉图的"巨匠"则只是一位按照既定程式进行生产的手艺人。

然而，在基督教的传统之中，这种纯粹的、绝对的创造，仅仅只是上帝的属性。只有上帝是真正的、唯一的创造者，上帝创造了世界这一奇迹。然而，世界之中的每个人，在这个世界之中所进行的创造，从上帝的角度看来毫无价值，并且最终都将灰飞烟灭。然而，在文学艺术领域，始终存在着创造性的活动，在19世纪前后，随着浪漫主义的兴起，一些文学家和哲学家，对于想象、创造等概念给予特别的重视。康吉莱姆在1952年为纪念他的老师阿兰（Alain）发表的《阿兰关于艺术创造的反思》一文中引述了一段波德莱尔的话："因为想象力创造了世界，可以恰当地说是想象力统治着世界……想象力是真之王后，可能是真的一个行省。想象力是实实在在地与无限相关联。"②在古典主义美学之中，关于艺术创造的构想，一定程度上可以看成对于基督教的创造概念和古希腊的创造概念的一种综合，认为艺术创造包含三个因素：灵感、方法、原型。也就是说，认为艺术创造乃是根据一定的规定、一定的方法，将某个固有的理想、理念加以艺术化的再现，或者是

---

① Georges Canguilhem, *Oeuvres complètes*, *Tome I*, *Ecrits philosophiques et politiques*, *1926-1939*, Paris：Vrin, 2011, p.500.

② Georges Canguilhem, *Oeuvres complètes*, *Tome IV*, *Résistances*, *philophie biologique et histoire des sciences*, *1940-1965*, Paris：Vrin, 2015, p.418.

对于现实的某种艺术化的加工或者再现，又或者是艺术家自身的生命、激情、灵感借助一定的艺术形态的再现。但是，所有这些观点，都仍然是在广义的柏拉图主义的范围之中展开。康吉莱姆指出，在 20 世纪初，柏格森和阿兰，分别以不同的方式，掀起了对这种柏拉图主义的反抗①。两位哲学家都建构了一种关于艺术创造的理论，都认为在艺术作品之中，没有任何本质会先于存在(aucune sorte d'essence ne précède l'existence)②。康吉莱姆指出，在阿兰的哲学之中，认为只有在创造艺术作品的活动完成了之后，才有可能去谈创造和艺术作品。"为了知道一个世界是什么，必须创造一个世界，因为在已经创造出一个世界出来之前，根本不可能去知道。"③在阿兰这里，创造和想象有关，艺术创造的功能就是把想象固定下来。但想象并不是一种弱化的知觉，也不是只是像亚里士多德所说的，只是一种用来辅助认识活动的工具性活动。想象的对象，并不是真正的对象，但并不意味着想象的对象是一种非存在、一种虚无，而是一种"别样存在"(l'être-autre)。因此，阿兰发展了一种不同于柏拉图和笛卡尔，而是较为接近康德的关于想象力的观点，并且把想象、发明与人的手工艺、人的劳动、人的行动联系起来。阿兰认为"人类发明的最高法则，在于人们只能在劳作的时候才能有所发明。人首先是工匠"④。

我们看到，通过与想象、劳作联系起来，创造概念在康吉莱姆这里，得以

① Georges Canguilhem, *Oeuvres complètes*, *Tome IV*, *Résistances*, *philophie biologique et histoire des sciences*, *1940-1965*, Paris: Vrin, 2015, p.419.

② Georges Canguilhem, *Oeuvres complètes*, *Tome IV*, *Résistances*, *philophie biologique et histoire des sciences*, *1940-1965*, Paris: Vrin, 2015, p.420. 萨特有一个命题非常有名，并且经常被视作存在主义的标签命题，即：存在先于本质(l'existence precede l'essence)。萨特是在《存在主义是一种人道主义》一书中提到这个命题的，而这本书乃是对于萨特在 1946 的一次演讲的记录。我们固然有理由，猜想康吉莱姆的这一表述是受到了萨特的影响。康吉莱姆的分析表明，"存在先于本质"这一观念的源头，至少可以上溯到 19 世纪末 20 世纪初的两位哲学家：柏格森和阿兰，尽管这两位哲学家并没有使用"存在先于本质"这样的表述。

③ Georges Canguilhem, *Oeuvres complètes*, *Tome IV*, *Résistances*, *philophie biologique et histoire des sciences*, *1940-1965*, Paris: Vrin, 2015, p.421.

④ Georges Canguilhem, *Oeuvres complètes*, *Tome IV*, *Résistances*, *philophie biologique et histoire des sciences*, *1940-1965*, Paris: Vrin, 2015, p.423.

深深地扎根到人类的最基本的生存方式和生命活动之中。人不只是"智人"(homo sapiens),也是"劳作的人"(homo faber)。如果说,在认知活动中,人面对不断增加的新的对象,总是致力于将这些新的陌生对象、陌生经验,通过区分、辨别、分类等操作,化归于人类既有的知识和经验,也就是说将个别化约为普遍,将特殊化约为一般。那么,在诸如手工艺、园艺、农业等技术性活动和绘画、演奏音乐等创造性艺术活动中,人将不得不面对各种各样的无法最终化约为普遍和一般的个别、特殊,面对形形色色的"这一个",面对千差万别的特殊处境,构成了人类实践活动的种种障碍,而面对这些不同的障碍,就需要人发挥其智慧、耐心、才能,最终驯服材料,而每一次的驯服过程及其结果,都将呈现出无法预见的新颖的形态,从而不断体现出人类精神的高度自由和创造性。因此,在技术、艺术创造等活动中,在人生的舞台上,每个人都必须亲自披挂上阵,披荆斩棘,开辟出属于自己的道路:"世上本没有路,只有我自己的足迹,开辟出我的道路,这才是真正的行动。"(Agir véritablement,c'est nous faire un chemin qui ne préexiste pas à nos propres traces)①

在康吉莱姆看来,哲学必须研究作为艺术品之产生的创造,要考察创造的不同领域:真(le vrai)、利(l'utile)(有用)、美(le beau)。"创造概念"因此可以说与哲学的普遍问题相关。"有必要从所有的面向来研究关于创造的问题,这既是一个美学问题也是一个存在论问题。"②实际上,康吉莱姆通过对创造问题的思考,通过将创造性活动与科学认识问题、人的本质问题联系起来,形成了一种新的关于存在、关于生命、关于人的看法。而他的这样一些观点,将体现在他后来关于生命科学、科学史、生命哲学的研究之中,正如福柯后来在一篇谈话中提到康吉莱姆所说的:"人作为有生命的存在是不断变更的,因为人是理性主体,由于这一事实,人能够对自身有所行动,改变生存的条件……这是在康吉莱姆这里非常重要的一种考察,我认为这种

---

① Georges Canguilhem, *Oeuvres complètes*, *Tome I*, *Ecrits philosophiques et politiques*, *1926-1939*, Paris: Vrin, 2011, p.504.

② Georges Canguilhem, *Oeuvres complètes*, *Tome I*, *Ecrits philosophiques et politiques*, *1926-1939*, Paris: Vrin, 2011, p.500.

考察与尼采有着密切的关系。"①

　　在康吉莱姆看来,技术活动既然是一种创造性活动,那么我们就不可能从已有的科学知识来预见全部的技术活动以及在技术活动之中可能遇到的困难。相反,技术活动的开展过程,将会使得人们不断遭遇新的问题和挑战,从而不断地对人已有的知识结构提出挑战,从而使得人们不得不去获得新的知识,或者展开新的科学研究,从而解决技术中遇到的问题。是科学进步推动了技术革新,还是技术的发展推动了科学的进步,这个问题在康吉莱姆看来是值得重新思考的。在科学史上的许多事例说明,许多技术发明是在并不完全知晓相关的科学原理的情况下作出的。例如,热力学实际上很大程度上脱胎于在蒸汽机发明之后的相关研究。因此,康吉莱姆主张"科学思想的飞跃,是以技术思想的失败为前提的"(L'essor de la pensée scientifique a pour condition l'échec de la pensée technique)②。这样,科学就显现为对于人们在认识和实践过程中所遭遇的失败、挫折和障碍的反思。从这个角度来看,我们可以说,实践和技术先于科学并且比科学更重要,而科学是为人的实践和技术服务的,科学来自对于生命中出现的失败和障碍的认识。通过这样的考察,也许我们可以更好地理解福柯的说法:康吉莱姆是一位"关于错误的哲学家",从"错误"出发来对待真理和生命的问题:"在这里,我们毫无疑问触及到了现代哲学史上最基本的事件之一:……如果知识乃是扎根在生命的错误之中,而不是朝向世界之真理而开放,那么,关于主体的一切理论岂不是都应该重新表述?"③

　　康吉莱姆关于科学与技术的观点,对于当代的法语哲学界有着持续而深远的影响。例如,其弟子达科涅(François Dagognet),他长期在里昂从事教学和研究,从而在他的影响下形成了一个热衷于研究技术问题的里昂学

①　Michel Foucault,《La vie:l'expérience et la science》,in *Dits et écrits*,Tome II,Paris,Gallimard,p.876.

②　Georges Canguilhem,*Oeuvres complètes*,Tome I,*Ecrits philosophiques et politiques*,*1926-1939*,Paris:Vrin,2011,p.504.

③　Michel Foucault,《La vie:l'expérience et la science》,in *Dits et écrits*,Tome II,Paris,Gallimard,p.1595.《正常与病态》,中译本,第 277 页。

派,在他们看来:"因为技术已经被视作人类生活的一个根本维度,关于技术的哲学就是一种真正的技术人类学。"①

另一位法国哲学家西蒙东,在《论技术物的存在方式》一书中,更深入地推进了康吉莱姆的观点。康吉莱姆揭示出技术活动的生物学特征,但并没有进一步揭示出,技术活动与人的其他活动之间的关系。西蒙东和柏格森、康吉莱姆等人一样,也是从人与世界之间的关系入手来思考技术,从而技术就在于通过对物的使用来处理人与世界之间的关系。但是,西蒙东认为存在着一个前技术的、前宗教的处理方式,他称之为"巫术"(magie),而宗教和技术可以视作巫术得以复杂化之后的两个面向。当用理论方式去考察时,在宗教和技术之间,就产生了科学认识。当用实践方式去考察时,在宗教和技术之间,就产生了伦理思维。而当人们用一种中立的、无功利的态度,在技术与宗教之间产生了审美思维。对于康吉莱姆关于技术先于科学的观点,西蒙东也有着相似的论断:"只要技术成功了,科学思想就不会出现。当技术失败之际,科学就临近了。科学对应于在技术层面得以表述出来却无法得到解决的某个问题。"②但是,与柏格森、康吉莱姆不同,西蒙东并不将技术物简单地视作人类器官的延伸,而是将技术物视作"人与自然之间的某种中介,人性的东西与自然的东西的某种混合"③。西蒙东在《论技术物的存在方式》一书的结论部分,一方面赞赏柏格森将技术活动与人的本质联系起来,另一方面也批评后者对于直观和绵延的推崇,使得在后者那里未能真正地揭示出技术活动的本质。在西蒙东看来,柏格森的学说在认识论方面仍然是一种唯名论,并且混合着一定的实用主义。西蒙东认为柏格森实际上混淆了一般意义上的劳动与技术活动,因为劳动指向有用性,而技术活动并不简单地指向有用性而是依赖于一定的自然法则。因此,在西蒙东看来,"技术操作并不是任意的,并非只是为了直接的实用性而依据

① Sacha Loeve,Xavier Guchet,Bernadette Bensaude Vincent,*French Philosophy of Technology*,Springer,2018,p.28.

② Gilbert Simondon,*Du mode d'existence des objets techniques*,Paris,Aubier,1989,p.246.

③ Gilbert Simondon,*Du mode d'existence des objets techniques*,Paris,Aubier,1989,p.245.

主体的需要而制作;技术操作是一种纯粹的操作,需要利用自然实在的真正规律"①。在笔者看来,西蒙东对于柏格森的批评也适用于康吉莱姆,而三位哲学家的分歧,其实很大程度上取决于对于作为"劳作的人"(homo faber)的不同视角。对于柏格森而言,人通过智力制造工具、机器,从而适应和改造世界,但这种劳作乃是服从于固体的逻辑和空间思维,从而无法并不能真正地认识生命本身,只有对这种日常的思维方式进行一种扭转,在哲学直观和绵延的思之中,才有可能返回到生命本身。在西蒙东看来,柏格森这里仍然保留着行动和静观之间、静止与运动之间的对立,而这种对立可以视作柏拉图主义的潜在影响。对于康吉莱姆而言,人作为劳作的人,意味着生命体在世界之中展开的同时,不断地自我规范、自我调整、自我创造,工具和机器可以视作生命器官的延伸,生命可以视为在各个方向上不断展开的冒险。"生命是经验,也就是说以对于种种无法预料的境遇的利用;生命是在所有方向上展开的尝试。"②从西蒙东的角度来看,可以认为康吉莱姆不再持有柏格森的二元对立,而完全诉诸二元中的一元,即那始终生生不息的、处于运动和行动之中的生命体本身。而对于西蒙东而言,如果从技术活动出发来思考,行动与静观、运动与静止之间的对立就不再有效,而是可以从人与世界最原初的关系出来,在人与世界的整体之中,来重新思考技术,以及技术带给人类社会的新的可能性。

---

① Gilbert Simondon.*Du mode d'existence des objets techniques*,Paris:Aubier,1989,p.256.
② Georges Canguilhem.*La connaissance de la vie*,Paris:Vrin,2015,p.152.

第 五 章

论正常与病态

第一节 引 论

　　《正常与病态》一书是康吉莱姆的博士论文,也是他最重要的作品之一。在法国学界,康吉莱姆常常被视作"医生和哲学家"(médecin et philosophe)。实际上,康吉莱姆是在他32岁之际(1936年),在连续多年在中学讲授哲学之后,才开始学习和研究医学的。在参加抵抗运动期间,他也没有中断关于医学和哲学的学习与研究,从而使得他有可能在1943年,提交了他的博士论文《关于正常与病态的几个问题的研究》(*Essai sur quelques problèmes concernant le normal et le pathologique*)。同年这篇博士论文得以在斯特拉斯堡出版,保留了这个冗长的标题。1950年,这本书得以再版,增加了一个序言。1966年,这本书第三次再版,标题精简为《正常与病态》(*le normal et le pathologique*),增加了作者关于同一主题所作的《关于正常与病态的新思考》。2015年,此书的中译本由李春从法文译出,得以出版,从而让汉语读者有机会用母语来领略康吉莱姆这位谦逊而深刻的哲人的风采。

　　笔者在第一次读完《正常与病态》一书之后,感到莫名的激动,显然我被某种全新的思想所击中,让我心情久久难以平复。我深深地感受到他的思想的锐利和深度,其论述基于翔实的医学史材料,然而却带来一种关于生命的颠覆式观点。《正常与病态》可以看做一部反思健康的书,健康的人往往被视作正常的人。在法国,医学教育对正常状态十分重视,不适、病态被理解为从一个固定的正常值出发的增加或减少。医学实践,就在于使人体恢复其正常值。正如法国哲学家(François Dagognet,1924—2015)所指出的,康吉莱姆在这里攻击的是实证主义医学和科学所宣扬的"规范化的大厦"(edifice of normalization)。康吉莱姆重新提出了关于生命体的定义的问题,生命体并非处在与生命体所在的环境和谐共处的关系之中。规范性是随着生命开始而开始的,与此同时开始的还有多样性。康吉莱姆的名言是"非正常并不是不正常。多样性并不意味着病态"(An anomal is not an abnormality.Diversity does not signify sickness)①。规范性是一种活动,而不是一种状态。规范性也意味着一种能力,一种能够适应外在环境的能力,适应外界环境的变化。这样,规范性就等同于活力和可变性(activity and flexibility)。因此,在康吉莱姆看来,不存在纯粹客观意义上的病态,所谓病态,其实不过只是生命与环境之间的不适应:或者生命缺少足够的活力和可变性来适应环境,或者环境发生的巨大改变使得生命原有的活力和生活方式无法适应。这样,就获得一种关于生命和健康的全新理解。"是生命本身,而不是医学判断,使得生物学上的正常成为一个价值的概念,而不是一个统计学的概念"②;"健康地生活着,并不是意味着在某个给定的环境能够是正常的,而是在这样或者那样的环境之中也仍然是正常的和规范的"③。生命是一种活动,总是带着规范性;健康就体现在总是能够做到自我规范,即在环境中保持自身的活动性和稳定性。

由此也带来对于生命的双重性的理解。一方面,生命是作为生命体(vivant),即对于"物质的组织化",这体现了生命的形态(form);另一方面,作为体验(le vécu),对自身生命的体验。通过体验,生命体获得概念和工具来适应环境,来规范自身,这些概念和工具并非事先给定的,而是通过生命本身的活动来创造出来的。每个个体都有自己独特的规范性,有自己的活力,更有自己的独特的理解世界的方式。正是这种生命在形态和体验两方面的独特性,造就了生命的多样性。因此,"理性和生命互相规定、互相

① Georges Canghilhem, *A vital rationalist*, *Selected Writings from Georges Canguilhem*, ed. By François Delaporte, translated by Arthur Goldhammer, New York, Zone Books, 1994, p.16.

② Georges Canghilhem, *A vital rationalist*, *Selected Writings from Georges Canguilhem*, ed. By François Delaporte, translated by Arthur Goldhammer, New York, Zone Books, 1994, p.17.

③ Georges Canghilhem, *A vital rationalist*, *Selected Writings from Georges Canguilhem*, ed. By François Delaporte, translated by Arthur Goldhammer, New York, Zone Books, 1994, p.17.

帮助,互相为对方立法"①。

《正常与病态》全书分为两部分,前一部分,是 1943 年的博士论文。第二部分,是 1963—1966 年在此基础上所进行的反思,康吉莱姆试图将博士论文中的一些结论运用到更广泛的领域中,例如运用到社会和政治领域的反思之中。我们先集中研读第一部分,因为这一部分集中体现了作者的观点,论述较为充分,并且与史料的结合也较为紧密。

康吉莱姆在书中的导论中有一句话非常有名,是这样说的:"哲学是一种反思,对于这种反思而言,所有的陌生材料都是好的,而且,我们还可以说,所有好的材料都应当是陌生的。"(La philosophie est une réflexion pour qui toute matière étrangère est bonne, et nous dirions volontiers pour qui toute bonne matière doit être étrangère)②也就是说,对于哲学来说,需要不断地引入新的材料,陌生的材料,特别是外在于哲学、不同于哲学的材料,所有新的材料都是好的。对于康吉莱姆而言,科学史、技术史、人文科学就是他的外在于哲学、异于哲学的陌生材料。而在这本书中,他所处理的陌生材料就是医学。康吉莱姆非常灵活地在科学文本与哲学文本之间不断穿梭、往复,他用一种哲学家的目光,去考察包括医学、生物学等在内的各种类型的文本,从而揭示出其中的哲学意义。如果认可这一观点,我们很容易地可以想到,哲学的陌生材料还可以是各种人文科学、社会科学、自然科学、技术、艺术、电影、文学作品等,或者说人类的一切行为、人类的一切文明成果,所有这些都可以转化为哲学思考的材料。福柯在这一点上,可以说是将康吉莱姆的思想运用和发挥到极致。在福柯那里,学科之间既定的边界被打破,从而他的研究和考察涉及各种不同的学科(哲学、法学、社会学、医学、心理学、精神病学、文学、经济学、史学),广泛涉猎不同类型的材料(科学著作、哲学论著、文学作品、医疗记录、法院文件、监狱档案等),其思想锋芒所触及之处,

---

① Georges Canghilhem, *A vital rationalist*, *Selected Writings from Georges Canguilhem*, ed. By François Delaporte, translated by Arthur Goldhammer, New York, Zone Books, 1994, p.19.

② Georges Canguilhem, *Le normal et le pathologique*, Paris: PUF, 2013, p.7.康吉莱姆著《正常与病态》,李春译,西安:西北大学出版社,2015 年,第 7 页。(以下标注为《正常与病态》中文版,页码;法文版,页码)

往往都给人们带来颠覆性的结论。

在康吉莱姆看来，医学是处于几种学科交界处的一种技术或者艺术，而不是严格意义上的科学，并且医学可以将人们引向具体的人的问题。最根本的在于，临床医学和治疗术，其前提在于使人体恢复到正常状态，或者建立起一种正常状态的技术。显然，通常在人们的眼中，医学作为一门科学或者一门技术，需要预设某种"正常"的概念作为前提，其目的就在于使得生病的人恢复到正常状态。而这本书正是要对"正常"概念进行质疑和反思。康吉莱姆说，"这部著作试图把医学上的某些方法和成果引入到哲学思考中。"康吉莱姆的目的，并不在于做一个医学史的梳理，也不在于对医学的学科本身作出指导，而是试图对某些方法论概念（concepts méthologiques）进行反思和澄清，通过与医学科学的交流来修正对这些概念的理解。此书所研究的课题，具体而言，是从病理学或者生理学出发，首先对 19 世纪以来医学界、生理学界人们所普遍采用并默认为前提的一个命题进行考察。这个命题认为，正常的和病理的最终是一致的。如果深入地剖析，不难发现，这种一致性的观点，其实是一个形而上学命题，而不是一个科学命题，却被许多科学家毫无批判地直接接受了。在康吉莱姆看来，处理科学史上的这个命题，就是要使这个命题重新成问题化（problématiser），重新打开问题（rouvrir les problèmes），而不是简单地提出某个问题或者方案，来解决这个问题。这种"成问题化"的哲思方式，可以说是对柏格森和尼采的思考方法的继承和发展，同时下启福柯的知识考古学和权力谱系学，从而构成法国后现代主义和后结构主义的重新理论渊源之一。

要重新打开问题，实际上就是要以新的方式重新提出问题，在新的理论目光之下，考察问题的多个方面，以及与问题相关的事实或者现象的多个面向，从而可以发现：（1）某些事实或者现象，被归为同一类对象并且针对这类对象提出一个或者多个问题，这本身已经是生命与环境相互作用的某种结果，已经包含了丰富的理论设定，或者已经是生命与环境多次交互作用的结果，也就是说科学中所考察的对象其实是建构出来的一个对象；（2）针对某个已经被提出的问题，可以设想出来的解决方案，从来都不是只有一个或者两个，而是永远有着多个可能的解决方案，以及多个可能的相应的实验，而人们之所以采取这样那样的解决方案往往取决于人们所可能采取的技术条件;(3)面对生命,面对科学所考察的事实和现象,实际上总是可能存在着另一种科学,另一种技术,另一种世界。

那么,如何重新引入正常与病态的问题,这当然要进行一种历史性的考察。在《正常与病态》一书第一部分的第一小节的"问题介绍"这一部分。作者指出,通常关于疾病的思考,可以分为两类。

第一类:往往是将疾病视作在一个人那里某种东西的增加或减少。"疾病,通过一扇门进入或离开一个人的身体",这一类的代表人物是巴斯德。第二类,则是古代医学的看法,代表人物有希波克拉底,他们认为在自然状态下,身体中的各种体液或者各种元素,互相间处于一种和谐状态。而在疾病状态中,原有的和谐状态被打乱了,处于一种紊乱的状态。

图示如下:

代表人物	本体论描述	医学描述
巴斯德	在身体中某物的增加或减少,或者某物的侵入	元素的缺乏、传染病、寄生虫病
希波克拉底	身体原有的自然、和谐发生了紊乱	内分泌病、功能障碍(dys-前缀)

这两种观念都有一个共同点:病症是通过正常来定义的。因为上述的两种观念,都将病态视作一种斗争(polémique)状态:或者是身体与进入身体的某种存在(病毒、细菌、寄生虫)的斗争,或者是身体内部的不同的力量之间的斗争。认识疾病,就是去认识疾病或者病理状态与正常状态或者正常状态下的身体之间的关系。正是从这样的观点出发,就产生了一种病理学,研究的是疾病状态下的人体以及各种疾病的各类特征;与之相应的有一种生理学(physiologie),研究的是正常状态下的人体。有关病理学和生理学的学说的发展的终极观点,就在于认为所谓的病态、疾病状态,其实只不过是正常状态的一种变体。也就是说人体有一种正常状态,正常状态体现为身体的各种状态的一些数值,一旦某些数值远离了正常状态的区间,就代表着相应的身体器官处于病态。将生理学和病理学同一起来,将正常与病态同一起来,这样的理论趋势在 19 世纪末得到了极大的

发展,并且这两种同一性成为 19 世纪为许多学者所接受的一个独断论的科学教条。

19 世纪法国有两位哲学家,对于法国的医学产生了极大的影响,他们是孔德(Auguste Comte)和贝尔纳(Claude Bernard)。前者是著名的实证主义哲学家,其实证主义哲学,对于法国乃至欧洲和世界有着广泛和深入的影响。实证主义不只是一种哲学,而且也是一种力图通过理性、知识、科学、技术等手段来持续地改造社会和推进社会进步的一种政治思想,实证主义推崇工业、技术,主张专家治国,"秩序和进步"是他们的口号。贝尔纳是法国的生物学家和哲学家,他对于 19 世纪法国的生物学有着重要的影响。19世纪末在法国流行的自然主义的文学观,就有对贝尔纳观点的借鉴。同处19 世纪末的尼采,实际上也直接或间接地阅读过贝尔纳,因此尼采在《强力意志》中曾经写道:"所有的生病状态的价值,就在于这一点:这些状态能够在一个放大镜的效果下,把一些在正常状态下很难显现出来的东西揭示出来。"①孔德的兴趣由病态转向正常,贝尔纳的兴趣由正常转向病态。但两人都有一个共同点,都力图建立起正常和病态的同一性。康吉莱姆之所以选择这两位思想家,也是因为这两位思想家对 19 世纪的哲学、医学、心理学、生物学、文学都具有极大的影响。除此之外,康吉莱姆还赋予法国医学莱利希(Leriche)以特别的重要性,并指出这位几乎已经被遗忘的医生,发展出一套不同于孔德和贝尔纳的关于病态的观点,从病人的意识、疼痛等出发,从而指出病态与正常之间的不同,并不只是程度的差异,而是有着性质的差异,更重要的在于病态其实揭示出的是不同于正常状态的另一种生命维度。康吉莱姆本人的观点,借鉴和发展了莱利希的观点,当然也从哲学上作出了更深刻的发展。

第二节　对孔德与布鲁塞原理的诠释

首先值得注意的是,孔德的实证主义试图在哲学领域中将抽象的形而

---

① 《正常与病态》,中文版,第 16 页;法文版,第 20 页。

上学驱逐出去,而代之以可经验的实证科学。然而,孔德所依赖的实证科学,实际上很大程度上就是生物学,尽管孔德是一位真正意义上的百科全书式的哲学家,对当时的数学、物理学、化学、生物学等都有全面而丰富的认识。古耶就指出:"在 1817 年至 1824 年期间,孔德不是准备成为一名生物学家,而是准备成为一名生物学哲学家"[1]。在收录进《科学史与科学哲学研究》的一篇题目为《孔德的生物学哲学及其在 19 世纪法国的影响》的文章中,康吉莱姆指出,孔德原本在数学方面有着专业级别的知识,而在生物学方面只具备业余爱好者水平的知识[2]。但是,1829—1832 年,他在法国南部城市蒙比利埃接受了活力论者布朗维尔(Henry Ducrotay de Blainville)的教导,从而对于生物学有了深刻的认识。从而使得孔德有可能广泛地吸收生物学研究的成果,并且在此基础上发展出孔德自己的一套生物学哲学。在孔德这里,生物学(biologie)一词有两重含义,既是关于各种生物学法则的研究的一门抽象科学,又是关于作为一种根本活动、根本原则的生命本身的研究的综合科学。生物学这个概念本身的形成,就意味着学者们认识到,生物学或者生命科学所研究的对象,所具有的特征,完全不同于各类物质科学所研究的对象。值得注意的是,在这个时期,在莱茵河的彼岸的德国,一种自然哲学(Naturphilosophie)也得到了蓬勃的发展,在谢林、黑格尔、叔本华那里,都发展出一种自然哲学。在这篇文章中,康吉莱姆指出,孔德在生物学哲学方面最大的贡献,就在于对两个概念作出了原创性的解释,这两个概念即:"环境"(milieu)和"有机体"(organisme)。由于我们接下来会在论述《生命的认识》一书时,会再对这两个概念进行阐释,在此兹不赘述。

康吉莱姆指出,孔德的生物学哲学之中最重要的核心观念,在于一种二元论立场,一种生命与物质的二元论(le dualisme de la matière et de la vie)。"物质与生命的二元论,正是广延和思维的形而上学二元论的实证主义对等物。这种二元论是宇宙进程(progrès universel)的可能性条件,宇宙进程

① 《正常与病态》,中文版,第 18 页;法文版,第 23 页。

② Georges Canguilhem, *Etudes d'histoire et de philosophie des sciences concernant les vivants et la vie*, Paris:Vrin,2015,p.62.

不是别的,正是生命总体的人性的光明之下对于惰性的物质的控制。"①在孔德看来,设想整个宇宙全部是生命或者全部是物质,这两种假设都是无法成立的。生命体只能在周围充满着惰性物质的环境之中生存,环境既构成生命体的障碍,又为生命体提供食物、空气等物质条件。孔德反对将生命体看成完全由环境所决定,而是认为生命体本身就是一种原初的自发性(spontanéité)。将生命看成一种自发性,看成一种无法化约为物理的、化学的特征或者过程,看成一个自治的、绝对的整体,这样一种思想,孔德实际上在很大程度上是对以巴特兹(Paul-Joseph Barthez,1734—1806)为代表的蒙比利埃学派的继承。

巴特兹是18世纪著名的医生和哲学家,提出了著名的"生命原则"(principe vital)的概念,并且认为这种生命原则乃是一切生命形态的共同的源头。巴特兹实际上也是法国启蒙运动的重要成员,他结识了达朗贝尔,为狄德罗所主编的《百科全书》撰写了2000多个关于医学、解剖学方面的条目。从1758年开始,巴特兹开始任教于蒙比利埃大学医学院,正是在这里,他和他的同事波尔德(Théophile de Bordeu,1722—1776)一起,发展出一个被后世称为"生机论"的哲学和"蒙比利埃学派"的学派。18世纪流行的观念,是将人体理解为一种机器,例如霍尔巴赫的机械论唯物主义,和拉美特利的"人是机器"等观点,或者是从物理、化学出发来理解人体及其运动变化。然而,巴特兹及其学派的生机论则反其道而行之,认为如果要真正地对人体、生命作出解释,必须假设有一种不同于物质界的某种力量,有一种不同于物理法则的法则,巴特兹称之为"生命原则"。巴特兹写道:"在人体之中产生所有的生命现象的原因,我称之为'人的生命原则'(principe vital de l'homme)。"②生机论意味着,用生命本身来理解和解释生命本身,也唯有生命本身才足以理解和解释生命。任何一种化约主义的企图,都最终将生命理解为生命之外的东西。实际上,19世纪初才出现生物学(biologie)

---

① Georges Canguilhem, *Etudes d'histoire et de philosophie des sciences concernant les vivants et la vie*, Paris: Vrin, 2015, p.67.

② Barthez, *Nouveaux éléments de la science de l'homme*, 转引自 Georges Canguilhem, *La connaissance de le vie*, Paris: Vrin, 2015, p.109。

这个专名,而这个专名的出现本身,也就预示着在许多研究生命现象的学者看来,生命现象并不同于物质现象,并不能简单地用物理、化学中发现的法则和规律来加以解释。另外,生命原则也不是笛卡尔所说的"我思",不是一种意识或者思想,也不同于亚里士多德多所说的作为身体之形式的灵魂。

但是,对于巴特兹等人来说,这个生命原则本身,最终是什么?是某种力量,还是一种实体,抑或只是一种解释原则?在孔德看来,巴特兹最终让位于存在论的诱惑,从而将生命原则解释成一种实体。孔德不再使用生命原则这个术语,而是使用"有机体"、"整体"(le tout)、"生与死的斗争"等说法。"有机体就其本性而言,构成了某种必然无法分割的整体,我们只有根据某种知性的人为操作来加以分解以便更好地认识有机体,并且总是只能作一种后发的重组。"①

康吉莱姆指出,孔德的生物学哲学中,有三个重要的原则:(1)在生物学研究中,应该避免一切关于目的论的形而上学考察;(2)在生命体与环境之间,表面上似乎可以建立起一些恒定不变的规律,但是,实际上由于生物体本身的多样性和不稳定性,生物体与环境之间的关系实际上也处在不断地变化之中,从而生物体并不完全被环境所决定,而是生物本身有其自发性和创造性;(3)一切病理学现象可以归结为生理学现象,也就是说正常和病态最终可以是同一的,病态不过是正常状态的一种变体,这正是孔德对生物予以重视的布鲁塞原则。

孔德在生物学、心理学和社会学等领域中,赋予布鲁塞原理(le principe de Broussais)以普遍性意义。布鲁塞(François Joseph Victor Broussais,1772—1838)是法国医生,他在法国大革命期间以及拿破仑帝国时期,是最有名的外科医生,曾经被称作"医学皇帝"。1804 年,他加入拿破仑的军队,成为一名军医,军医的经历,使得他有机会观察大量的病例,并且他都尽可能用笔记记录下来。1815 年,布鲁塞被命名为教授,开始他在医学方面的教学,以及他

① Georges Canguilhem, *Etudes d' histoire et de philosophie des sciences concernant les vivants et la vie*, Paris: Vrin, 2015, p.79.

关于"生命"与"刺激"之间的关系的原创性思考,于 1816 年,发表了《一般医学理论与当代疾病分类学体系之检讨》(*Examen de la doctrine médicale généralement adoptée et des systèmes modernes de nosologie*)。在医学上,布鲁塞主张一切皆是发炎(tout est inflammation)。一切病理学现象,都可以用机体所接受的刺激与机体组织的发炎来加以解释。布鲁塞在思想史上的最大贡献,在于提出了布鲁塞原则。

什么是布鲁塞原理? 在 1828 年出版的《论刺激与疯狂》一书中,布鲁塞写道:"所有的疾病的形成,本质上都在于各种组织中处于既定的正常标准之下或者之上的刺激的过量或者不足。"[①]孔德将这条定理加以普遍化,他写道:"一切都可以凝缩为从布鲁塞的一句格言引申而来的一条普遍性原理:现实秩序的每一种变化,不管是人为的还是自然的,只和相应的现象的强度有关……"[②]在另一处,他表述为:"布鲁塞创立了这样一种原理,即疾病现象在本质上与健康现象是一致的,它们的区别仅仅在于强度的不同。"[③]在《实证哲学教程》第 40 讲"对生物学整体的哲学反思"中,他写道:"有一项原理将从此成为实证病理学普遍的、直接的基础。这一原理的提出者,就是我们天才的……布鲁塞。根据这一高度哲学化的原理,病态与常态并没有极端性的差异。因而,它的表现,不管在哪个方面,仅仅是把正常机体的每一种现象的变化极限,从上或从下做简单的延伸,但又不会引起一种真正全新的现象,即不会引起在某种程度上完全找不到其纯生理的相似物的现象。"[④]这意味着,每一个病理学概念,都应当建立在对于正常状态的了解的基础之上。病态和正常的区别,只是一种强度的区别或者数量的区别,从而有机体(个人、社会)在一定的条件下有可能从正常状态进入病态,但也有可能通过一定的技术手段从病态转入正常状态或者健康状态。康吉莱姆也批评孔德,指出他的观点太抽象了,但是他并没有拿出具体的例子来说明其观点。并且,也并没有提供一个标准,让我们得以认识或者定义正常

① 《正常与病态》,中文版,第 18 页;法文版,第 24 页。
② 《正常与病态》,中文版,第 19 页;法文版,第 24 页。
③ 《正常与病态》,中文版,第 20 页;法文版,第 25 页。
④ 《正常与病态》,中文版,第 21 页;法文版,第 27 页。

状态是什么。孔德的意图，在于否认活力论者所肯定的、在正常与病态之间所存在的性质的差异，而将其转化为量的差异，即将差异性转化为同一性。

接下来，康吉莱姆将带领我们直接去考察布鲁塞本人的著作。即他在《过敏与疯癫》(*De l'irritation et de la folie*)一书中所阐述的理论，因为这本书正是孔德最为熟悉的著作。

布鲁塞在生理兴奋(excitation)发现了最原始的生命事实(le fait vital primordial)。人的存在只能通过环境对其器官的所造成的兴奋来进行调节。兴奋分为两种：或者来自外在的物体或者来自大脑。生命体始终处在内在和外在的多种刺激的影响之下，从而形成各种刺激，使得生命体得以通过不断地与环境发生交互作用，从而让生命体在适应环境的同时，也能够在环境中更好地生存下来。将这样一种观点运用到病理学上，那么病理学就在于试图去发现"这种兴奋如何偏离了正常状态而创造出一种非正常的或者疾病的状态"[1]。这种偏离，要么是某种不足，要么是某种过剩，从而使得兴奋变为"过敏"(irritation)。因此，过敏与兴奋之间的区别，就只是程度的区别。布鲁塞认为，正常的(normal)与不正常(anormal)之间、生理的(physiologique)与病理的(pathologique)之间，只有程度的区别或者说只有量的区别。

然而，在康吉莱姆看来，布鲁塞虽然提出了这样的观点，但他的观点仍然是不够清晰和彻底的。他批评布鲁塞混淆了因果。而如果要彻底地捍卫正常与非正常、生理状态与病理状态之一致，必须满足以下要求："首先，必须把正常(normal)完全客观地定义为一种事实；其次，正常和病态之间的所有区别，必须可以用量化的语言(langage de la quantité)来表达，因为只有数量才能够同时考虑到同质性(homogénéité)和变化(variation)。"[2]在康吉莱姆看来，显然无论是孔德，还是布鲁塞，都未能满足这两个要求。

在布鲁塞看来，大部分疾病是由于第二种刺激，即过剩所引起的，因此在他个人的医学实践中，特别多地使用放血疗法(saignée)。实际上，布鲁

① 《正常与病态》，中文版，第24页；法文版，第30页。
② 《正常与病态》，中文版，第27页；法文版，第33页。

149

塞的理论很大程度上源于法国医生比沙（Xavier Bichat）和苏格兰医生布朗（John Brown，1735—1788），然而，布鲁塞对于这两位的理论及其真正意义，却缺乏真正的理解。因此，康吉莱姆带我们进一步考察这两位科学家的理论。

布朗是苏格兰医生，他的生机论思想对后世影响很大，特别是在 18 世纪末 19 世纪初的意大利和德国，产生了支配性的影响。在布朗看来，生命之所以能够持续生存，是借助于一种特殊的属性，他称之为"应激性"（incitabilité），使得生命能够接受刺激并作出反应。而疾病，就是这种应激性的一种量的变化，是过量或者过少的应激性。布朗认为"健康和疾病是一种状态，取决于同样的原因，即刺激，只是程度的变化不同；我还证明，造成这两者的，也是同一种力量，有时候以合适的力度发生作用，有时候，要么太强烈，要么太微弱；另外，医生唯一应该考虑的，是因刺激而产生的偏差，以便以合适的方法使其重新回到健康的程度上来"①，他强调对于身体的正常状态和病态都进行观察，从而使之量化。布朗的学生林奇（Samuel Lynch），建立了刺激程度的度量表，刻度从 0 到 80，将各类病症都纳入其中。这种理论，有着概念的内在连贯性。康吉莱姆指出，这种理论的关键就在于"从逻辑上说，对各种现象进行区别，是以量化的方式进行的"。② 也就是说，从逻辑上布朗的观点比布鲁塞的观点更彻底，因为如果正常与病态的同一性的假设能够成立，就必须将疾病现象的多样性转化为同一现象的不同数量。

康吉莱姆接下来考察另一位深刻地影响了布鲁塞的医生，法国的比沙（Xavier Bichat，1771—1802）。布鲁塞之所以做不到布朗那么彻底，就是因为受到了比沙的影响。比沙最重要的著作是《关于生命与死亡的生理学研究》（*Recherches physiologiques sur la vie et la mort*，1800），在这部著作中，他提出了一个非常有名的观点："生命，就是与死亡的斗争"（la vie，c'est la lutte contre la mort），"生命，就是抵抗死亡的诸种功能的集合"（la vie，c'est l'

---

① 《正常与病态》，中文版，第 28 页；法文版，第 34 页。
② 《正常与病态》，中文版，第 30 页；法文版，第 36 页。

ensemble des fonctions qui résiste à la mort）。比沙认为"不稳定性和不规则性是生命现象的基本特点,而那种把它们强行纳入某种呆板的测量体系中的东西,将它们的本性扭曲了"①。比沙特别指出,生理学和物理学在研究方法、研究对象两个方面,都是完全不同的甚至是互相对立的。因此,不同于物理对象,生理学的对象并不适应简单地用量化的方式加以描述。但比沙本人也有企图量化描述的倾向,他说"精确地分析活体的特征;并且表明,在最后一项分析中的所有生理现象,都与它们的自然状态中那些被我们考虑的属性相关,而且,所有的病态现象都源于它们的增加、减少或者改变……"②对此康吉莱姆特别指出:"放大和缩小是表示数量的概念,但改变是表示性质的概念。"③因此,将用来描述数量的词和用来描述性质的词不加区别地放在一起加以使用,正是布鲁塞、孔德等人理论之中所出现的含糊性的原因之一。正是受到比沙的影响,孔德对数学化的生物学坚决抵制,却没有认识到布鲁塞原则背后所要求的生理学和病理学一致、正常与病态的同质,最终在逻辑上要求对于一切状态的量化描述,而这种逻辑最终是与比沙的生机论不相容的。换言之,布鲁塞原则最终要求的是一切皆是量变,而生机论要求的是除了量变之外还存在着质变,二者是不能并存的。

第三节　贝尔纳与勒利希

对于康吉莱姆而言,贝尔纳占有特别重要的位置。康吉莱姆不仅十分熟悉贝尔纳的著作和思想,而且在康吉莱姆的各本著作和论文中,关于贝尔纳的部分总是占据有十分重要的位置。凡是涉及生命、医学、生理学等相关问题及其相关概念时,康吉莱姆几乎都要进行一番科学史的梳理,几乎总是会引述贝尔纳的观点。

在贝尔纳(Claude Bernard)的著作中,总是一再地谈论起正常与病态的同一性或者延续性,尽管并非他所处理的核心主题。贝尔纳把医学看成疾

① 《正常与病态》,中文版,第31页;法文版,第37页。
② 《正常与病态》,中文版,第32页;法文版,第38页。
③ 《正常与病态》,中文版,第32页;法文版,第38页。

病的科学,把生理学看成生命的科学。在二者之中,都是理论指导实践和照亮实践。理性化的治疗术只有借助一种科学的病理学才能够存在,而科学的病理学必须以生理科学为基础。他认为"常识告诉我们,如果我们完全熟悉某种生理现象,我们就能够解释在病态现象中它们容易受到的各种干扰:生理学和病理学是互相交叉的,并且在实质上是同一种东西"①。"每一种疾病都有一种对应的正常功能。其表现,仅仅是受到干扰,被放大、被减弱或者被消除。"②贝尔纳通过他对糖尿病的研究,批判了一种在当时仍然很有影响的一种观点,即"认为疾病是一种生理性以外的存在,被强加在了机体上"③。举了糖尿病为例,指出其症状(多尿、多饮、多食等)全都不是新现象,只是其强度超出了正常值。贝尔纳认为"健康和疾病并非两种本质上不同的模式。……不应该把它们当作是在争夺生命机体,把生命机体变成在同一个舞台竞争的两个原则和实体。……实际上,在这两种生存状态之间,只有程度的区别:正常现象的放大、不均衡或者不协调造成了疾病状态。没有任何病例显示疾病为一种新状态,一种对场面的彻底改变,一些新的、特别的产物"④。这样,贝尔纳在正常与病态之间建立起一种连续性,这种连续性的观点,还可以被运用到更普遍化的范围中。"两个对立的主体之间的斗争,生与死之间、健康与疾病之间,以及无生机的特征与充满生机的特征之间的对立,这样的观点已经过时了。现象的连续性,它们那不易察觉的渐变过程与和谐,在任何地方都应该得以承认。"⑤在贝尔纳看来,这种现象的连续性是自然界之中的普遍现象,甚至无机物与有机物之间,植物和动物之间,都有着某种连续性。从物理化学的角度来讲,无机物和生命体都遵循同样的物理化学规律。但是,这并不意味着生命体可以化约为物理化学的过程和变化,而是必须注意到,生命体的表现形式是特殊的,其运作机制也是独特的。因此,对于连续性的强调,并不

---

① 《正常与病态》,中文版,第37页;法文版,第43页。
② 《正常与病态》,中文版,第37页;法文版,第44页。
③ 《正常与病态》,中文版,第37页;法文版,第44页。
④ 《正常与病态》,中文版,第40页;法文版,第47页。
⑤ 《正常与病态》,中文版,第41页;法文版,第48页。

意味着忽视生命本身的特殊性和原创性。

贝尔纳不同于布鲁塞和孔德,他的生理学和病理学具有可操作的论证、实践操作和量化方法。不过,康吉莱姆也指出,在贝尔纳这里,定量和定性的概念是混在一起的。贝尔纳不加区分地使用两个术语,量变(variation quantitative)和程度差别(différence de degré)。这实质上涉及两个概念,同质性(homogénéité)和连续性(continuité),这两个概念有着不同的逻辑严格性。假设存在着状态 A 和状态 B,同质性的要求是:或者 B = A' 或者 A = B',或者 A = C',B = C,也就是说:或者 A 是 B 的变体,或者 B 是 A 的变体,或者 A,B 两种状态皆是第三个状态 C 的变体。连续性的要求是,在 A 与 B 之间,存在着若干中间状态,使得二者间的过渡成为可能。在康吉莱姆看来,如果要将正常与病态的同一性这一命题做彻底的发展,则无疑是需要达到同质性的要求。而在我们前面提到过的苏格兰医生布朗那里,实际上已经通过量化的方式,从逻辑上粗糙地满足了同质性的要求。然而,尽管贝尔纳不断地诉诸连续性,但他的连续性有时却是在同质性的意义上使用的。

在康吉莱姆看来,贝尔纳的理论和实践,正是 19 世纪的时代精神的体现,这种时代精神相信科学万能,相信技术应该以科学为基础、技术乃是科学的延伸。在生命领域,关于生命的技术(医学)就应当以关于生命的科学(生物学、生理学)为前提,并且随着科学的进步,技术也越来越进步,从而就有可能更好地治疗各种疾病以及更好地照料生命。贝尔纳认为,"生理学与病理学互相渗透,成为同一种东西。"[1]研究两种相反的东西的科学,为何可以视为同一呢? 因为"一种病态的症状,就其本身来说,表达的是某种功能的过度活跃"[2]。但是,为什么某些状态被视作病态? 康吉莱姆反驳说,有可能一个生命体的所有功能仍然与之前的状态保持连续,每一项功能都是正常的,但却不妨碍生命体通过各种器官的重新安排而形成新的行为。因此,疾病可以被视为一个事件(événement)[3]。"一个事件降临时的渐进

---

① 《正常与病态》,中文版,第 55 页;法文版,第 63 页。

② 《正常与病态》,中文版,第 55 页;法文版,第 64 页。

③ 《正常与病态》,中文版,第 55 页;法文版,第 63 页。

性,并不排斥事件本身的独创性。"①这样,把如其所是地去把握病态,就应该上升到生命体的有机体整体的层次上来加以考察,涉及人,就必须联系到人的个体意识来考察。"对人来说,生病,就是体验另一种生活。"（Etre malade c'est vraiment pour l'homme vivre d'une autre vie）②因此,康吉莱姆指出,"这一疾病观念的起源,应该在人类与整个环境发生关系的经验中去寻找。"③在这样一种思考中,就引出关于病理学的另一种理解,即"病态并不是生理状态在不同的量上的简单延伸,而是一种完全不同的东西"④。如果是这样,那么什么是正常,什么是病态,就不只是应该只考虑医生和生理学家的眼光,而有必要从病人,即生病的人本身来考察,从病患者的身体感受及其意识状态出发来加以考察,而这也是另一位法国医生勒利希所重视的。

勒利希（René Leriche,1879—1955）是法国医学、生理学家。他对于痛苦的问题有特别的研究,在第一次世界大战期间,他曾经施行了多次截肢手术,从而对病人遭受的痛苦有特别深切的感受,因此他也试图在其手术中尽可能地减少患者的痛苦。

在康吉莱姆看来,勒利希给我们带来了关于疾病的更切近的认识。勒利希写道:"健康,是在器官的沉默中的生命。"（La santé,c'est la vie dans le silence des organes）⑤在勒利希看来,健康状态是一种无意识状态。在其中,主体和自己的身体是同一的,主体不需要意识到他的身体及其器官。相反,当人处于疾病状态时,器官反而呈现出来。关于身体的意识,来自对健康的界限、威胁和障碍的感知。也就是说,正是身体出现这种那种障碍或者某些状况,才让人们去审视自己的身体,或者说医生来查看自己的身体,从而才使得身体被认识。这更多地代表着病人的看法,而不是医生的看法;更多的是意识（conscience）的观点,而不是科学（science）的观点。而如果要从一

---

① 《正常与病态》,中文版,第 55 页;法文版,第 64 页。
② 《正常与病态》,中文版,第 55 页;法文版,第 64 页。
③ 《正常与病态》,中文版,第 57 页;法文版,第 65 页。
④ 《正常与病态》,中文版,第 58 页;法文版,第 66 页。
⑤ 《正常与病态》,中文版,第 58 页;法文版,第 67 页。

般的医学科学的角度来认识疾病，就要做一种"非人化"（déshumaniser）的处理。"在疾病中，说到底最不重要的事情，就是人。"①因为使疾病成其为疾病的，并不是患者的痛苦，而是解剖学上的变异和生理学上的障碍，从而疾病主要存在于机体的组织层面。于是有可能出现这种情况：某人从未感觉到生病，因为遇到谋杀或者车祸而突然离世，尸检时发现他患有诸如肾癌这类的疾病。然而，在医学上，仍然将其认为是疾病。于是，"从未在这个人的意识中存在的这种疾病，开始出现在了医生的科学中"②。不过，康吉莱姆在这里强调，病人的观点应该先于医生的观点，意识的观点先于科学的观点，因为"在科学中出现的东西，没有什么不是首先在意识中出现"（nous pensons qu'il n'y a rien dans la science qui n'ait d'abord apparu dans la conscience）③。因为总的来说，先有病人，后有医生，病人感觉到身体的不适，然后找人帮他治疗，而不是相反。但如果仅仅从病人的意识、病人的观点出发，难免陷入主观性、片面性，因此勒利希自然也要强调从这种病人的意识上升到生理学的观察和分析，并试图寻找客观的生理学与主观的病人意识的一致性。因此，在勒利希这里，尽管他重新赋予病人的观点以特别的重要性，还是试图疾病和病人在生理学中的一致性，以及二者在具体的人的意识中的一致性。

受到贝尔纳的影响，勒利希也强调了生理状态和病态的连续性和不可分辨性。勒利希指出："一个人从一种状态到另一种状态，中间没有过渡，使得区分成为可能的，不是事物本身，而是其效果。在生理与病态之间，并没有临界点。"④也就是说，并不存在一条通过外在的、客观的测量手段可供发现的两种状态（正常的、病态的）之间的分界线。尽管人们可以根据效果而区分出来不同状态、不同阶段、不同相位的区分，但这种区分始终是关于效果的、是事后的，而且这些不同的状态之间也完全可以并且应该被视作性质的区分。正是疼痛将一些状态、一些阶段、一些相位从沉默中凸显出来，

---

① 《正常与病态》，中文版，第59页；法文版，第68页。
② 《正常与病态》，中文版，第59页；法文版，第68页。
③ 《正常与病态》，中文版，第60页；法文版，第68页。
④ 《正常与病态》，中文版，第62页；法文版，第71页。

出现在病人的意识之中,并最终成为医生和医学、病理学的对象。

在勒利希的著作和思想中,疼痛是一个重要的概念,他对此作出了十分深入和重要的研究。勒利希更新了与疼痛相关的本质和意义。疼痛并不是一种正常活动的变量,也并非对于外界的刺激的某种反应,"疼痛是一种畸形的个体现象,而不是类的法则,是一种疾病的事实"①。疼痛如同一场事故,突如其来地出现,完全扰乱和违反了人体所习以为常的正常的秩序,因此疼痛显示出原有的秩序遭到了破坏或者改变,代之以一种新的秩序,而这种新的秩序乃是生命体需要与之斗争的一种秩序,从而疼痛唤醒生命体内在的力量,试图与之斗争,从而再次建立起一种新的正常秩序或者健康状态。但值得注意的是,这种新的正常秩序或者健康状态,并不一定是对于原来的状态的一种回归,而是在生命体的新条件下建立起的一种新的状态、新的秩序、新的平衡、新的规范。

勒利希此时所理解的疾病,不再是生理现象或者正常现象的量变,而是本身就不正常的状态。"我们身上的疼痛—疾病,就像一场事故一样,与正常感觉的规则相遇……"②也就是说疼痛将疾病揭示给我们,提示出某人已经患病这一事实。因此,在勒利希这样考察疼痛和疾病时,显然不再是简单地将疾病视为正常状态的一种变量,而是视为一种与正常状态有着性质差异的"非正常"(anormal)状态。勒利希将病态视作一种质变,而不是量变,视作身体自身所发生的某种突然的质变。疾病在人体之中,并不是正常状态的派生物,而是与正常状态完全不同的另一种状态。

"身体的疼痛并不是以固定的速度沿着某种神经冲动这样一个简单问题。它是一个刺激物和整个个体之间的冲突的结果。"③康吉莱姆指出,通过"疼痛",勒利希使得我们得以离开抽象科学,来到具体意识的领地。生命体对疼痛的感觉有所感受并且因此而去关照自己的身体和生命,关照自己与环境的关系,对于生命体具有极为重要的意义。因此,疼痛具有一种"生命意义"(un sens vital)。

---

① 《正常与病态》,中文版,第62页;法文版,第71页。
② 《正常与病态》,中文版,第63页;法文版,第72页。
③ 《正常与病态》,中文版,第64页;法文版,第73页。

康吉莱姆进一步提出,尽管勒利希在理论上是孔德和贝尔纳的信徒,但实践使得勒利希获得了二人不同的观点。实证主义认为,认识是为了行动,理论指导实践,因此我们可以从实验生理学过渡到医学技术。"勒利希则认为,事实上,我们更多的是,并且也应该,从病态所引发的医学和临床技术来获得生理学知识。生理学知识,是通过对临床治疗经验的回顾性总结得到的。"①从这个意义上来讲,勒利希的观点实际上构成了对实证主义的颠覆:是问题、疾病、疼痛,呼唤人们采用一定的技术和实践来应对,技术和实践引出科学的发现和发展。只有通过研究缺陷、研究病态,我们才能去认识正常的生命。因此,勒利希认为"生理学是病人通过其疾病提出来的问题的解决方案的总和。在每时每刻,我们身上都有很多生理学无法告诉我们的生理上的可能性。而必须通过疾病,它们才暴露给我们"。

第四节　哲学反思:生命的极性与规范性

在进行了一番科学史的梳理之后,康吉莱姆开始了哲学的考察。他指出,上述的几种理论,既是科学的、医学的理论,又是哲学的、文化的理论。前面所检讨的、由孔德、贝尔纳、莱利希等人倡导的理论,——虽然三人各自的主张皆有所不同,但总体说来,都认同正常与病态的某种一致性——与19 世纪流行的几个形而上学命题有着密切的关联。

第一,这种理论关联到一种理性主义的乐观主义。这种乐观主义在于坚持一种一元论,这是 19 世纪医学的特征,一切都是某种正面数值的体现,这个数值可以变化,可以增大或减少,在一定的区间、一定的标准下,体现为正常,而超出这个区间和标准,就转化为病态,并且也往往或明或暗地呈现出各种症状;绝对意义上的邪恶是不存在的,因为所谓的恶不过是善的过多或者过少。与之相比,在此之前的更为传统的医学理论,则是二元论的医学,即健康和病态,如同善与恶、光明与黑暗一样在身体内作斗争。

第二个与之相关联的信念在于,对于人对于环境以及对于人自身的行

---

① 《正常与病态》,中文版,第66 页;法文版,第75 页。

动的信任,通过人对环境及人自身的认识,这种行动变得完全透明,只要将预先建立在科学的基础之上。也就是说,人自身以及人所居于其中的环境,对于人的理性而言最终是透明,人可以认识一切。因此,通过科学的发展,我们可以获得一种关于人体的生理活动的越来越完备的知识,即生理学;而基于生理学,我们可以建立起一种关于人体的病态的活动和功能的科学,即病理学。基于生理学和病理学,我们可以形成一种有效的医学科学,即一种治疗人体的各种疾病的科学。

第三个重要的命题,在于将科学理解为一种决定论。正是贝尔纳,第一个在法国使用这个术语,他明确地主张"科学拒绝非决定论"①。这种决定论的思想,其源头可以上溯至拉普拉斯。尽管拉普拉斯并没有使用决定论这个术语,但却实质上可以视为决定论的精神之处。而作为决定论,上述这些理论所强调的生理学和病理学的同一性,就必然要求将质量化约为数量,也就是服从物理科学精神的要求。

但是,19 世纪医学的这些信条,并不是不可置疑的。早在 1821 年,一位叫布鲁士(Victor Prus)的医生,就论述了这样的观点:生理学无法独立地构成医学的基础。"生理学远不是病理学的基础,相反,它只能产生于病理学。"②

在康吉莱姆看来,将病态视作正常状态的一种变量,这种观点是站不住脚的。在他看来,或者将正常状态视作具有某种生物学意义上的价值,但必须注意的是,这种价值并不能通过量变的方式(量的增加和减少)变成病态;或者,被理解为正常状态或者生理状态的东西,并不具有生物学价值,而只是一种数量的简单总结或者统计。也就是说,正常和病态,生理学和病理学,二者之间其实是有着质的差异,不可以化约为量的差异。但问题是,为什么在生物学、医学中,会区分出这两种状态?对于这个问题,康吉莱姆将在第二部分作进一步的讨论。

如果说,在《正常与病态》一书的第一部分,主要处理的是病态与正常

---

① 《正常与病态》,中文版,第 72 页;法文版,第 84 页。
② 《正常与病态》,中文版,第 71 页;法文版,第 82 页。

二者间的一致性这一命题，更多侧重于对病态的考察，并且主要是在医学史的范围内进行研究；那么在第二部分，则更多地考察正常（normal）的概念以及相关的规范（norme）概念，更多地引入哲学的反思。

首先要提到当代心理学的发展，心理学的许多理论，对正常和病态及其相关关系提出了新的思考。康吉莱姆列举了法国三位心理学家的观点，分别是布朗德尔（Charles Blondel, 1876—1939）、拉加什（Daniel Lagache, 1903—1972）和闵科夫斯基（Eugene Minkowski, 1885—1972）。

布朗德尔是列维—布留尔的学生，在成为索邦的心理学教授之前，曾在斯特拉斯堡大学工作过18年，勒维纳斯、布朗肖就曾经听过他的课，并和当时同在该校任教的年鉴学派历史学家列费伏尔（Lucien Lefebvre）关系颇为亲近。他曾经在1906年获得医学博士，在1919年获得文学博士，是最早研究"集体心理学"的学者之一，1932年他出版了一本《普鲁斯特的心理学》（*La psychographie de Marcel Proust*），让他在学术界之外也获得了很大的影响。在1928年出版的《病态意识》（*Conscience morbide*）一书即是他的文学博士论文，在这本书中，作者指出，病人的意识无论对于他人还是对于病人自己，都是难以理解的，医生通过病人的陈述所了解到的，只是病人用日常语言对其自身经验的一种诠释。因此，布朗德尔的这样一种观点，在康吉莱姆看来是悲观主义的。

拉加什是康吉莱姆在巴黎高师时的同学，并且和康吉莱姆一样有着医学和哲学的双重背景，在二战后成为法国重要的心理学家。他对精神分析学说在法国的传播起到了重要的作用，1947年即成为索邦的心理学教授，成为第一位在索邦获得教职的精神分析学家。拉加什和雅斯贝尔斯一样，区分无法理解的精神病和可以理解的精神病。后一种精神病，是可以从正常意识出发加以理解和解释的。然而，还存在另一类精神病及其症状，是无法在正常意识之中找到与之对应或者与之相反的对应物的，是完全与之异质的。

闵科夫斯基出生在俄国的圣彼得堡的一个波兰裔家庭，后来在德国学习医学和哲学。1915年，作为志愿者为法国军队服务，使得他得以在1918年获得法国国籍。他对于精神病学的研究，深受柏格森哲学的影响，他在

1926 年提交的博士论文题目是《生命与现实的接触的丧失概念及其在心理学的应用》(*La notion de perte de contact vital avec la réalité et ses applications en psychopathologie*),题目本身就明显地带有柏格森哲学的烙印。在柏格森看来,正常人总是保持一种生命注意力(attention à la vie),从而在生命与现实之间、在生命体与环境之间实现一种较好的平衡。而一旦这种平衡没有得到好的保持,一个人或者活在自己的世界之中,不管不顾外部世界的变化,于是在外人看来似乎常常处在漫不经心的状态,情节严重时,就会如同梦游;或者只会对外界的变化和刺激作出机械反应,当这些情况不太严重时,这个人就会显现动作笨拙、机械,因此很容易受到周围的人对他的嘲笑,而这正是喜剧的来源之一①。闵科夫斯基也深受马克斯·舍勒的影响。在闵科夫斯基看来,精神分裂症的根源,就在于生命与现实之接触的丧失(la perte du contact avec la réalité)。这种丧失并不是感知能力的丧失,而是主体与他人或者主体与世界的关系的丧失。因此,在精神病人这里,标示着主体与世界之关系的时间空间的结构也发生了扭曲。康吉莱姆指出,闵科夫斯基通过"非正常"概念,揭示出一种生命本身可能的独特的生存方式,一种"出格"(sorti du cadre)。因此,"异化"(aliénation)是一种比疾病更广泛的概念,心理和精神方面的异化和非正常也比身体疾病更能够揭示出生命本身。

在康吉莱姆看来,闵科夫斯基的观点显然是太过激进了,他更认同勒利希的观点:"健康是生命处在器官的沉默中"。与之类似的,只有通过对正常的违反,才能揭示出生物学中的正常;只有通过对疾病的研究,才有可能揭示出正常的、健康的生命。尽管上述几位心理学家给出了关于正常和病态的全新理解,但是在康吉莱姆看来,只要把这些心理学家的表述中的心理学等词换成生理学等,就也可以适用于关于身体疾病的描述。因此问题仍然在于,医生所奉行的医学理论,尽管不断地使用正常、病态等术语,但并没有真正地搞清楚这些术语的含义。之所以会这样,很大程度上是因为从事实践的医生们,首先考虑的并不是抽象的定义,而是根据病人的先前状态,

---

① 参见柏格森的著作《笑》。

或者根据社会中的一般状况以及自己的经验，来考察病人的病情以及病人是否可能以及如何可能恢复到正常状态。

实际上，什么是病态，什么是健康，是很难定义的。很多时候，"正常……是一种价值判断"①。而雅斯贝尔斯则指出，是患者的意义和社会环境中的观点，而不是医生的观点，决定了什么是疾病。然而，对于医生来说，规范（norme）、正常（normal）的概念是必不可少的，因为医学本身，就意味着将偏离正轨的生命体或者生命体的某一功能引领到正常的、健康的状态之中。康吉莱姆指出，医生通常从三个标准来理解什么是规范（norme）：（1）生理学知识；（2）对组织功能的具体认知；（3）某一时期在某一社会环境中对规范的共同认知。在这三个标准中，生理学作为无数器官和神经功能相关的常数的汇集，显然最具有科学性。这些常数，一方面具有统计学上的平均数的意义，另一方面是通过各种可操作、可观察的实验操作的结果。然而，这些常数在医学实践中作为极为重要的参数，具有规范意义和指示意义，可以用来衡量和区分正常和病态。然而，这些常数本身，却是统计学的结果，而统计学结果严格来说只是描述性的，描述性的量如何成为规范性的量？平均数如何变成标准线？也就是说，实然如何变成应然？这就说明，什么是正常？把什么当作正常？为什么需要正常或者说规范？这个问题固然是医学科学本身所蕴含的重要理论问题，实际上也与生命哲学本身的核心问题相关。

为了回答这些问题，康吉莱姆接下来引入词源学的考察。他指出，正常（normalis，源自 norma，尺子）：正常，意味着一切都处在最恰当的位置；由此引出两层意义：正常，即事物就是本该如此那样、正常，就是某个确定的种类，在绝大多数的场合里都出现的样子，或者平均的东西。实际上，这个词既指某种事实，又指关于事实的某种价值。在医学中，正常状态，不仅指器官的习惯性状态，还指其理想状态，因为重建这种习惯性的状态，是治疗的常规目标。

医学是生命之术，因此医学中，人体的正常状态是人们想要重建的状

---

① 《正常与病态》，中文版，第 81 页；法文版，第 95 页。

态。但这种正常,是治疗者即医生所认为的正常,还是患者即病人认为的正常?康吉莱姆指出,更应该关注的是后者。因为一个人认为自己是病态的,反映出这样的一个基本事实:即生命对于使其成为可能的环境并不是无动于衷的,生命是被极性化的(polarité)。生命是一种规范化活动(la vie est en fait une activité normative)①。

"规范化(normatif),从哲学上看,指每一个判断都以某种规范来评估或者描述某种事实,但是,这种判断归根究底是建立各种规范(des normes)的判断。就规范化一词的完整意义而言,规范化就是那建立规范的东西(normatif est ce qui institute des normes)。正是在这个意义上,我们主张要谈及一种生物学规范性(normativité biologique)。"②生物学规范性和生命的极性,其实是一回事。对于生命体而言,生命的极性就表现出生命的不同状态,表现出健康的、安全的状态与病理、危险的状态。治疗就是生命体由后一种状态返回到前一种状态。对于生命体而言,对治疗的需要是一种重要的需求,生命体往往能够自我治愈或者自我恢复。生命体本身就能够自己为自己建立一些规范,而正是这些规范使得正常(健康)与病态之区分得以可能。但是,值得注意的是,这些规范并不是一成不变的,而是随着生命体与周边环境的不断对话,而使得这些规范处在不断的变动中,而每一次变动,都正是生命体本身从其自身的生命力出发而建立起来的。而在这个变动的过程中,某些生命个体由于不能做出相应的调整,从而当环境发生变化时,仍然只能守着旧的规范,这时这个个体就不再能够适应环境,于是就有可能呈现为病态。

比沙(Bichat)对于生命的极性有所注意,指出这是生命不同于无机物、天体的特殊性。他注意到:"在生命现象中,有两种东西:健康状态、疾病状态,以及由二者引发的两种不同的科学:生理学,考察的是第一种状态中的现象;病理学,考察第二种状态……生命力量既有其自然形式的现象史,同时也将我们引向被改变了的生命形式的现象史。现在,在关于物体的学科

---

① 《正常与病态》,中文版,第86页;法文版,第102页。
② 《正常与病态》,中文版,第86页;法文版,第103页。

中,只有第一种历史,永远没有第二种。生理学对于生命体的意义,就像天文学、力学、水力学、流体静力学等对无生命的物体的意义一样。然而,就与生命体对应的还有病理学这一状况来说,却根本不存在与无生命的物体相对应的同类科学。同样,治疗的观念,对物体科学来说是难以接受的……"①康吉莱姆指出,对于无机物,只有物理学、化学,不存在正常与病态的两极性;而对于生命体,则有关于正常状态的生理学和关于病态的病理学,这反映出生命的极性。

生命是有极性的,有正常的生命,也有病态的生命。于是,既有健康的、生物学的标准,也有病态的标准,两种标准并不尽同。生命是信息和同化活动,它是一切技术活动的基础。如果生命与其环境无关,如果生命不是一种面对环境发生分化活动,那么没有任何生命体能够发展出治疗技术。生命与环境是相关的,生命面对环境的变化,生命本身可以发生分化和转变。

由上述思考,康吉莱姆初步得出以下结论:是生命本身,而不是医学判断,使生物学上的规范成了一个价值概念,而不是一个对现实的统计学概念。对医生来说,生命不是一个对象,而是一种极化的活动。生命本身就自发地带有一种力量,来面对和抵抗疾病、死亡、危险等负面价值,而医学通过引入技术和科学,则使得这种抵抗的力量得到了扩展。不过康吉莱姆并没有就此停止他的探索和思考。那初步得出了关于正常(规范)的概念之后,他要进一步思考,什么是非正常(anormal)和病态。非正常、病态,完全是负面的,还是也有着肯定性的一面,或者是另一种生命、另一种规范?

康吉莱姆还对两个意义相近的法语词进行了考察。即名词 anomalie(异常)与形容词 anormal(不正常)。二者有不同的词源和意义,是两个并无亲缘关系的词。名词 anomalie 来自希腊语 anomalia,是对 omalos(平等、平滑)的否定。Anormal 来自拉丁词 norma,norma 常常用来翻译希腊语的 nomos,有法则、规则等含义。因此,anomalie 指的是某种事实,是描述性的;而 anormal 指向的是某种价值,是评价性的、规范性的。然而,在不同的科学家那里,这两个词的用法却被混淆了,而且值得注意的是,这两个词被许多

① 《正常与病态》,中文版,第 87 页;法文版,第 103 页。

生物学家和医学家广泛使用。与之相关的还有一个概念,畸形(monstruosité)。异位、异常、畸形,当其并不妨碍机体的正常运行,即不妨碍机体的动态极性(polarité dynamique de la vie)时,这些异常可以被忍受,可以不被视为病态,从而不需要医学技术的介入。例如,有的人生下来就有 6 个手指,或者失明、失聪、哑巴等,这些虽然可以认为相对于普通人,其生活会增加一些障碍,但并非不可忍受。

康吉莱姆认为,通过畸形、异位、异常等现象,引得我们去思考关于生命机体的可变性问题。例如,物种是可以发生突变的。如果某些突变,在物种平常适应的环境之中,似乎是劣势。但如果环境改变,这种劣势就变成了优势。

异常不一定是病态。"病态意味着痛苦(pathos),一种苦难和无能的直接而具体的感受,一种生命出了问题的感觉。"①疾病是一种状态,为了能够继续生命,就必须与疾病状态作斗争,从而使生命得以延续。从而从生命本真的意义上来说,生命并不永远都是健康的,而是总是包含着疾病这一事实。健康可以从两种意义上来理解,一个是绝对意义,定义了生命体的理想状态;另一个是描述意义或者相对意义,定义的是生命体相对于各种可能疾病的反应。相对于健康,病态总是可以视作某种异常。但是,异常和疾病毕竟是两个概念,应当区分开来。

康吉莱姆指出,关于异常和病态及其区分的思考,使得他得出这样一个结论:在任何假定的环境中,只有当一种生物是生命所找到的形态学和功能性解决方案,用来作为对环境的要求的回应时,这种生物才能说是规范的。也就是说,只有从生命体和环境(milieu)及其相互关系共同来看,才能确定对于某个生命体或者某个生物物种而言,这种或者那种生命形式是否是规范性的。突变或者异常有时被视为病态,但这种病态,并非生物学标准的缺席;而是被生命相对排斥的另一种标准。如果这种突变或者异常,能够适应环境,甚至能够比以往的正常形态更能够适应环境或者能够适应更多的环境或者更好的环境,那么这种突变或者异常就不是病程,而是一种正常。病

---

① 《正常与病态》,中文版,第 96 页;法文版,第 113 页。

态或者非正常并不在于标准的缺乏。疾病仍然是一种生命的标准,然而,它是一种低级的标准:得了病的生物,在一定的生存环境中可以被正常化,它失去了使自身继续标准化的能力,也就是在别的环境下建立起标准的能力。因此,正是生命自身的规范性(normativité),产生了使得生命的正常和病态得以区分的正常性(normalité)。生命本身,就是不断地创造,而这种创造就在于生命本身不断创造出新的规范,从而不断地突破自己、超越自己。正如法国学者沃姆斯(F.Worms)所注意到的,在康吉莱姆这里,规范性和正常性是两个重要的概念,既相互关联,又有所区别。他写道:"必须将规范性和正常性对立起来,前者是一个主动的、区分的、内在的概念,而后者则是一个外在的、单一的、抽象的概念。"①规范性来自生命本身的动态极性。"如果存在着一些生物学规范(normes biologiques),正是因为生命,不仅仅屈从于环境,而且建造属于自己的环境,从而不仅仅是在环境中而且在生命机体之中制定一些价值。这就是我们所说的生物学规范性(normativité biologique)"②。我们可以将正常性理解为一些固定的、静态的规范,是已经生成的,从而描述着生命体与环境之间的某种特定关系。而规范性则是动态的,始终处在生成与变动中,并且不断地产生着新的正常性。

为了更全面地梳理和分析规范概念,康吉莱姆还讨论了规范概念与平均(moyenne)概念之关系。因为人们常常将一些平均值视作正常值,因此就有必要考察生物学中统计学研究的意义和范围问题。康吉莱姆指出,必须将规范和平均视作两个不同的概念。要寻求客观的定义正常,还是得回溯到生命本身的规范性。康吉莱姆指出,比沙有句用来形容动物的表述,实际上更应该用来形容人。比沙写道,人是"世界的居住者"(habitant du monde),人类不仅可以适应地球上几乎所有的气候环境和地质条件,而且人类还可以通过技术来改造其所生存的环境。在康吉莱姆看来,尽管动物没有人类这样的改造环境的能力,但是"动物的环境也是动物有选择性逃避或施加某种影响的成果"。因此,套用赖宁格的说法,来谈论生物的世界

---

① Frédéric Worms, *La philosophie en France au XX siècle*: *Moments*, Paris, Gallimard, 2009, p.361.
② 《正常与病态》,中文版,第175页;法文版,第203页。

和人的世界:"我们的世界图象,总是一张价值图表。"(Unser Weltbild ist immer zugleich ein Wertbild)①

接下来,康吉莱姆试图从个体角度入手,更深入地剖析规范性问题。因为既然规范性需要从生命体与环境之关系入手,生命体总是个别的,因此需要从作为个体的生命体入手。于是他就引入了戈尔德斯坦(Kurt Goldstein, 1878—1965)的观点。戈尔德斯坦是德国著名的心理学家,他在1934年发表的《有机体的结构》(*Der Aufbau des Organismus*)一书,对二战后的法国哲学有着重要的影响。梅洛-庞蒂在其《行为的结构》、《知觉现象学》等著作中,多次引用他的观点。

康吉莱姆指出,在戈尔德斯坦那里,为了定义一个机体的正常状态,我们必须考虑优先性行为;为了理解疾病,必须考虑灾难性反应。通过优先性行为,在机体所能够产生的全部反应中,只有一部分被当做优先的而得以使用。这种以一系列优先性反应为特征的生命模式,是这样一种生命模式,即在其中,生物对环境的要求做了最好的反应,并与之和谐共处;它包含了最好的秩序、稳定性,以及最少的犹豫、混乱和灾难反应。生理常数(脉搏、血压、体温等)表现了一个特定环境中个体生物机体行为有序的稳定性。

"病态现象是这一事实的表现,即机体和环境的正常关系,经过机体的改变而被改变了。同时,很多对于正常的机体而言正常的东西,对于机体发生了改变的机体来说,就不再正常了。疾病造成了震动,并把生命置于危险中。因而,一个关于疾病的定义,就要求以一个关于个体存在的概念为出发点。当机体以这样的方式被改变,即在其合适的环境中,它遭遇到了灾难性反应,此时,疾病就出现了。"②这样,戈尔德斯坦就形成了一种与孔德和贝尔纳大不相同的关于疾病的观念。"疾病是生物身上的一种积极的、创造性的经验,而不仅仅是一种某种量的减少或者增加的现象。病态的内容,除了形式的不同,是不可以从健康的内容中推导出来的。疾病,并非健康维度上的变化;它是一种新的生命维度。"③康吉莱姆还引用了神经胶质瘤疾病

---

① 《正常与病态》,中文版,第132页;法文版,第154页。
② 《正常与病态》,中文版,第136页;法文版,第159页。
③ 《正常与病态》,中文版,第137页;法文版,第160页。

的例子,来支持戈尔德斯坦的观点:"疾病不仅仅是某种生理秩序的消失,还是某种新的生命秩序的出现。"①

戈尔德斯坦关于疾病提出了一种新的理解,关于治疗他也不缺乏新颖的观点:"保持健康意味着能够做出有秩序的行为。……然而,新的健康状态与原来的不同。……治疗,尽管有缺点,总伴随着某种本质的丧失,以及某种秩序的重现。与之相对应的,是一个新的正常的个体。"②也就是说,治疗并不是简单地返回到生病前的正常状态,而是建立起一种新的正常状态,尽管表面看来,也许这种新的正常状态是回归到以前的正常状态。康吉莱姆深刻地指出,戈尔德斯坦这一观点,实际上是对一基本的生物事实的确认,即"生命是不可逆的"。如果说,物理现象、化学现象,有许多是可重复的,甚至是可逆的。那么生物现象、生命现象,则是不可重复的,不可逆的。时间不同于空间,在于时光无法倒流,生命亦是如此。

通过以上的思考,康吉莱姆概括出一个关于健康的定义或者说描述:

(1)健康意味着不仅仅要保持某种假定的环境下的正常,而且在各种可能的环境中都要成为规范。健康的特点在于超越标准的可能性,容忍违反习惯性标准的行为并在新的环境中建立新标准的可能性。

(2)健康是对环境的变化无常保持较高的容忍度。活着的动物并不是生活在规律中,而是生活在改变这些规律的动物和事件中。支撑着鸟儿的,是树枝,而不是力学规律。对于生物来说,生命不是一种毫无变化的推演,一种直线运动,它是与环境的一场辩论或者争吵。

(3)健康是安全和保障的总体,在当前感到安全,对未来感到有保障。健康是对反应的可能性进行调节的方向盘。保持健康状态意味着能够生病和能够康复。这是一种生物学意义上的奢侈。生病就是对环境的变化无常的容忍度的缩减。

(4)对人来说,健康是一种在生活中有保障的感觉,而这里的生活没有为自己确定任何限制。健康是一种面对存在的方式,因为它感觉自己不仅

---

① 《正常与病态》,中文版,第144页;法文版,第168页。
② 《正常与病态》,中文版,第144—145页;法文版,第168页。

仅是占有者和忍受者,而且,如果有必要的话,还是价值的创造者和生命规范的建立者。这种诱惑仍然通过运动员的形象来影响着我们的头脑。

在哲学上,这一问题还可以继续讨论:生命最根本的倾向,是保存还是扩张?有一些哲学家,将生命视为自我保存,如叔本华;另外,也有一些哲学家,如尼采、柏格森,将生命视为自我扩张。康吉莱姆指出,医学经验能够带给我们关于这个问题的有益启示。在戈尔德斯坦看来,追求生命的保存和延续,这其实主要是一种病人的意识和心理。这种保存本能,并不是一般意义的生命的规律,而是一种缩减的生命的意识。"健康的人,并不在问题面前退缩,而是重新衡量其能力,从而战胜危机,从而建立一种新的秩序。"①

在康吉莱姆看来,处在良好健康的人,会感受到自己比正常人还要更优秀一些,能够适应新的生命规范。然而,生命通常只是表现为正常。"但是这种正常性的代价是对于一切可能的规范性的放弃。"(Mais cette normalité est payée du renoncement à toute normativité éventuelle)②康吉莱姆认为,我们不应该只是从肉身来看待人,而是应该同时考虑到人的工具,因为工具是人的器官的延伸或者扩展,是人的人工器官,可以视为广义上的人的身体。在这个意义上,人的身体只是"一切手段的手段",即"一切可能行动的手段的手段"(le moyen de tous les moyens d'actions possibles)。例如,近视眼、老花眼,本来都是某种异常,但是借助于眼镜,视力又似乎恢复到了正常,而眼镜一定程度上就成为人体不可缺少的一部分。

最后,康吉莱姆重新考察了生理学与病理学之间的关系,他指出应该把生理学定义为研究健康的条件的科学。生理学定义为研究稳定的生命形态的科学。康吉莱姆指出,生命在其最初形态,有两种类型:一是在常数中得到了稳定,而且有可能超越这种稳定态,进入到新的稳定态,即能够适应多种常数、多种环境的生命。二是以常数的形式稳定下来,却只限于某一形式。前者是健康的,后者是病态的。就生理学和病理学的关系而言。康吉莱姆指出,正是对疾病的考察以及治疗活动,才促进了病理学的发展,从而

① 《正常与病态》,中文版,第149页;法文版,第174页。
② 《正常与病态》,中文版,第159页;法文版,第175页。

促进了生理学的发展。"在生物学中,是感受(pathos)调节着逻辑(logos)。引发了对正常的理论兴趣的,是非正常。对标准的认可,是在它们被破坏的时候。功能只有在失败的时候才会暴露出来。生命只有通过失调、受挫和痛苦才能够进入意识层面和关于它的科学。"①把生理学和病理学区分开来的,并非物理—化学的客观事实,而是一种生物学价值。这正好说明了生命是有极性的,是有着不同状态的区别的。"不能够承认生命在不同的状态之间有所区别,就意味着谴责自己甚至不会区分食物和排泄物。"②正是生命本身的动态极性,导致了正常和病态的区分。

---

① 《正常与病态》,中文版,第157页;法文版,第183页。
② 《正常与病态》,中文版,第168页;法文版,第194页。

第 六 章
生命的认识

第一节 引 论

1965 年,康吉莱姆发表了《生命的认识》(*La connaissance de la vie*)一书,这是一部文集,收录了他的多篇论文,从多个方面体现了康吉莱姆关于生物学、生命科学、科学哲学和生命哲学本身的研究成果。正如作者在第一版序所说的,这部著作尽管收录了不同时期所写作的论文和讲座稿,但其中却有着一以贯之的思想,汇集在一起具有一定程度的统一性。全书包括一个简短的导论"思想与生命体"(la pensée et le vivant);接下来的主体部分包括四个部分,第一部分的主题是"方法",收录了一篇题目为"在动物生物学中的实验";第二部分是"历史",收录了一篇"细胞理论"的论文;第三部分是"哲学",包括 5 篇论文:"生机论的多重面向"、"机器与有机体"、"生命体与环境"、"正常与病态"、"畸形与畸态"。此外附录收录了 3 篇笔记,主要涉及生物学史和哲学史的一些材料。实际上,康吉莱姆想要发展出一种关于生物学(biologie)的哲学,一定程度上,我们可以将他自己的哲学称为一种生物学哲学(philosophie biologique)。

在导论中,康吉莱姆提出,西方哲学史中,往往将思想(认识、概念)和生命对立起来,从而导致两种倾向,或者重视具有普遍性的认识而忽视生命,或者将生命概念化——例如将生命视为物质的派生品或者精神的外化对象——或者重视具有原初性、直接性的生命而将轻视认识,例如 19 世纪的一些持浪漫主义倾向的思想家。然而,在康吉莱姆看来,二者不应该对立起来,"在人之中,冲突不是处于思想与生命,而是在人的生命意识之中的人与世界的对立"①。对于康吉莱姆而言,思想(la pensée)和认识(la connaissance)是有所区别的。思想使得人可以与世界拉开一段距离,从而去考察、打量、反思世界之中的各个存在者,尤其是构成人的行动的障碍的物体。而认识就在于通过把未知转化为已知,从而将障碍最大可能地缩减,形成一种具有确定性的认知。"因此,认识就是一种普遍性的方法,使得存在于人与环境之间的紧张关系得以通过直接或者间接的方式得以解决。"②因此,认识就是在人与环境之间建立起一种联系、一种平衡,从而将一个未知的世界转化为已知,将陌生的、充满危险的世界转化为熟悉的、安全的世界。因此,"认识并不摧毁生命,而只是对生命经验加以转化"③,通过对比、联想、抽象等方法,将陌生的对象补充到已有的知识之中。思想、认识活动,本身就内在于生命活动之中。在康吉莱姆看来,通过认识与生命的关系的考察,可以揭示出人类认识与普遍意义上的生命组织之间的关系。"生命是形式的形成,认识则是对于带有形式的物质的分析。"(La vie est formation de formes,la connaissance est analyse des matières informées)④因为认识只是分析,分析最多只能把握外在的形式,而不足以把握形成(formation)。然而,生命总是表现为一个又一个的个体,每个个体都有着不同的形成,其形成是无法通过分析的方式来把握,无法被"分割"(division),而只能在一种整体式的观看(vision)之中被把握。"生命体的形式是一些总体,其意义就在于这样一种倾向,伴随这些生命体与其环境的遭遇,这些生命体都将如其所是地实现自身,这些生命体的形式只能在一种观看被把握,而不可能在一种分割中被把握。"(Les formes vivantes étant des totalités dont le sens réside dans leur tendance à se réaliser comme telles au cours de leur confrontation avec leur milieu,elles peuvent être saisies dans une vision,jamais dans une division)⑤这样的表述,似乎是在重复柏格森的说法,即通过理智无法认识生命,只有通

---

① Georges Canguilhem,*La connaissance de la vie*,Paris:Vrin,2009,p.12.
② Georges Canguilhem,*La connaissance de la vie*,Paris:Vrin,2009,p.12.
③ Georges Canguilhem,*La connaissance de la vie*,Paris:Vrin,2009,p.12.
④ Georges Canguilhem,*La connaissance de la vie*,Paris:Vrin,2009,p.14.
⑤ Georges Canguilhem,*La connaissance de la vie*,Paris:Vrin,2009,p.14.

过直观或者绵延之思才有可能把握生命。对于柏格森和康吉莱姆而言,认识活动都主要是一种分析、一种抽象、一种普遍化的操作,从而几乎不可避免地会导向某种机械论,即将生命体视为机器。但他们两人都认识到,这样一种认识是无法避免的,就是生命本身所包含着的一种倾向,而且生命在展开自身之际,也需要这样一种抽象化、平面化、空间化的操作,才有可能更顺利地适应环境。所以康吉莱姆赞赏柏格森,他写道:"柏格森哲学的价值,就在于理解到了有机体与机械论之间的确切关系,从而是一种关于机械论的生物学哲学,他把机器处理为生命的器官,奠定了一种普遍的器官学(organologie)的基础。"①生命本身就已经包含着某种认识活动,在最初级的微生物那里,也有着最简单、最原始的刺激—反应活动,而这种活动已经是一种信息接收—处理的活动,从而也就已经是某种最低级的认识。用康吉莱姆的话来说,一切生命体,都能够并且都必须进行"信息"(information)、"同化"(assimilation)活动,并通过这些活动与外部环境发生信息和物质的交换,从而并不只是被动地适应自然,而是生命体本身也参与到环境之中,并通过自身的信息能力和同化能力,不断地改造环境,使之更适宜其生存。从这个意义上来说,生命的"认识",就是生命本身在与环境的互动过程之中,就是生命本身的动态极性(polarité dynamique de la vie)展开的过程,在生与死、正常与病态、安全与危险的摇摆和过渡之中,不断地建立新的"规范"(norme),即建立起属于该生命体的"生物学规范性"(normativité biologique)。当然,只有在人类这里,这种生命的认识,才最终上升为普遍性的、概念化的知识。如何理解这些认识,如何理解生命,就需要联系到这种与生命相关的概念来理解,联系到生物学以及生物学史来理解。

第二节　生机论的种种面向

在生物学和生命科学的历史中,生机论是一种重要的理论主张。生机

---

① Georges Canguilhem, *Oeuvres complètes*, *tome IV*, *Résistance*, *philosophie biologique et histoire des sciences*, *1940-1965*, Paris：Vrin, 2015, p.319.

论有别于"有灵论"（animisme）和"机械论"。在古代希腊时期，流行的是从一种有灵论的角度来理解生命。例如，在亚里士多德那里，将生命理解为有灵魂的事物，并且区分出三种灵魂，即植物灵魂、动物灵魂和理性灵魂。机械论则应当溯源至笛卡尔，他在《论人》中提出了"动物是机器"的观点。如果说有灵论倾向于从唯心主义的角度将生命理解为精神、心灵，那么机械论则从唯物主义的角度，将生命化约为物质或者物质的运动。从笛卡尔开始，越来越多的学者倾向于从机械论的角度来理解生命，但也导致了各种严重的理论难题，其中难题之一就在于，为什么生命体只是一台机器，那么是谁来制造或者生产这台机器？似乎必然假设一个造物主，作为整个自然或者整个宇宙的机械师，才能最终解决这一理论难题。康德在《判断力批判》中，非常清楚地认识到了机械论的这一困境。而康德的解决方法，则在于提出一种"无目的的目的性"。

19世纪初期前后，随着生物学作为一门新的学科的出现，生机论也诞生了。生机论主张要从生命本身来理解生命，因此需要在两个方面展开斗争：既要反对有灵论，也要反对机械论。总的来说，生机论的目的，在于如其所是地还原生命、认识生命，使生命现象如其所是地呈现出来，而不是被化约为某种形而上学原则（有灵论），或者被简化为物质（机械论）。

生机论的主要代表人物，在19世纪有巴特兹、比沙、贝尔纳等。广义上，还可以将孔德、柏格森以及康吉莱姆也算作生机论者。巴特兹提出了生命原则（principe vital）的概念："在人体之中产生所有的生命现象的原因，我称之为'人的生命原则'（principe vital de l'homme）。"① 比沙写道："生命，就是与死亡的斗争"（la vie, c'est la lutte contre la mort），"生命，就是抵抗死亡的诸种功能的集合"（la vie, c'est l'ensemble des fonctions qui résiste à la mort）。贝尔纳也可以被归入生机论，因为他强调生命的创造性："生命，就是创造。"②

---

① Barthez, *Nouveaux éléments de la science de l'homme*, 转引自 Georges Canguilhem, *La connaissance de le vie*, Paris：Vrin, 2015, p.109。

② 关于生机论的介绍，主要参考 Dominique Lecourt,《Vitalisme et mécanisme》, in Dominique Lecourt, éd, *Dictionnaire d'histoire et philosophie des sciences*, Paris：PUF, 2006, pp.1147–1150。

康吉莱姆本人,则在讨论孔德和贝尔纳之际,指出生命现象有以下四个特征:(1)生命形态的特殊性;(2)个体的多样性;(3)有机体的总体性;(4)生命现象的不可逆性①。

生物形态的特殊性。在生物学领域,任何一种抽象和普遍化的操作,都随时有可能失效,因为概念的普遍性将要不断遭遇所观察的对象或者实验的对象的特殊性,而这种特殊性往往超出人们的预料,因此生物学研究总是处在极大的不确定性的领域。例如,在生物学实验中,选择这种或者那种动物或者植物作为研究对象,需要有多方面的考虑,例如物种培育所需的时间、物种培养的难易程度,等等。小白鼠得以荣幸地成为许多医学、药学和生物学实验之中普遍运用的实验动物,并不是偶然的。总的来说,生物的特殊性是不可化约的,在生物学领域、医学领域,总是不断地遭遇到偶然、例外、突变,究其根本,就在于生命本身,就在于源源不断地创造出新的规范性和新的形态。

个体化过程的多样性。在任何一个物种的内部,每一个个体的个体化过程其实都是不一样的,有的发育得快,有的发育得慢,有的各方面的器官和功能都得到了尽善尽美地发育,而有的个体却未能发育完全就夭折了。因此每个个体之间,即使基因几乎一致的个体之间,其形态也有所差异,甚至有时会有着极大的差异。而对于生命学的研究来说,选择哪些个体作为该物种的代表,变成研究的对象来加以研究,这种选择本身就已经包含着某种主观的判断,已经对于某些事实和特征的忽视。

有机体的总体性。当人的一只手被斧头砍下来,这只手就不再是人手。原则上,对于生命有机体而言,身体的任何一个部分,都遭受外力而与身体分离时,这个被分离的部分失去其原有的功能、特征,成为一堆无用的物质。当然,在生物界中充满着多种违背这个一般规律的现象。例如蚯蚓被分成2段时,每一段又都变成一只独立的有生命的蚯蚓,但值得注意的是,这种分割并不能无限进行下去,当切分的段数足够多时,被切的蚯蚓的分段将不再能够独立生存。

---

① Georges Canguilhem, *La connaissance de la vie*, Paris, Vrin, 2015, p.31.

生命的不可逆性。生命现象本身是不可逆的,只能从胚胎开始,慢慢成长为有机体。这个过程,在不同的生物那里,固然有着不同的时间长度,但这个成长过程本身的不可逆性,却使得相应的生物学研究受到相应的限制。例如,一旦实验过程中,相关的样本受到了气候或者环境的影响,而无法按照计划顺利地培育,整个实验就有可能需要从头开始。

康吉莱姆指出,生机论这一称呼本身,就显示出生物学在其诞生之初想要与其他学科切割从而实现自身之独立性之理论要求。生机论的第一个面向,就在于生机论的生机勃勃的理论活力。可以将一大群有名的学者和思想家的名字归诸于生机论的旗下,拉马克、巴特兹、贝尔纳、比沙,甚至还可以加上古希腊的亚里士多德。之所以这么多思想家和学者都倾向于生机论,正是因为"生机论是生命体在生命之中的信心的表达,是在人的生命体之中生命与其自身的同一性的表达,对生命的意识。……生机论表达的是生命在生命体之中的永恒要求,内在于生命体之中的生命与其自身的同一"①(Le vitalisme c'est l'expression de la confiance du vivant dans la vie, de l'identité de la vie avec soi-même dans le vivant humain, conscience de vivre. [...] le vitalisme traduit une exigence permanente de la vie dans le vivant, l'identité avec soi-même de la vie immanente au vivant)。这种生命(vie)与生命体(vivant)的同一性,到底意味着什么? 难道生命与生命体是不同的概念?

生命体和生命确实是不同的概念。简单说来,生命体就是具有生命的个体,每一个个体都是生命的体现,"没有生命的个体化,生命是不可能的"②。然而,生命体作为个体,总是被归入某一种属加以认识,因此与生命体相关的学科最早是博物学(histoire naturelle)。瑞典科学家林耐在其《自然系统》一书中,根据门、纲、种、属,建立了关于各类植物和动物的分类法。然而,在林耐的时代,他们认为这种种属都是永恒不变的,是上帝创造的产物,上帝通过创造世界一劳永逸地创造出地球上成千上万的物种。达尔文

---

① Georges Canguilhem, *La connaissance de la vie*, Paris, Vrin, 2015, p.109.

② Georges Canguilhem, *La connaissance de la vie*, Paris, Vrin, 2015, p.89.

的《物种起源》打破了这一神话，但又导致了新的理论难题。例如，代际的个体之间，物种的特征如何传承？如果每个生命体都再现物种的本质，那么物种的变异和进步如何可能？当然，借助于当代的基因科学的发展，这些难题都在一定程度上得到了解释，但同样还有许多有待解决的问题。

如果说生命体是具有生命的个体，那么，康吉莱姆的上述观点，所表达的其实就是作为个体的生命和普遍意义的生命的最终统一，生命既是在内在于个体之中的生命，又是普遍的生命在个体之中的呈现。从这个意义上说，康吉莱姆实际上继承了柏格森关于普遍生命的理论，但是区别在于康吉莱姆更重视个体性。

从这样一种生机论出发，康吉莱姆重视考察科学和机械论，从而将机械论视作生命本身的产物。"如果说生机论表达的是生命在生命体之中的永恒要求，那么机械论表达的则是人这一生命体面对生命的一种永恒态度。人，正是这样一种生命体：通过科学与生命相分离，又尝试着通过科学与生命重聚。"（Si le vitalisme traduit une exigence permanente de la vie dans le vivant, le mécanisme traduit une attitude permanent du vivant humain devant la vie. L'homme c'est le vivant séparé de la vie par la science et s'essayant à rejoindre la vie à travers la science）①

康吉莱姆指出，机械（machine）的本质，并不在于创造，而在于它是一种中介，能够将不同的物质联系起来，能够将能量和物质联系起来，而且其最大的好处在于能够通过人的技艺而得以建造出来，从而对于人而言，机械是可生产的、可控制的、可利用的。人类面对自然，可以采取两种态度，一种是觉得自己是自然之子（enfant de la nature），对自然有一种从属感、归依感。如果一位科学家、一位学者，面对自然，不是将其视作一个冷冰冰的对象或者待征服的对象，而是视作一个可以对话、可以交谈的对象，对其有一种"同情"（sympathie），他就会很自然而然地在自然之中看到和发现"生命、灵魂、意义"（vie, âme et sens）②。柏拉图、亚里士多德、中世纪和文艺复兴时

---

① Georges Canguilhem, *La connaissance de la vie*, Paris, Vrin, 2015, p.110.

② Georges Canguilhem, *La connaissance de la vie*, Paris, Vrin, 2015, p.111.

期的大部分哲学家,都是持这样的态度,从而这些哲学家,其实都可以算是广义上的生机论者。另一种态度,在于将自己树立为自然的对立面,将自然看成一种陌生的、外在的对象。这种态度,将会导致机械论,即将生命视为某种程度的机器。但是,即使是第二种态度,最终也是生命体本身在面对生命时所采取的一种态度,是生命体面对世界时的一种态度,这种态度是人类展开科学研究活动所不得不采取的一种态度。在 19 世纪以及 20 世纪上半叶,在对待生命现象时,从上述两种不同的态度出发,也因此形成了生机论和机械论。因此,重要的不是简单地取消机械论的态度,而是正视机械论的优点和不足,同时也要认识到生机论的优点和不足,并且追溯到二者共同的起源,这才有可能把握生命现象本身。传统的生机论通常认为,生命体是通过某种方式进入物质世界之中,生命体相对于统治着物质世界的物理学而言是一个例外。在康吉莱姆看来,一方面承认物质世界的物理主义,一方面又认为生物界是物质世界中的例外,这两个方面是无法兼容的。如果物理学化学规律是有效的,那么就应当是普遍有效的,而不应该有例外。另外,如果生命现象的规律的特殊性是成立的,那么这种规律应该也是普遍有效的。康吉莱姆的解决办法,在于最终从生命的角度,将物质和意识统合在一起,他写道:"当人们确认了生命的原创性,人们就应该在生命之中来理解物质,物质就是在生命体的活动之中的科学。"①是生命体将对象理解为物质,而将对象理解为物质,其实是为了将对象固定下来,可以加以利用和改造,从而为生命服务。

　　生机论的第二个面向,在于其多产性(fécondité)。生机论广泛受到的指责之一,在于人们批评说它的学说里充满了不切实际的幻想,将不相干的事物混合在一起。而且,生机论内部的各种学说之中,常常充满了复古的情调,即回溯到某个古代的哲学家或者哲学概念。例如在文艺复兴时期,就是通过回复到奥古斯丁,以反对亚里士多德。而亚里士多德本人,则是反对德谟克利特关于世界的原子论解释;而柏拉图,则是反对阿那克萨哥拉关于世界的解释。这种复古,其实表达的是这样的一种理论要求:试图回溯到某种

---

① Georges Canguilhem, *La connaissance de la vie*, Paris, Vrin, 2015, p.122.

原初的东西,某种先于语言和技术的东西。尽管有着复古的情调,并不妨碍持生机论主张的生物学家们开展他们的科学研究。在 19 世纪以前的生物学史之中,持生机论立场和持机械论立场的学者在数量上几乎持平。而且在某些领域,如早期的神经科学,主要的贡献和发现,全都来自生机论者。

第三节 生命体与环境

在康吉莱姆的思想之中,环境(milieu)概念对于理解生命、生命体具有重要的意义。在《正常与病态》一书中,指出"如果存在着生物学的规范,是因为生命不仅仅从属于环境,而且是其生命自身的环境的建造者,从而不只是在环境之中而且也在生命机体之内设定了各种价值"①。生命体的正常与病态,其实很大程度上取决于生命体与环境的关系,取决于生命体能否适应环境并积极地去改造环境。但是,在这本书中,对于环境概念本身,并没有展开独立的专门的研究。在《生命的认识》中的"生命体及其环境"一文中,康吉莱姆对"环境"概念的由来、含义、哲学意义,以及"环境"与生命之关系,都展开了深入的研究。

在康吉莱姆看来,环境的概念,对于理解和把握生命及其存在,是必不可少的、普遍有效的。Milieu 这个概念,不只是出现在生物学,也出现在地理学、心理学、技术、经济史和社会史等不同的学科和研究领域,康吉莱姆试图综合这些不同的学科对于环境概念的不同使用,在一种综合性的把握之中,梳理出这个概念的核心意义。通过考察同一概念在不同时期、不同语境的不同使用、不同含义,从而去寻找其"共同的出发点"(départ commun),即都处在与"个体化"问题的关联之中,即处在与"作为个体的生命"的生命体(vivant)与环境的关系之中。这样一种考察方式,更多的是一种横切式的考察,而不仅仅是一种纵贯式的梳理;相对于历时性研究,更接近于一种共时性的研究。因此,这种概念哲学的研究方式,与结构主义语言学有着一些暗合之处。

---

① Georges Canguilhem, *Le normal et le pathologique*, Paris: PUF, p.203.

环境这个概念,是从力学之中引入生物学的。在力学中,首先是牛顿使用了这个概念,但还没有明确地使用这个术语。在牛顿看来,物质的运动之所以可能,必须在例如以太这样的介质或者环境之中。从这个意义上来说,所谓环境,就是运动和行动得以发生和进行的场所。这个词作为力学术语,最早出现在狄德罗所主编的《百科全书》,收录了"环境"(milieu)这个词条。拉马克将其引入生物学之中。这个概念也在许多其他的领域得到了运用。例如,巴尔扎克在他的《人间喜剧》的序言中,就使用了这个概念。丹纳(Taine)将种族、时机、环境三者视为对历史进行分析的三个解释原则。

拉马克把环境概念引入生物学时,总是使用这个词的复数形式milieux,用来指从外部对生命体产生施加影响和作用的一切活动的总和。不过,更精确地对环境概念作出定义的,却是实证主义哲学家孔德。孔德将环境(milieu)定义为"每个有机体的生存所必需的外在条件的总和"[1]。在孔德看来,所有生物的生存都需要与之相应的环境,人类也不例外,但人类相对于一般动物的特殊性和优越性就在于人类能够改变环境。但是,这种生命体对于环境的反作用,在孔德那里只限于人类,而并没有扩展到一般意义上的生物。与之不同的是,康吉莱姆本人,则特别强调生命体与环境之间的互相作用、互相影响,在他看来,无论多么低级的生物,对于环境都并非简单地接受,而是能够以自己的方式来反馈环境、改变环境。

然而,这样一种环境观念,在地理学研究中被颠覆。在地理学研究中,可以发现,各种要素是互相影响、彼此之间互相发生作用的。例如,矗立在海边的礁石,不断地受到海浪的拍打,长年累月的拍打,形成了千奇百怪的形状;而海水受到礁石的限制,从而形成各种形状的浪花。这样,礁石和海浪之间,形成一种共生关系,一种互相作用、互相影响、互相生成的关系。在生物与自然环境之间,也有着类似的关系,尽管其形式更为多样,关系更为复杂。

康吉莱姆还进一步借助于德国学者冯·优克库尔(Jakob von Uexkull,1864—1944)和哥尔德斯坦(Goldstein)的研究成果及思想,来进一步阐发环

---

[1] Georges Canguilhem, *La connaissance de la vie*, Paris, Vrin, 2015, p.170.

境概念及相关问题。优克库尔提出了著名的"周围世界"（Umwelt）的概念，根据这个概念，每个物种都有其独特的宇宙或者世界，是这个物种给予这个独特的世界以意义。这个概念对后世哲学有着很大的影响，海德格尔、德勒兹、拉康等许多哲学家都援引了这一概念并且拿来在哲学上作了重要的阐发。在康吉莱姆看来，优克库尔和哥尔德斯坦都认为，"生命体的本质，就在于形成自己的环境，并且成为环境的一部分。"（le propre du vivant, c'est de se faire son milieu, de se composer son milieu）①特别值得注意的是，生命体首先是环境的一部分，生命体与其所处的环境之间，类似于一种有机体内部的部分与整体之关系。对于一个细胞而言，细胞的组成部分与细胞本身，构成一个部分与整体之关系，细胞似乎构成为这些组成部分的环境。细胞作为生物的有机体（身体）的一个极小的组成部分，是有机体的一部分，有机体对于细胞而言，就是细胞的环境。尽管细胞只是极微小的一个组成部分，但是某个细胞的变化，有可能会引发身体的某一器官甚至整个身体的功能运转出现某种变化。因此，细胞不仅仅是被动地适应身体和作为身体的组成部分参与身体的功能运转，而是以其自身的方式来反作用于身体。生命体与环境的关系，一定程度上也类似于细胞与身体的关系。一方面，生命体本身也是环境的一部分，受到环境的影响和限制；另一方面，生命体也以自己的方式影响和改造着环境。

优克库尔区分了三个术语：Umwelt（周围世界）、Umgebung（周边）、Welt（世界）。周围世界，指某个生命体的行动所处的特有的环境；周边，则是地理的周边环境；世界，则是指科学意义上的宇宙。"对于生命体而言，周围世界，作为专有行动的环境（le milieu de comportement propre），是有价值和有意义的各种刺激的总和。为了对一个生命体有所作用，仅仅有物理上的刺激的产生是不够的，必须这种刺激引起生命体的关注。因此，周围世界要对生命体起作用，就预设了对其兴趣的方向的指引，不是来自对象，而是来自生命体。……如果生命体不去寻找，那他就接受不到任何事物。一个生命体，并不是一台通过运动来回应刺激的机器，而是一个通过操作来回应信

----

① Georges Canguilhem, *La connaissance de la vie*, Paris, Vrin, 2015, p.184.

号的机械师。"①自然界每时每刻都生成无数的信息和信号,并且源源不断地对生命体施加各种各样、或强或弱的动作,但对于一个生命体而言,他并不是不加选择地回应所有的信号、反馈所有的运动,而是首先要进行信息的筛选,然后只对他感兴趣的那一部分信号、那一部分动作加以回应。对于一个生命体而言,他的周围世界、他的环境,就是根据他的兴趣、他的选择来形成的。因此,周围世界是生命体从地理环境中获得的一切与其生命相关的要素的总和,是以生命体为中心逐步展开的一个世界。对于某个生命体而言,他的周围世界实际上是通过生命自身所创立的种种规范、价值而得以组织起来和建构起来。从这个意义上来说,生命体的身体除了在其表皮层所包含的组织之外,可以说生命体还通过他的行动,将其价值扩散到他的整个周围世界之中,从而他的周围世界其实也就是生命体放大了的身体。

在这样一种新的视域之下,生命体与环境的关系,当然需要重新定义。"在生命体与环境之间,二者间是一种争论(débat,Auseinandersetzung)的关系,生命体带着对环境进行评价的规范,生命体统治着环境,又适应着环境。"②二者间的关系,不再是一种对立和斗争,而是一种对话或者争论。只有在生命体处在病态时,生命体和环境之间才处于一种对立或者斗争的状态,即意味着生命体感觉到自身受到了环境的威胁,或者自身不再能够适应环境。"一种自认为与环境相对立的生命,是感受到威胁的生命……一种安全的生命,一种在其生存、在其价值中感到信心的生命,是一种灵动的生命,柔和的生命。"③总的来说,康吉莱姆认为生命体所依赖的环境,是由生命体本身加以结构化并且组织起来的。

那么,相对于其他生物而言,人与其环境的关系如何呢?康吉莱姆特别指出,人的环境是"人的知觉的世界,也就是说人的实用经验的场域"④。正是在这个知觉的场域之中,人得以展开其行动,通过行动来揭示世界之中

① Georges Canguilhem, *La connaissance de la vie*, Paris, Vrin, 2015, p.185.

② Georges Canguilhem, *La connaissance de la vie*, Paris, Vrin, 2015, p.187.

③ Georges Canguilhem, *La connaissance de la vie*, Paris, Vrin, 2015, p.187.

④ Georges Canguilhem, *La connaissance de la vie*, Paris, Vrin, 2015, p.195.

的一个又一个的存在者,而人的行动又是受到自身的生命所确立的种种价值规范的引导。人不同于一般动物的地方还在于,人是一种求知的动物,是一种能够进行理论认知从而获得抽象的、普遍化的知识的动物。在这种理论态度中,人将世界中的各个对象加以外在化和客体化。科学的功能,就在于去掉对象本身作为人的环境中的构成部分所带有的生命性和人性,而将其视为一种外在于人的、不取决于人的主观意志的客观实在,即将其视为一种"非人"的对象。然而,追根究底,这种科学活动,所表达的仍然是生命体与其环境的一种关系。康吉莱姆认为科学应该被理解为"生命本身的某种冒险经历"①,他总结道:"如果人类在被认知澄清之前,人类已经扎根在生命之中,而科学是人类的产物,如果科学既是世界之中的一种事实又是一种世界观,科学与知觉一起支持着一种永恒的关系。因此,人特有的环境,并不是作为一个被包含者置入到容器中那样,处于宇宙环境之中。一个中心并不会在其环境中被解散。一个生命体并不能被化约为诸多影响的交汇点。由此可以得出,由于完全服从物理化学科学的精神,所有的生物学都有这样的不足:想要从其研究领域中省略一切有关意义的考察。从生物学和心理学的观点来看,意义就是与需要相关的一种对于价值的评价。而需要,对于感受这种需要和体验这种需要的生命体而言,就是一个无法简化从而具有绝对性的一个参照体系。"②每一个人,每一个生命体,都是某种中心,从而无法通过物理的、化学的描述,将其简化为物质的运动和过程。生命体也不可以简化为各种物理运动的交汇点,因为生命体并非简单而机械地回应环境所提供的一切信息和一切运动,而是根据自身生命的需要,有所选择地针对部分有效、有意义的信息和运动加以回应。而决定哪些信息是有意义的、哪些是无意义的,环境本身并不能代替生命体作出回答,只有生命体自身才能回答。而生命体之所以作出这样那样的回答,作出这样或那样的选择,都是出自自身生命的自我立法、自我规定、自我创造,出自前文所提到过的

---

① Georges Canguilhem, *La connaissance de la vie*, Paris, Vrin, 2015, p.197.

② Georges Canguilhem, *La connaissance de la vie*, Paris, Vrin, 2015, p.197.

"生命规范性"（normativité biologique）从这个意义上来说，每个生命体本身都是"自律"（autonomie）的。在康吉莱姆看来，正因为生命体自己为自己确定规范和价值的，因此生物学和生命科学，无法逃脱关于意义的思考，因为意义本身正是生命的外在体现。

结论:概念与生命

1966 年,康吉莱姆在布鲁塞尔做了两次公开课,题目为"概念与生命"(Le concept et la vie),相关文本后来收录到《科学史与科学哲学研究》(1968)一书中,置于"生命的新认识"(La nouvelle connaissance de la vie)的栏目之下。在 1965 年出版了《生命的认识》一书后,又有了这一关于生命的新认识。在这篇文章之中,康吉莱姆对柏格森哲学作出了深入的检讨,并且试图揭示出概念与生命之间的深层关系。在笔者看来,这篇文章较为系统地体现出康吉莱姆的思想。

正如康吉莱姆在文章的开头所指出的,生命(la vie)一词,可以从两方面来理解,或者从 vivre 一词的现在分词 vivant 来理解,即从生命体(vivant)出发,而生命体是一种自我创造、自我规范的个体;或者从 vivre 的过去分词 vécu 出发来进行理解,即从生命体验(expérience)出发,体验是一种亲历、一种绵延、一种同感(sympathie)。在笔者看来,如果说康吉莱姆更强调从生命体出发来理解生命[1],那么柏格森则更多的是从生命体验出发。当然,并不是说康吉莱姆就忽视了生命体验,柏格森就忽视了生命体,只是侧重点略有不同。而且,两位哲学家都试图进而去理解普遍意义上的生命,并且都试图从实证的生命科学的材料出发,上升到一种关于生命的形而上学。但是,这种生命的形而上学,在柏格森那里,最终趋向于一种精神论,从而最终用精神来解释生命,尽管这是一种宇宙论意义上的精神概念,而不是一种观念论的精神;而在康吉莱姆那里,则趋向于一种价值哲学,即生命是一种自我

---

[1] 康吉莱姆认为,关于生命的第二种意义(生命体验)是第一种意义(生命体)所要求的,而生命体是更为根本的。See Georges Canguilhem,《Le concept et la vie》,in *Etudes d'histoire et de philosophie des sciences*,Paris:Vrin,2015,p.335.

规定、自我立法、自我创造的存在,生命自身给自身及自身所在的环境规定以意义、价值和规范。

对于康吉莱姆来说,讨论概念与生命,其实就是从生命体出发,去讨论作为概念的生命体验与生命之关系。而所谓作为概念的生命体验,也就是被哲学史上许多思想家所批判过的知性主义(intellectualisme)的思维方式,也就是说诉诸知性(法文 entendement,英文 understanding,德文 Verstand)去理解和把握生命。由此有三种可能:(1)通过概念,有可能抵达生命、把握生命;(2)概念将错失生命,通过概念不足以把握生命,而总是与之失之交臂;(3)概念就是生命,生命就是概念,二者是一回事,只是不同的视角出发而导致的对同一事物的不同把握和领会。康吉莱姆试图从两个方面入手来考察概念与生命之关系,首先是诉诸哲学史或者说思想史的考察,其次是从当代生物学出发。

从哲学史上来说,亚里士多德可以说是古希腊哲学的集大成者,也是第一个比较系统和明确地对生命作出定义的哲学家。在亚里士多德看来,生命体的本性在于灵魂,生物与无机物的区别就在于前者是有灵魂的而后者没有。灵魂,既是生命的本质,也是生命的现实,也是生命的概念,也就是说既是生命的 ousia,又是生命的 logos。从这个意义上来说,康吉莱姆认为,在亚里士多德这里,生物学就是心理学(灵魂学)。灵魂分为三类:植物灵魂、动物灵魂,理性灵魂,与之相应,生物也分为植物、动物、人三类。认识活动,就是灵魂对于世界的认识。世界是可知的,是因为世界最终是理念(相)在现象世界的显现,而这种显现正是通过质料/形式的双重结构,但归根究底,可以说整个世界是某种逻各斯的展开。另外,灵魂之所以能够对世界有所认识,是因为灵魂的核心是理性灵魂(nous),而努斯最重要的特征在于它具有某种永恒的特性,是对于最高的逻各斯的分有。因此,从这个意义上来说,逻辑和现实是一致的,生命与概念是一致的,乃是因为灵魂和世界都是逻各斯的显现或者展开。

在哲学史的考察部分,康吉莱姆将柏格森视为最主要的对话者。尽管柏格森自视为柏拉图和亚里士多德的批判者,但最终也陷于与二者同样的命运,即在 19 世纪的生物学和数学的基础上,将一种生命哲学和数学哲学组合在一起。在康吉莱姆看来,柏格森尽管对同时代的生物学的最新成果极为熟悉,但仍然忽视了一个重要的生物学理论成果,即孟德尔等人发现的遗传学理论。但是,对于概念与生命的关系,柏格森哲学取得了重要的进展,在《物质与记忆》《创造的进化》等著作中,柏格森试图从生命本身出发,将作为概念化活动的认识解释为生命本身的活动之一。对于柏格森而言,"劳动就是通过生命将物质组织起来,就是生命被运用到物质所构成的障碍上"①。生命冲力,就表现为对物质障碍的抵抗、作用直至最后战胜物质、突破物质。在康吉莱姆看来,柏格森的哲学,确实能够让我们更好地理解生命(la vie),但是在这个基础上,要进一步理解作为个体的、特殊的生命体(vivant)就不够了。也就是说,柏格森的哲学,有助于我们去认识生命的普遍性、一般性,但是不足以用来设想生命的特殊性、个别性。"〔通过柏格森哲学,〕我们可以很好地理解生命体更喜爱生命而不是死亡,但是我们并没有达到一种生物学哲学,这种生物学哲学,因为这种理论低估了这个事实,即只有通过对于某种形式、某种特殊形式的主动坚持,一切生命体才有可能迫使物质去延迟或者中断其堕落,中断其能量的衰减。"②按照柏格森的说法,通过遗传,某种生命冲力得以传承或者传递到下一代,然而,在这种传承过程中,被传承的不只是一种力量,而且也应该还包含着某种形态上的规定性,也就是某种信息。而当代生物科学中的基因理论,一定程度上正是将基因视作信息。

对于柏格森哲学的这样一种批判,使得康吉莱姆对于基因理论予以特别的重视。康吉莱姆首先注意到,如果说以前的生物学主要借鉴和使用的是力学、物理学、化学的术语,那么当代生物学更多地引入的是信息科学的术语。信息、程序、编码、解码等,成为当代生物科学中的重要术语。而且,更重要的是,在康吉莱姆看来,这显示出对于亚里士多德的一种回归。"生物学遗传是信息的传递,这种说法,在一定意义上,是返回到亚里士多德主

① Georges Canguilhem,《Le concept et la vie》,in *Etudes d'histoire et de philosophie des sciences*,Paris:Vrin,2015,p.353.

② Georges Canguilhem,《Le concept et la vie》,in *Etudes d'histoire et de philosophie des sciences*,Paris:Vrin,2015,p.354.

义，如果说这样就是承认在生命体之中有着一种逻各斯，这种逻各斯被置入、保留、转写。"①这样，关于生命的生命，就不再像是对于生命现象的素描，也不再像是关于生命现象的某种建筑术、某种机械术，而是关于生命现象的某种语法、某种语义学、某种符号学。这样，生命是一种意义、一种信息、一种概念，关于生命的研究就是寻找解读这个信息的钥匙，一旦找到这个钥匙，生命的奥秘也就迎刃而解。

什么是生命，什么是认识？在康吉莱姆看来，认识是生命自身在与环境不断发生互动的结果，而每一个具体的、个别的生命体形式，一定程度上都是某种错误或者不足，相对于理想的生命体而言。每一个生命体，一定程度上都是"大地上的流浪者"，于是不断遭遇新的信息、新的物质、新的挑战，而生命体通过自己的躯体，去适应、面对、抵抗、吸收、利用这些新鲜事物，从而让自己的生命形态和生命活动得以展开。对于人而言，人的认识，其实是始于未知、始于犯错。"实际上，人的错误可能是与人的流浪合而为一的。人常常出错，因为人不知往哪里去。人常常出错，当他为了获得所寻找的某一特定信息，却并未站到合适的位置。但是，通过移动自身，以及借助各种可能的技术来移动对象，他获得了一定的信息。因此，认识就是对于最大数量和最大多样性的信息的追求（La connaissance est donc une recherche inquiète de la plus grande quantité et de la plus grande variété d'information）。因此，如果在事物之中有着先天的东西，如果在生命之中有着概念，成为认识主体，就是不满足于所寻找到的意义。于是，主体性，就是不满足性。但是，也许生命本身也是这样。从某种特定方式来看，当代生物学就是某种形式的生命哲学。"②《生命与概念》一文的最后一段话，既可以视为康吉莱姆的科学哲学和认识论思想的总结，也是他的生命哲学的总结。在他看来，生命本身就是某种否定性、某种缺陷、某种不足，从而需要不断地去追求，这种生命本身或者说存在本身的否定性或者不足，使得生命本身要去追求比自

---

① Georges Canguilhem，《Le concept et la vie》，in *Etudes d'histoire et de philosophie des sciences*，Paris：Vrin，2015，p.362.

② Georges Canguilhem，《Le concept et la vie》，in *Etudes d'histoire et de philosophie des sciences*，Paris：Vrin，2015，p.364.

身更多的东西,更完满的东西。认识活动正是生命体本身的产物,是生命体本身的信息行为,但是这种行为并不是任意的,因为主体和客体两方面都并非任意的。因为从主体方面来讲,生命体本身就有概念,生命体本身并不可以任意地创造出新的形式,而是通过基因,有着一定的类稳定性,因此尽管每个个人的感知能力、理性能力有所差异,但却有着一定的共性。从客体方面来讲,康吉莱姆说事物之中存在着先天,也就是说物质本身的结构、性质有着一定的稳定性,并不随着主体的改变而改变。因此,认识并不是任意的,而是具有一定的稳定性、客观性、长效性,通过人们对于错误的不断反思、修正,就有可能在错误的基础上,逐步形成和建构出各门科学,从而不断地增加人类对于自然界的认识以及提高人类改造自然的能力。

如果说,柏格森哲学通过绵延、生命冲力等概念,建立的是一种精神论的生命哲学,这种生命哲学的最终基石,其实是一种肯定性的、精神性的原则。如果将世界理解为物质、生命、精神三种层次或者三种维度,那么生命就是物质和精神两种力量合作的结果,或者说精神遭遇到物质障碍时、努力冲破物质而呈现出来各种不同形态的生命。然而,在柏格森的哲学中,物质最终其实可以转化为最低程度的绵延,或者说最低程度的精神、处于死亡状态或者零度状态的精神,因此物质就是精神的衰减后的产物,而生命则处在二者之间。因此,最终只是精神(作为绵延和运动的精神)才是最终的原则,才是唯一的实体。因此有学者将柏格森哲学视为新柏拉图主义和斯宾诺莎哲学的变种。

康吉莱姆尽管对柏格森哲学作出高度评价,但其哲学的最终归宿,在本人看来,恰恰是站在柏格森哲学的对立面。康吉莱姆哲学的最终基石,其实是一种否定性的原则和个体性的原则。生命本身是一种不知足、是一种错误、是一种永不停止地寻找和探索、是一种冒险。生命(la vie)总是并且只是生命体(vivant),作为个体化的、特殊化的生命体,通过自身的努力在与环境的互动中,营造出属于自身的环境,并且为自身创立规范性(normativité biologique),从而将自身显现为正常的、健康的。在康吉莱姆这里,我们感受到的,是一种充满战斗精神的哲学,这正是对生命本身的一首哲学赞歌。

附录一:柏格森哲学中的直观和
美学思想^①

　　柏格森是 20 世纪初影响极大的西方哲学家,20 世纪上半叶各种潮流的文学运动,各种主张的艺术流派,几乎都或多或少地受到柏格森的影响,无论是在文学领域还是绘画领域,都有人试图从柏格森哲学那里寻找新的理论起点和创造根据。虽然柏格森本人并没有专门讨论美学的著作,但他的文字优美生动,借用了许多形象和比喻来说明哲理,使得他的著作在哲学界之外的文化界亦大受欢迎,也使他的影响不断扩大。因此,柏格森的哲学和美学思想,对于 20 世纪的文学界和美学界,都产生了极大的影响。当代法国著名学者、柏格森研究专家沃姆斯(Frédéric Worms)恰当地指出:"如果柏格森在世纪之交的艺术思想和艺术实践中占有核心的位置——尽管他本人的著作中对于艺术所谈极少——这不是因为艺术以简单和单一的方式与时间或者绵延相关。相反,而是因为柏格森所定义的绵延观念所提出的哲学问题,艺术也能在此问题中找到其位置,甚至艺术能够解决这一问题。"^②

　　我国已有不少学者展开了对柏格森美学的研究,如江冬梅、李庚香、田佳友、郭志今、朱鹏飞、姚全兴、费大为等人发表了多篇相关论文,这些论文不仅考察了柏格森的美学思想本身,也考察了其美学思想与其哲学之关系,尤其可贵的还在于深入地揭示了柏格森美学对于中国美学思想的影响。不

---

① 本文曾发表于《马克思主义美学研究》2014 年第 1 期。

② Frédéric Worms,《L'art et le temps chez Bergson. Un problème philosophique au coeur d'un moment historique》,*Mil neuf cent. Revue d'histoire intellectuelle*, 2003/1 n° 21, pp.153–166.

过,由于对于国内学界对于柏格森哲学尚缺乏整体的认识和深入的研究,因此对于柏格森的思想之中艺术与哲学内在而复杂之关系,仍然有待梳理。笔者试图通过对柏格森哲学体系的深入考察,首先揭示出直观在柏格森哲学中的重要位置,其次指明艺术直观与艺术创造之关系,最后考察艺术直观与哲学直观之异同。

一、柏格森未完成的美学思考

柏格森本人实际上对于艺术问题是非常感兴趣的,而且具有很高的鉴赏能力。他在完成《创造的进化》(L' Evolution créatrice)(1907)①之后,有计划将其研究成果扩展到更广阔的领域,当时他有两个思考的方向,一个是艺术方向,一个是道德方向。他已经着手进行艺术领域的研究,并且已经开始阅读相关学术著作并做笔记。但是,还没有等到他的美学研究工作正式开始,时间的车轮就无情地将整个欧洲卷入了一场谁也预料不到的世界大战。1914年开始的第一次世界大战,其激烈和残酷,对柏格森产生了极深的触动,使得他晚年完全投入到道德、政治和宗教问题的反思之中。晚年的柏格森身患重病,在极为艰难的情况下才得以完成了他的最后一部著作《道德与宗教的两个来源》(Les deux sources de la morale et de la religion)(1932)。在此之后,他的健康状况无法允许他继续哲学的研究工作,因此他无法完成关于艺术的研究和写作计划,这不能不让读者们为之扼腕叹息。

柏格森之所以未能完成关于艺术哲学的著作,也和他展开研究的工作方式有关。柏格森从来不是一个轻率的哲学家,也不是一个汉语读者习以为常的德国式的思辨哲学家,而毋宁是一位对自身极为严格甚至苛刻的学者,以一种不同于胡塞尔的方式来力图实现"哲学是一门科学"这一理想。在他看来,必须在哲学与科学之间建立一种亲密的关系和联盟,哲学的出发点,不应该是概念,而应该是事实,因此必须不断从最新的科学研究成果出

---

① 此书有多个汉译本,肖聿和姜志辉皆译作"创造进化论",容易让读者误认为是一种"进化论"(évolutionnisme),而书名所说的只是进化(évolution)。王理平对此辨析甚详。参见王理平:《差异与绵延:柏格森哲学及其当代命运》,北京:人民出版社,2007年,第148页注2。

发。哲学家的工作方式,不应该只是概念式的思辨、分析、综合,而应该是在各种实证科学的材料与哲学问题之间不断穿梭往复,从而让哲学问题在实证科学中得以澄清,让科学事实上升到哲学高度。因此,他在进行一个主题的写作时,都务必要求自己,尽可能全面地浏览、阅读、研究有关主题和领域的全部文献,因此,每写作一本书,往往需要数年甚至数十年的时间,正因为这样,他一生的著作并不多,正式发表的仅有八部。从 20 年代开始,晚年的柏格森由于健康原因,不能进行正常的读书写作,但他仍然在艰苦的条件下坚持读书、思考、写作,最后于 1932 年发表他的最后一部著作《道德与宗教的两个起源》,这本书代表着哲学家的最后的沉思。1934 年他发表了《思想与运动》(*La pensée et le mouvant*),不过此书是一本文集,收录了他从 1903年至 1920 年发表的若干篇与他的哲学方法有关的文章,以及 1923 写成的两篇导论。在此之后他的身体状况,已经基本上无法支持他继续进行学术研究,直至 1941 年哲人溘然长逝。

不过,虽然柏格森没有类似于康德《判断力批判》这样的美学巨著,但是却在 1900 年发表过一本小册子,名为《笑:论滑稽的意义》(*Le rire, essai sur la signification du comique*)。不过,这本书主要研究喜剧和滑稽,以及滑稽现象对于生命的意义,可以算是哲学家在文学艺术领域的牛刀小试。此外,柏格森关于艺术和美的思考,亦散见于他的各部著作。他本人对音乐、文学、绘画都有极高的鉴赏水平,对于语言文字具有极高的驾驭能力,善于用形象的说法来表述艰深的哲学思想,因此阅读他的著作让人感到赏心悦目,畅快淋漓。他的《创造的进化》一书,充满了如诗如画的语句、形象生动的比喻,被誉为一部 20 世纪的哲学史诗,他也正是凭借此著作,而获得了1927 年的诺贝尔文学奖。

二、直观在柏格森哲学中的地位

柏格森的美学思想,是与其本人的哲学有着密切关系的,因此,有必要首先了解一下他的哲学的方法和理论。我们先从柏格森在《思想与运动》中的一篇文章说起。该书的最后一篇文章《拉维松的生平与著作》,最初发表于 1904 年,原本是柏格森继承拉维松在法国"道德政治科学学院"

（Académie des sciences morales et politiques）的席位时所做的演讲。文章系统而全面地介绍了法国 19 世纪的哲学家拉维松（Félix Ravaisson，1813—1900）[①]，柏格森本人的思想亦深受其影响。拉维松在亚里士多德的形而上学和文艺复兴时期达·芬奇的艺术思想之间发现了某种相似性，柏格森写道："拉维松的全部哲学，都出自这样一种观念：艺术是一种形象化的形而上学，而形而上学是对艺术的某种反思，同一种直观在不同领域的使用，造就了深邃的哲学家和伟大的艺术家。"[②]拉维松把亚里士多德和自然学家们（physiciens）起来，所谓自然学家，指的是包括伊奥尼亚学派、赫拉克利特等用水、火、气等自然因素来解释世界的希腊哲学家。而在亚里士多德看来，这些感性性质都只能部分地解释事物，要更全面地解释事物，就需要在"目视"（眼睛的观看，vision de l'œil）之外加以"神视"（精神的观看，vision de l'esprit），换句话说，需要某种知性直观来把所有的感性性质把握为一个整体，或者说，不能停留于事物的质料，而应该进一步把握到事物的形式。这样，由低级到高级，逐渐上升到最高级的形式，即思想的思想。对此，柏格森写道，"亚里士多德是形而上学的奠基者，同时也是哲学本身之所是的某种思考方式的开创者"[③]。与之类似的，在达·芬奇看来，绘画最重要的，在于把握所画的对象的独一无二的特征，其对象的内在形式，或者说灵魂。正如中国人常说"传神之作"、"下笔如有神"，艺术作品关键在于这个"神"。无论是借助概念还是形象，哲学与艺术二者都源自于同一种直观，这种直观并非感性直观，而是一种更高的直观能力，能够在感性直观的基础上，将在感性直观中呈现的事物的各个方面、各种性质作一个整体的把握，从而发现事物作为事物自身的个体性、独特性，也就是说，直观揭示事物的本质或者说"灵魂"。在艺术大师的作品中，这一点有时体现得特别明显。例如，"蒙娜

---

① 拉维松，法国哲学家、考古学家，曾是谢林的学生、柏格森的老师，他的学说被认为是法国精神论（spititualisme）的代表人物之一。主要著作有《论习惯》（De l'habitude）、《论亚里士多德的形而上学》（Essai sur la métaphysique d'Aristote）、《十九世纪法国哲学》（La philosophie en France au XIX siècle）等。

② 柏格森：《思想与运动》，法文版，第 266 页（Henri Bergson，La pensée et le mouvant，Paris，PUF，2009，p.266）。

③ 《思想与运动》，第 258 页。

丽莎"的画像,就让人觉得,作品中的线条、色彩全都恰到好处,多一根线条也不行,少一根线条也不妥,而且更让人惊奇的是,几乎每个游客驻足观看画作时,都难免迷醉于画中人神秘的微笑,为之倾倒。然而,一位普通画匠的作品,却不具备这样一种魅力。因此,伟大艺术家和伟大作品的伟大就在于,能够造成一种"惊奇"的效果,把欣赏作品的人从其惯常的处境中脱离出来,使之有可能直观面对作品、面对实在本身。

对于拉维松所阐述的上述观点,即哲学与艺术的内在一致性,二者是同一种直观在不同领域的使用,柏格森本人所持的无疑是赞同的态度。1911年的《哲学直观》(*L' intuition philosophique*)一文无疑为我们证实了这一点,这篇文章后来也收入到《思想与运动》文集。柏格森所说的"哲学直观"到底指什么?我们有必要进一步追问并进入1911年的文本。在柏格森那里,有这样一个哲学史观点,即任何一个哲学家,无论其体系多么复杂、表现形式多么晦涩,其哲学的最初出发点,往往都只是一种或者几种原初直观,其学说和著作就是这一原初直观的展开和应用。哲学家所获得的这种原初直观,往往只可意会、难以言传,因此哲学家往往很难用既有的词语和表达手段来表达,于是一个哲学家关于同一个概念、同一种观点,往往在不同著作、不同时期会有不同的说法,甚至还自相矛盾。但是,这些看来互有不同甚至互相矛盾的表达,如果能溯源到哲学家所从之出发的哲学原点,就不难得到解释。因此,哲学术语都很难下定义,或者无法下定义。因为,真正的哲学乃是一种创造,创造新的思考方式、新的问题、新的概念,这些新的事物无法简化为日常语言或者科学语言中已有的概念和形象,因此哲学家必须一方面批判语言的不足,另一方面必须利用语言既有的词语和形象来试图不断地表达他所体察到的原初直观。因此,对于哲学家来说,这种原初直观往往是难以一次表达完全的,因此需要在不同的文本、不同的场合、不同的问题之中,来不断地表达,从而越来越接近这种原初直观的核心。因此,柏格森发现,即哲学家对一个概念下了定义,他也往往在此后的文本中改变定义或者改变词语的用法。从这个意义上来说,柏格森所说的"哲学直观"本身,亦是不可定义的。

不过,虽然定义不可能,但是可以通过实例让我们更好地认识柏格森的观点。柏格森以英国经验论哲学家贝克莱的哲学为例。他把贝克莱的学说归纳为四个命题：（1）物质是观念的集合，这是一种观念论；（2）抽象观念只是语词，这是一种唯名论；（3）肯定精神也是实体，精神的主要特征是意志，这是一种精神主义和意志论；（4）上帝的存在，乃是物质实体和精神实体之存在的前提，这是一种理神论（théisme）。表面看来，这四个观点在哲学史上都并非前无古人，命题一接近于马勒伯朗士和笛卡尔的某些表达，命题二接近霍布斯的主张和中世纪的唯名论，命题三也见于中世纪哲学家司各特，而命题四则常见于贝克莱同时代许多神学家的著作中。柏格森指出，如果用这样一种比较分析的方法，那么任何一个哲学家都可以被解析为不同时代、不同流派的哲学拼凑而成的马赛克，而无法洞察其独特性、原创性之所在。柏格森指出，贝克莱的这四个命题是紧密结合、互相关联的有机整体，每一个命题其实都孕育着其他三个命题，牵一发则动全身。例如，从命题一出发，物质是观念的集合，但这个命题并不意味着当观察者闭上双眼，或者说观察者去世，物质就停止存在。这个观念论命题的真正意义在于，"物质与我们的表象是有着共同的外延"（la matière est coextensive à notre représentation）①。物质除了是这些观念或者说表象的集合，并不具备更多的东西。但是，"事物"（thing）一词却让我们想到某种同时具有多种可能性的实在，让人们想到某种实体。因此，贝克莱宁愿把物质看成观念，而不是看成"事物"。于是，贝克莱就过渡到了他的唯名论，即一切抽象名词只是语词。不过，贝克莱所否定的，只是抽象观念，而所谓抽象，就是从物质之中抽象。接下来，如果物体只是观念，那么它就是被动的，完全没有主动性，也无法作用于其他物质，就需要上帝作为整个自然界的众多物质运动的原因。精神实体同是

---

① "哲学直观"，见《思想与运动》，第 127 页。接下来柏格森写道："物质并无内在、并无基底；它并不隐藏什么，也不包庇什么；它不具备任何类型的潜能和潜力；它就在表面扩展开来，在任何时刻，它都只持有它所给予的一切。'观念'一词通常意味着这种类型的存在，即一种完全实现的存在，其存在与其表象融合为一。"所谓"有着共同的外延"，指的是物质或者物质所表现出来的感性性质，甚至其在实验室条件下表现出来的物理化学属性（如原子结构等），都是与认识主体的表象能力（或者说认识能力）相关的。主体的表象能力越是深入，对物质的认识也越是深入。主体的表象的外延同时就是物质的表象的外延。可参见柏格森《物质与记忆》（Matière et mémoire）的第四章。

观念的反面,是完全的主动性,是意志,但其意志亦受到上帝意志的限制。物质(percipi 被感知)、精神(percipere 感知),上帝,三者彼此相关,形成了一种新的有神论的宇宙论图景。于是,贝克莱的观念论就成为一种表象,其目的只是让上帝成为整个物质界和精神界存在的原因,另外,上帝也必须通过物质界和精神界来表现自身。当然,这样一种解读,并不代表着就已经进入贝克莱哲学的核心,但显然比之前的四个命题更为接近。理解一个哲学家,需要阅读他的全部著作和相关文献,并且试图将分散的观念和命题,汇集到一个能够孕育各个观念和命题的中心思想或者说核心,从而上述四个命题以及贝克莱的一些更为精微的表达,都可以视作对这个中心的表达。在柏格森看来,这种哲学史解读,同时也是哲学家与自己的对话,对自己的解读,而哲学就是在这种与哲学史对话的基础上,不断地开陈出新,为人类一次又一次地创造出精神文明的硕果。

在柏格森这里,哲学直观是一种不同于科学的认识方式。科学是日常经验中的认识方式的升华,在柏格森看来,仍然是一种空间式的认识方式,而无法认识绵延。在《论意识的直接材料》(*Essai sur les données immédiates de la conscience*)(1889)一书中,柏格森提出了绵延与空间的对立。他的观点来自对科学的这样一个观察,即如果在一个物理系统之中,所有的物体运动速度都加倍,系统之中物体与物体之间的关系丝毫不发生改变,物理现象与之前一样。好比说,太阳系中的每个星球运动速度都翻倍,太阳系的运行规律仍然一样。由此,柏格森发现,科学时间是不绵延的(le temps scientifique ne dure pas),实际上,科学中的时间是一种空间化的时间观。然而,在人的内在体验之中的时间是不同于上述这种科学时间的,人的意识体验绵延不断,无法分割,不断向前,不断扩大,各个意识状态互相渗透、融为一体,而心理学却往往把这些状态投射到空间之中,使之形成一个个孤立的个别状态。在 1896 年的《物质与记忆》一书中,柏格森进一步指出,不仅我们的意识绵延着,在我之外的物质也绵延着,只是物质的绵延与人的意识的绵延处在不同的层次,不同的节奏。而科学总是在空间之中认识事物,无法认识绵延;而哲学则意味着一种置身于绵延之中思考的努力。在这个意义上,哲学相对于科学而言,是一种反向的活动,一种逆转。

哲学直观作为一种努力，还要求哲学家不只是一般性地通过感性直观直接认识事物，还需要使自己的思考奠基在与事物相关的各类实证科学的最新研究成果之上，从而使得与对象建立一种亲密接触。柏格森本人正是这样做的，他的前两部著作，是研究大量心理学、生理学、精神病理学的研究成果之后的产物，其《创造的进化》是在进行生物学研究之后的产物，《道德与宗教的两个来源》则基于对社会学、人类学、宗教学等学科的研究成果。在这个意义上，哲学直观是一种总体化经验（expérience intégrante）。

最后，还要指出，哲学直观是从较高层次对较低层次的整体性把握，或者说，从较低层次的存在之中发现更高的意义。从而，哲学直观作为一种努力，是不断从低级走向高级，由简单走向复杂，由物质走向精神，由必然走向自由，是一种生命冲力（élan vital）。另外，这种冲力又要求，尽可能深地扎根于较低的状态。正如柏格森所说的："让我们下沉到我们自身的内部：我们所接触的点越深，把我们带到表面的推力就越大。哲学直观就是这种接触，哲学就是这种冲力。"①

三、艺术直观与艺术创造

对于柏格森来说，哲学的真正目的，应该是揭示那真正的"存在"，而这种真正的、实在的存在，却通过直观来把握住绵延才有可能。只有在这样一种对绵延的直观中，才能揭示生命、时间的奥秘。"生命的奥秘在柏格森看来就在于穿透在时间复杂脉络中的本质性思维'创造的演进'。因此，真正的哲学，必须以揭示'生命'、'思想'、'时间'和'语言'的四重交错关系及其运作逻辑为己任。在这个意义上，'生命时间'就是现代哲学所必须优先思考的'绝对'。"②实际上柏格森所严厉批判的空间性的知性思维方式，起到了遮蔽的作用。因此，套用海德格尔的术语，哲学直观所做的工作其实是一种去蔽，从而让绵延自行显现出来。在这个意义上，柏格森其实是以不同

---

① 参见《思想与运动》中的"哲学直观"一文，第 137 页。

② 高宣扬：《重新评价柏格森及其对当代哲学研究的现象意义——〈创造的进化〉发表100 周年纪念》，载于《全国外国哲学学术研讨会——纪念"芜湖会议"暨"两学会"成立 30 周年论文集》。

于胡塞尔的方式,进行着某种"回到事情本身"的工作。

　　但是,柏格森也指出,在哲学史上,哲学家们所做的,反而是遮蔽了绵延。相反,倒是某些文学家、画家、音乐家,有时能够让我们重新回到绵延。哲学直观也好,艺术直观也好,在柏格森这里,可以说都是同一种原初直观在不同领域的应用。哲学直观所具备的几个特点,其实也都适用于艺术直观。不过,二者的不同点在于,任何时代、任何人都有可能进入这种哲学直观,从而在绵延之中思;而艺术直观则只属于少数人,为少数艺术天才所独享。不过,有时艺术比哲学更容易让人扭转日常经验和科学带来的思维习惯,在"为艺术而艺术"的状态之中,直接面对事物本身,这样的情形在画家、音乐家、诗人之中屡见不鲜。在日常经验中,我们总是怀有功利的目的来看待事物,把事物看成"有用的",似乎事物存在全在于其实用价值,而艺术家往往能够与众不同,以"别样的眼光"来看待事物。柏格森在"变化的知觉"的演讲之中曾这样说及艺术家:"当他们注视某一事物,仅仅为了事物自身而注视,而不是为了他们自己。他们不再是为了行动而感知,而是为了感知而感知——不带任何目的地去感知,为了感知的乐趣而感知。他们天生就在某一方面'无牵无挂'(détaché),或者是其意识,或者是其中一个感官;根据这种'无牵无挂'出自于这种或那种感官,或者出于意识,他们或者成为画家、雕刻家、音乐家,或者成为诗人。因此,在各种不同的艺术之中,我们都发现了一种对于现实的更为直接的观察。这是因为,艺术家所梦想的,不是利用其知觉,而是去发现数量更为庞大的事物。"①

　　关于这一点,柏格森在 1900 年的著作《笑》中作了更为清楚的阐释。柏格森写道:"在自然和我们之间,在我们和我们的意识之间,垂着一层帷幕,一层对于常人说来是厚的而对艺术家和诗人说来是薄得几乎透明的帷幕。"②这层帷幕来自何处? 来自人类固有的本性,因为人的首要任务就是生存,要生存就必须行动。因此,在事物呈现给我们的各种印象之中,人们

----

①　参见《思想与运动》中的《变化的知觉》一文,第 152—153 页。

②　《笑》,第 115 页(Henri Bergson, *Le rire*, Paris, PUF, 2007, p.115)。本段译文来自中译本 101 页,略有改动(见柏格森:《笑》,徐继曾译,北京:北京出版社出版集团、北京十月文艺出版社,2004 年)。

总是选择那些有益于人的行动的各种印象,并将其视作事物的各种属性,而事物的其他印象,因此就被忽略了。于是,事物的个性(individualité)就被忽略了,呈现给人们的,都是许多事物共有的一些属性。例如,狼的眼睛不太能区分小山羊和小绵羊,因为二者对于它而言都只是美味可口、易于捕捉的猎物而已。人高于动物,当然能区分山羊和绵羊,但是,我们也往往很难区分这只绵羊和那只绵羊,这只山羊和那只山羊(当然,牧民除外)。这是因为,当事物的个性对于我们没有实在的利益时,不会引起我们对其产生行动的兴趣,因此我们是不会加以注意的。而牧民能够辨认羊的个体,正因为关系到其利益。在柏格森看来,大部分人一生都被禁锢在智力(或者说知性)固有的这种实用主义的趋势之中,唯有少数具备超脱心灵的人可以从中摆脱出来。"大自然有时也产生一些较为超脱的心灵。这种超脱并非有意识的、理性的、系统的,并非思考和哲学的产物。我说的是一种自然的超脱,是感官或者意识的结构中天生的东西,并且立即就极为纯真地表现为看、听、想的某种方式。"①这里,我们也可以看到哲学直观和艺术直观的另一个区别,如果说艺术直观更多的是一种天赋,是"生而知之",哲学直观则是可以通过后天的努力来达到。同时,根据这种天赋落在这种或那种感官,或者分散于意识之中,艺术家或者成为画家,或者成为音乐家,或者成为诗人,等等。尽管道路不同,终点却都是一致的。无论是通过色彩、形象、声音、语词,艺术家和诗人,最终他们所观察到并且通过其作品向人们所揭示的,都是日常生活所无法看到的事物本身的存在。所以说,"艺术的最高使命在于揭示自然"②。

我们已经指出,艺术直观和哲学直观一样,也是在绵延中来认识事物本身的一种方式。我们还必须注意,尽管艺术更多出于天赋,但艺术一样也需要艺术家长时间的努力,才有可能建立起与对象的亲密关系,创造出艺术作品,从而揭示出对象的"自然"。艺术家创造作品的过程,需要某种"理智的努力"(effort intellectuel),即一种从简单到复杂、从图式(schéma)到图象

---

① 《笑》,中译本,第103—104页;法文本,第118页,译文有改动。

② 《笑》,中译本,第105页;法文本,第119页:"这样,他就实现了艺术的最高目的,那就是把自然显示给我们"。

（images）的过程。柏格森认为，在发明、创造等活动的一般过程中，艺术家往往是首先设想一个模糊的创造计划和艺术形象，然后在创造过程之中，不断修改，从而艺术形象也越来越清晰。"写小说的作家，创造人物和场景的剧作家，创作交响曲的音乐家，谱写史诗的诗人，最初心中都先有一个简单的抽象的东西，一种看不见摸不着的无形之物。对于音乐家和诗人来说，这是某种需要用声音和形象来表达的印象。对于小说家和剧作家来说，这是某种需要在一系列事件中展开的主题，一种需要在活生生的人物之中体现出来的情感。他们的工作就在于从上述这种图式发展出一切，直至每个细节都变成清晰的图象，他的目的就算达到了。"[1] 在这个过程中，作为出发点的图式，并不是一成不变的，相反，随着创作过程的深入，图式往往会不断发生变化，甚至最后变得面目全非。而这个过程，也是作品中的各个要素，如小说中的人物，交响乐中的旋律等，变得越来越独立的过程，以至于小说中的人物仿佛获得了自己的生命，小说家本人都不再能操纵人物和情节的发展，而不得不让自己的创作紧随着人物自己的性格和小说自身的逻辑。这样一种从图式发展到各个细节的图象的过程，就是艺术创造中的"理智的努力"。

四、艺术直观和哲学直观之比较

如果艺术直观和哲学直观一样，都能够揭示存在，都能够将人们带回到绵延，那么两种直观的区别何在？在笔者看来，至少体现在两个方面。

第一，艺术直观只是在某些地方得以突破知性的思维方式，把握到不断自我扩张、自我深化的深层自我，把握到生生不息、源源不断的深层自我，从而把握到绵延；然而，哲学直观则作为一种方法能够把握到实在作为绵延的一般条件，从而使得在一种总体经验之中重新把握到自我和世界的实在生成。因此，哲学家比文学家、艺术家走得更远。正如柏格森所说的："在我们看来，哲学往往只能把握这一内在生命的表面的凝结。在这个方向上，小

---

[1] "理智的努力"，见《心力》，第 175 页（Henri Bergson, *L'énergie spirituelle*, Paris, PUF, 2009）。

说家和道德观察家(moraliste)岂不是比哲学家走得更远？也许是这样；但是，他们仅仅在某些地方，在必然性的压迫下，才得以打碎障碍；但他们之中没有哪一个能够在方法上意识到要去'寻找失去的时间'……但是，如果说在具体中针对个体事例对灵魂加以研究属于文学，那么哲学的任务在我们看来就在于提出自身对自身的直接观察的一般条件。"①确实，在柏格森看来，以往的哲学都只是从表面来把握生命、把握绵延，从而只能发现外表。而在这方面，文学家往往更能够揭示内在生命的多样性和运动性。但是，文学家和艺术家的直观毕竟只是在一些特殊情况、在某些地方才突破空间式知性思维的限制，返回到绵延。因为文学家和艺术家并不曾有意识地去寻找真正的"时间"。这里柏格森借用了普鲁斯特的名著《追忆似水年华》(A la recherche du temps perdu)(此书名可直译为"追寻失去的时间")的书名。在柏格森看来，即使像普鲁斯特这样的作家，也并没有寻找、更没有找到真正的时间，即作为绵延的时间。

第二，文学家和艺术家通过艺术直观来揭示绵延和实在，他们的发现主要通过形象(image)来表现；而在哲学家这里，他通过哲学直观所发现的，则主要借助于概念。正如德勒兹所说的，哲学就是创造概念。实际上，将哲学等同于概念之创造，这一说法应该追溯到柏格森。在柏格森看来，针对每一种不同的现实，每一种不同的事物，都应该创造与之相应的、贴切的、适当的概念。这样，每一个哲学家，都面对不同的时代，不同的现实，因此也需要创造出不同的概念。这样，哲学并不是借助于某种预先设定、涵盖一切的原则，如"上帝"、"精神"、"理性"，来解释一切、言说一切、指称一切，而是针对不同的现实，提出不同的问题，"对于每一个新问题，哲学都要求一种全新的努力"②。而在文学和艺术这里，则主要是通过塑造形象来进行的。值得注意的是，对于柏格森来说，形象和概念，就其本身而言，都并不直接指称实在，而只是暗示(suggérer)。也就是说，形象和概念其实都只是一些外在的指引或者标志，它们最终指向的，是那无法言说、只可意会地不断绵延着、

---

① 《思想与运动》，第20页。
② 《思想与运动》，第27页。

变异着的真正的实在。因此,哲学家也可以运用形象,尽管他更多地使用概念;而文学家也可以使用概念,但他们更多地运用形象。

五、结论

柏格森多次说过,艺术和哲学一样,都通过一种直观,超越知性,从而直接洞察并把握实在。尽管柏格森本人是哲学家,更多地使用概念来表述,但是他同样也是一位运用形象思维的文学大师,他经常用一些构思巧妙的意象来表述他的哲学思想,这也是他能够在 1927 年获得诺贝尔文学奖的重要原因。在 1910 年的一次访谈中,柏格森说道:"我所理解的哲学,更接近于艺术而不是科学。长期以来,人们总是把哲学看成一门科学,而且是最高程度的科学。然而,科学所呈现的,只是实在的并不完整的面目,科学只能利用人为的象征符号来把握实在。相反,艺术和哲学,在直观之中相遇了,直观是艺术和哲学共同的基础。"①在我们看来,这段话恰如其分地概括了柏格森关于艺术的主要观点,也正是在这个意义上,我们将柏格森的艺术哲学称之为直观美学。对于柏格森来说,艺术创造和哲学思考一样,都有助于我们告别日常生活使人们禁锢于其中的空间化的思维方式,实现心灵的转向,从而返回到我们的生命本身,即生生不息、不断创造、不断更新自身的生命创造本身。在这个意义上,我们说,艺术和生命本身是同源的。艺术,正是生命演化和创造过程的直接体现,并使得人们有可能在艺术创造中超越自身,从而迈向更广阔的自由和更高的精神境界。

---

① 《杂著集》,第 843 页(Henri Bergson, *Mélanges*, Paris, PUF, 1972, p.843)。

附录二：从绵延到延异

——试论柏格森对早期德里达的影响①

德里达的许多哲学文本，都建立在对西方思想史和文化史上的重要人物及其思想的重新解读和解构的基础之上，诸如胡塞尔、海德格尔、弗洛伊德、尼采，几乎西方重要的思想家都被德里达涉猎到。奇怪的是，翻阅一下德里达的著作，发现极少提到柏格森的名字，然而柏格森却是 20 世纪上半叶最重要、最有影响力的哲学家，对萨特影响很大。而青少年时代的德里达颇为崇拜萨特，因为萨特在哲学和文学两个领域都取得了非凡的成就。游走于哲学和文学之间，正是德里达想要做的事情。德里达年轻时也曾讲授过关于柏格森哲学的课程，但是，柏格森远非德里达所需要倚重的思想资源，也并非他要严厉批判的对象②。国外学者从现象学的角度，曾论述过德里达和柏格森二者间的关系③。实际上，在德里达早期的文本之中，他也曾多次引用柏格森的思想，当然，他同时也与柏格森拉开了距离。柏格森被归结为简单的形而上的对立，正如德里达所说："在此，我们并不是通过某种

---

① 本文曾首发于《厦门大学学报（哲学社会科学版）》2015 年第 5 期。

② 德里达年轻时在巴黎高师讲课时，曾经在 1964—1965 学年为学生们讲授过柏格森哲学，关于柏格森的《思想与运动》；在《哲学的边缘》中的"Ousia et grammè"一文中也对柏格森的时间观进行了较深入的分析和探讨；在晚年发表的《信仰与知识》一书，副标题是《单纯理性界线上"宗教"的两个来源》，显然这个副标题同时影射康德的《单纯理性界线内的宗教》和柏格森的《道德和宗教的两个来源》。参见柏努瓦·皮特斯：《德里达传》，魏柯玲译，北京：中国人民大学出版社，2014 年，第 125、425 页。

③ 可参见弗拉德（Pierre-Alexandre Fradet）的《德里达—柏格森：论直接性》（Derrida-Bergson：Sur l'immédiateté，Paris：Hermann，2014）一书，阿利帕兹（Daniel Alipaz）的"柏格森与德里达：作为哲学他者的书写时间问题"（"Bergson and Derrida：A question of writing time as philosophy's other"，in *Journal of French and Francophone philosophy*，Vol XIX，No.2，2011）。

简单的钟摆运动、平衡运动、反转运动,来将绵延与空间、质与量、力量与形式对立起来,将意义或者价值的深度与形象的表面对立起来。相反,反对这种简单的二项选择,反对在诸系列之中对这个或者那个选项进行简单的选择,我们认为,必须寻找新的概念和新的模式,一种避开这种形而上的对立的体系的某种经济学。"①

这段引文来自《书写与差异》中的首篇文章"力量与意义"(Force et signification)。显然,在上述引用的文字之中,德里达所隐射的正是柏格森。绵延与空间、质与量、深度与表面、力量与形式,熟悉法国哲学的读者不难通过这些术语联想到柏格森。而且,笔者还注意到,在这篇文章之中,德里达正是借助柏格森的思想资源,来批判在当时刚刚开始流行的结构主义。

一、柏格森的绵延概念

在进入德里达的文本之前,我们先看看,德里达所说的这些形而上学对立,在柏格森那里意味着什么。在笔者看来,这些对立并非德里达所谓的只是一种"抽象主义",而是如同梅洛-庞蒂所说的那样是一种"重新观看世界的方式"②,一种想要通过"绵延的思"(pensée en durée)来把握实在的具体运动和世界意义的原初生成的一种努力。在一定意义上,绵延的概念,可以被视作对以往的种种形而上学进行解构的一种方式。

当然,我们首先要了解的是,柏格森如何理解和定义"绵延"。为此,我们有必要简单地回顾一下柏格森的第一部著作《论意识的直接材料》③,正是在这本书中哲学家首次提出了"绵延"(durée)的观念,这既是柏格森哲学的起点,也是我们理解和阐释其哲学的起点。在这本书中,柏格森从关于多样性(multiplicité)的探讨出发来提出绵延概念。他区分了物质对象的多样性和意识状态的多样性。前者是一种空间中的多个对象的并置,其数目

① Jacques Derrida, "Force et signification", in *L'écriture et la différence*, Paris, Seuil, 1967, p.34.

② Maurice Merleau-Ponty, *Phénoménologie de la perception*, Paris, Gallimard, 1945, p.XVI.

③ 中译本根据英译本的书名 Time and free will,译作《时间与自由意志》(吴士栋译,北京:商务印书馆,1958 年)。

是可计算的。实际上,计算已经隐含着一个前提,即存在着一种均匀、单质的空间,从而陈列多个位置各异的对象。两个不同的对象,不能占据空间的同一个点,而是互不渗透的。这种不可入性正是物质的本质特征之一。在这种多样性观念中,人们倾向于用几何的、数量的方式来呈现物质对象,而忽视其时间的、质的方面。与之相反,意识状态呈现出另一种多样性,与物质对象截然不同。意识状态总是彼此相续、互相渗透、彼此交融,每个当下的状态,既包含着过去,亦包含着未来。各意识状态汇集在一起,形成一种"有机的整体性"(totalité organique)①,也就是某种绵延。

绵延概念不只是对于意识的重新理解,也是对于时间概念的重新理解。在柏格森看来,近现代的哲学中,无论是牛顿的绝对时间,还是康德那里作为先天感性形式的时间,都只是一种空间化的时间,而非真正的时间。空间化的时间观的关键在于把时间设想为某种"空虚而均匀单一的场所"(un milieu vide et homogène)②。正是在这样一种空间之中,人们有可能将多个对象陈列在不同的位置上,从而加以计量。而我们前面所提到的物质的不可入性,正与这种空间观念紧密相关。实际上,当我们认为一个事物是不可渗透的,已经引入了某种空间观念。

与绵延相对立的是空间。空间的诞生,来自某种意识行动,这种行动与康德所说的先天感性形式有接近之处。通过这种行动,可以将所有的对象都并列地安放在"某种空虚的、同质的场域"(un milieu vide homogène)③。这种行动的本质性特征就在于,它能够构想出一个空虚、同质的场域,作为事物安放、运动的场所。法国学者沃姆斯就此写道:"因此,空间就是纯粹的、同质的表象(再现),我们支配并立的对象,并且区分它们、分离它们。"④借助这种空间观念,我们可以尝试把意识的内在的状态解释为在一个同质空间中的许多个点,于是就可以把质显现为量。

---

① Vladimir Jankélévitch, *Henri Bergson*, Paris, PUF, 1999, p.5.

② Henri Bergson, *Essai sur les données immédiates de la conscience*, 1889, PUF, A. Bouaniche (éd), Paris, 2007, p.70.

③ Henri Bergson, *Essai sur les données immédiates de la conscience*, 1889, PUF, A. Bouaniche (éd), Paris, 2007, p.70.

④ Frédéric Worms, *Le vocabulaire de Bergson*, Paris, Ellipses, 2000, p.24.

与空间概念相反,在绵延中,所有的状态都互相渗透、互相交融从而最终形成一个整体,从而不可能从中抽离出任何一个部分作为一个独立的原子状态。仅仅是通过人的理智的努力,才有可能从人的意识之中分离出过去、现在、未来,才有可能从中分析出一个又一个互相孤立、彼此分离的意识状态。因此,纯粹的绵延,是一种互相渗透的质的多样性(une multiplicité qualitative et pénétrante)、一种无外在性的延续(une succession sans extériorité réciproque)、一种有机的进展(un développement organique)、一种纯粹的异质性(une hétérogénéité pure)。它不断延续、又不断差异,每一瞬间都有异于此前的瞬间,却又不失保持其自身。

　　但是,纯粹绵延的概念、绵延—时间的概念,常常为我们所忽视。人们总是有意无意地用空间代替时间。"要呈现纯粹的、原始的绵延,我们感觉一种前所未有的困难。"①这种困难在于,我们总是习惯于从外部事物的角度来思考、习惯于在空间中思维。把空间设想为一个同质的场域,这有助于发现外在的事物本身,并且有助于人们对外物采取行动,以满足人们生活的需要和对利益的追求。但是,问题在于,人们一旦习惯于在空间中思维,就因而忽视了时间和绵延,从而无法深入把握生命、精神、自由。因此,不能满足于只考虑那些在空间之中的"现成"(déjà faites)的事物,不应该停留在空间化的语言、符号的表象之中。而是应该扭转思维的天然倾向,重新把握运动和变化着的实在本身,"在绵延中思"(penser《en durée》),从而直接把握那"生成着"的事物(ce qui est《se faisant》)。为此,我们需要通过长期地与对象建立一种亲密而熟悉的关系,从而最终实现我们自身与事物本身的某种同感(sympathie)。同感意味着,通过某种思的努力,把握到事物的运动和变化本身,并且使自身与对象融合为一。在柏格森看来,当我们达到这种同感时,我们就获得了某种对于事物本身的哲学直观。

二、德里达对结构主义的批评

　　概述了柏格森的绵延概念之后,我们再来考察一下德里达。《力量与

---

　　①　Henri Bergson, *Essai sur les données immédiates de la conscience*, 1889, PUF, A. Bouaniche (éd), Paris, 2007, p.79.

意义》一文,在收入《书写与差异》之前,于 1963 年出版在《批判》(*Critique*)杂志上。在这篇文章之中,德里达的目的主要是反思当时刚开始流行的结构主义,揭示出结构主义所隐含的形而上学前提,并进而加以批评。在 20世纪 60 年代德里达还写过不少关于结构主义的文章,从不同角度进行类似的工作。德里达对结构主义很感兴趣,但他也对结构主义进行批评,认为结构主义错失了某些关键的东西。对此,德里达晚年在一次访谈中谈到结构主义时说道:"在那时候,有着人们所说的结构主义,代表者是列维-斯特劳斯、拉康等人。对于在结构主义中所发生的东西,我既有所同感,也深怀兴趣,同时,我也感觉到,让我倍感兴趣的书写概念对于这些伟大的论述仍然是未知的、被忽视的。"①

在另一篇文章"在人文学科论述之中的结构、符号和游戏"(La structure, le signe et le jeu dans le discours des sciences humaines)②的开头,德里达毫不留情地批判了结构主义,指责结构主义仍然是一种关于中心的思想(une pensée du centre)。在德里达看来,结构总是与某种中心、某个在场的点、某个固定的源头联系在一起。结构主义所做的,只不过是建立一系列的替换,用一个中心替换另一个中心。"母体形式(forme matricielle)将是把存在的规定性规定为对于这个词的一切意义中都保持在场。"③于是,在一定意义上,结构主义重复着在场形而上学。在德里达看来,必须思考某种去中心化,为此需要借助一些解构的思想家,如尼采、弗洛伊德、海德格尔等。德里达所寻找的不是某种源头、某种中心,诸如结构主义所做的那样;相反,德里达主张某种游戏,即某种在场与不在场的游戏,从而超越结构主义和传统的人道主义④。

让我们返回到《力量与意义》一文,看看德里达在这篇文章之中如何批判结构主义。此文批评的对象是瑞士文学理论家、文艺批评家让·卢瑟

---

① Jacques Derrida, *Sur Parole*, *Instantanés philosophieques*, Editions de l'aube, 1999, p.22.
② 这篇文章出自德里达 1966 年 10 月 21 日在美国的约翰·霍普金斯大学的国际学术会议上所作的报告,后来也收入《书写与差异》一书,成为该书最后一篇文章。
③ Jacques Derrida, "La structure, le signe et le jeu dans le discours des sciences humaines", in *L'écriture et la différence*, Paris, Seuil, 1967, p.411.
④ Jacques Derrida, "La structure, le signe et le jeu dans le discours des sciences humaines", in *L'écriture et la différence*, Paris, Seuil, 1967, p.427.

(Jean Rousset)①，德里达把他视作结构主义的典型。其实，当时结构主义作为一种思潮，还只是刚刚兴起，但德里达就已经开始对其开始进行冷静的解剖和无情的批判，指出"结构主义现象值得受到观念历史学家的考察"②。尽管德里达自己也承认，要对结构主义盖棺定论为时过早："正如我们生活在结构主义的繁荣期，要鞭打我们的梦是太早了"③。在《力量与意义》一文中，德里达对结构主义的检讨是在文学批评领域之中进行的，因为文学批评（critique littéraire）被视作一种只需要关注形式的学科。而结构主义正好关心的更多的是形式而不是力量，因此可以说文学批评本质上就是结构主义的。德里达重点考察了鲁瑟在文学批评领域的一部重要著作，标题为《形式与意义：论从高乃依到克洛岱尔的文学结构种种》（*Forme et signification : essai sur les structures littéraires de Corneille à Claudel*），显然，德里达所用的文章名称"力量与意义"本身就已经构成对鲁瑟书名的某种回应与批评。不再是"形式与意义"，而是代之以"力量与意义"。德里达用"力量"来反对鲁瑟的"形式"。德里达写道："也许，明天，会有人把［结构主义］诠释为对于力量的注意力的某种放松，如果不是某种缺失的话，而这种注意力正是力量的强化。当人们不再有力量在力量的内部来理解力量时，形式就开始使人着迷。也就是说创造。因此，文学批评，就其本质而言，在一切时代，命定地就是结构主义的。"④

德里达还指出，结构主义的意识是一种"是一种作为对过去的思想，我想说的是，一般意义上的事实。对于已经完成的、已经建构的、已经建成的事物的一种反思"⑤。这样，结构主义就被视作一种仅仅考虑既成事实的思

---

① 卢瑟（Jean Rousset，1910—2002），瑞士文学批评家，曾长期任教于日内瓦大学。他对于巴洛克时代的法语文学有着深入的研究。他比较注重作品的形式结构，如叙事结构，通过结构来寻找和揭示作品的意义。

② Jacques Derrida, "Force et signification", in *L'écriture et la différence*, Paris, Seuil, 1967, p.11.

③ Jacques Derrida, "Force et signification", in *L'écriture et la différence*, Paris, Seuil, 1967, p.11.

④ Jacques Derrida, "Force et signification", in *L'écriture et la différence*, Paris, Seuil, 1967, p.11.

⑤ Jacques Derrida, "Force et signification", in *L'écriture et la différence*, Paris, Seuil, 1967, p.12.

想。如果推到极致,就意味着某种基于已然存在的因素所进行的建构,一切都简化为某种特定的结构或者某种图式。这将是某种没有历史性的结构,某种无需深度的广度。"借助于某种图式化或者某种空间化,我们就在平面上浏览,以及更自由的,完全没有力量的场域(le champs déserté de ses forces)。"①从而德里达指控结构主义的意识已经是一种"灾难性的意识,既是被摧毁的、又是具有摧毁力的,是解构的(déstructurante)"②。换用柏格森的术语,结构主义就是一种只对空间、"已经形成"的事物、痕迹感兴趣的思想,完全忽视了绵延。因此,结构主义无法把握到那"正在形成"中的事物,无法把握到"所以迹"(ce qui fait la trace),也无法把握到那使得生生不息地运动和变化着的万物得以可能的内在的创造性力量。在笔者看来,德里达对结构主义的批判,首先就立足于绵延与空间、力量与形式之间的对立,然后指出结构主义只关注空间和形式,从而忽视了绵延与力量。因此,结构主义最终被简化为一种"几何主义"。"形式在先主义、目的论、对力量、价值、绵延的简化,这些都是与几何主义合而为一的,正是这些形成了结构。"③

我们再具体看看德里达是如何借助柏格森思想来批判卢瑟的结构主义。德里达指出,卢瑟的结构主义,关心的是作品的形式上的自成一体。卢瑟写道:"我所说的结构,就是这些形式的常量,这些透露出心灵世界的联系。"④这样,卢瑟关心的是作品的内在的形式特征,关心作品的叙事结构,而不去关心作品的来源及其历史,从而他的文学研究就与历史学家式的、传记式的、心理主义的研究区分开来。卢瑟不满意于理查德(J.-P.Richard)⑤的文学批评,因为理查德只是重视诗人的想象世界,而不关心作品的形式和

---

① Jacques Derrida,"Force et signification",in *L'écriture et la différence*,Paris,Seuil,1967, p.13.

② Jacques Derrida,"Force et signification",in *L'écriture et la différence*,Paris,Seuil,1967, p.13.

③ Jacques Derrida,"Force et signification",in *L'écriture et la différence*,Paris,Seuil,1967, p.36.

④ Jean Rousset,*Forme et signification*,*essais sur Ies structures littéraires de Corneille à Claudel*,Paris,José Corti,1953,p.XII.

⑤ 理查德(Jean-Pierre Richard,1922—),法国作家、文学批评家。受巴什拉和布勒(Georges Poulet)影响,更注重对作家的心理方面的研究。

风格。卢瑟想要在他的文学研究之中,能够同时顾及到作者的想象和作品的形式两个方面。对此,德里达指出,卢瑟的做法导致了双重的不平衡。第一,"结构变成了对象本身,变成了文学本身。"①"在这里,结构,建构的图式,形式间的关系,变成了理论的意图,成为批评唯一关心的对象。"②第二,"作为文学的结构是在字面上来理解的。"③也就是说,在德里达看来,卢瑟想要二者兼顾,做到的却是顾此失彼。卢瑟的说的结构指向空间,一种几何的、形式的空间,完全是一种人为的建构。卢瑟在他的分析之中,总是赋予空间图式、数学图式以绝对的优先权,总是从空间出发来理解结构。德里达指出,可以借用莱布尼茨来指责笛卡尔的话来批评卢瑟:想要通过形式和运动来解释自然中的一切,没有认识到力量,并且从数量和运动出发来理解力量④。例如,在对高乃依的作品的分析中,卢瑟认为在高乃依那里始终存在着一种上升(élévation)的运动,一种螺旋式的上升⑤。

德里达指出:"作品的力量,天才的力量,一切能够有所创造者的力量,就在于抵抗一切几何的隐喻,也才是文学批评的本来对象。"⑥也就是说,使得文学作品具有意义的,并不是其结构,而是作品内在的力量。德里达指出,卢瑟本人也注意到,并非所有形式都是美的,而是只有那些有意义的形式才是。例如,把高乃依的戏剧分析为某种上升的运动,这样做,会损失掉什么呢? 德里达写道:"在这种本质主义或者这种目的论结构主义的名义下,人们就把一切嘲弄几何机械图式的东西都简化为非本质的表象:[被简化的]不只是无法被强制为曲线和螺旋的剧作,不只是作为意义本身的力

① Jacques Derrida,"Force et signification", in *L'écriture et la différence*, Paris, Seuil, 1967, p.27.
② Jacques Derrida,"Force et signification", in *L'écriture et la différence*, Paris, Seuil, 1967, p.28.
③ Jacques Derrida,"Force et signification", in *L'écriture et la différence*, Paris, Seuil, 1967, p.28.
④ 参见莱布尼茨:《形而上学谈话》(Discours de métaphysique),第 12 章。
⑤ Jacques Derrida,"Force et signification", in *L'écriture et la différence*, Paris, Seuil, 1967, p.32.
⑥ Jacques Derrida,"Force et signification", in *L'écriture et la différence*, Paris, Seuil, 1967, p.35.

量和品质,而且还有绵延(durée),这种绵延在运动之中是纯粹的质的异质性(pure hétérogénéité qualitative)。"①

也就是说,力量、品质、绵延等,在卢瑟的分析中都被简化和忽视。这样一种批评,显然充满了柏格森哲学的气息。因此德里达在总结中指出,形成结构的同时,也意味着与几何主义、形式在先主义(préformisme)的结盟,以及对力量、绵延的忽视,这些都是紧密联系并且融为一体的。德里达认为,卢瑟在论述高乃依和马里沃(Marivaux)时,有着明显的几何主义。而在论及普鲁斯特和克洛代尔时则是预定形式论。"这样一种把绵延和力量中立化的美学,表达了一种形而上学。"②这种形而上学正是所有结构主义所隐含的。一种结构主义的阅读总是预设了一种"关于书本的神学式的同时性"(simultanéité théologique du livre),也就是说作品的各个部分被预设为可以同时地呈现出来,从而有可能为作品找到一种新的结构或者关系网络来把整个作品贯穿起来,从而对整个作品进行解读,也就是说这要求一种总体性的阅读(lecture totale)。这种同时性已经是对绵延的遗忘。德里达引用柏格森的话来进一步解释:"这样,绵延就采取一种同质的场域的虚假形式,在两个方面,空间和绵延的联系,就是同时性,我们可以定义为时间与空间的交互关系。"③因此,德里达的结论就是,结构主义的方法,表面是为我们揭示了意义,但实际上却使我们错失了意义。德里达写道:"内在地威胁着光明的东西,也在形而上层面威胁着整个结构主义:在人们借以发现意义的行动之中,就已经是对意义的隐藏。理解一种变化的结构,一种力量的形式,也就是在获得其意义的同时,丧失了意义。"④

显然,对于德里达和柏格森而言,通过空间、几何,以及严重依赖空间的

---

① Jacques Derrida,"Force et signification", in *L' écriture et la différence*, Paris, Seuil, 1967, p.36.

② Jacques Derrida,"Force et signification", in *L' écriture et la différence*, Paris, Seuil, 1967, p.40.

③ Henri Bergson, *Essai sur les données immédiates de la conscience*, 1889, PUF, A. Bouaniche (éd), Paris, 2007, p.82.

④ Jacques Derrida,"Force et signification", in *L' écriture et la différence*, Paris, Seuil, 1967, p.44.

结构主义,都无法真正地揭示出变化、力量、运动的意义。在德里达看来,结构主义之于意义,既是一种揭示,又是一种遮蔽。而之所以结构主义最终会错失意义本身,就在于结构主义隐藏着一个形而上学的前提,即关于对象的一种"神学式的同时性"的阅读是可能的,这种阅读导致了对于对象和世界的空间化理解,从而无法把握对象之绵延以及意义本身。"同时性"(simultanéité)的概念,以及"绵延"、"空间"等概念,显然都来自德里达对柏格森哲学的解读。柏格森用这些术语来批判传统的形而上学,而德里达则熟练地运用这些概念作为武器来批判结构主义。

三、绵延与延异之比较

为了进一步揭示出德里达和柏格森之间隐秘的关系,笔者提出一个大胆的设想:对于德里达而言,存在着两种趋于极端又彼此对立的思想:一方面,有着一种"完全没有力量的总体性"、一种无深度的平面,一种纯粹的几何主义,而结构主义正是这一类;另一方面,则是一种无平面的深度,一种非空间的绵延,一些力量,一些幽灵,这些潜在未显的力量使得某种平面成为可能,而正是在此平面上,才有可能建构出各种各样的结构。显然,这是一种柏格森式的区分。和柏格森一样,德里达也不满足于前一种思想,而力图通过幽灵、不在场等概念,来揭示出那使得源头、在场、意义等成为可能的东西。尽管德里达更多地从尼采、海德格尔等人那里汲取思想资源,但如果上述这一区分成立的话,德里达显然是和柏格森处在同一阵营的。尽管德里达很少提到柏格森,但我们仍然可以试图寻找两位哲学在某些理论立场的共识。在德里达眼中,柏格森与胡塞尔、尼采同属于对传统形而上学进行批判的运动之中①。绵延和延异分别是两位哲学家的核心概念,我们不难发现,两个概念之间不乏交汇点和相似性。

---

① 参见《声音与现象》第一章的最后两段,以及德里达所作的注释,德里达指出胡塞尔的现象学运动作为一种运动,要返回到关于意义和价值的主动建构,返回到通过符号产生真理和价值的某种生命(vie)活动。这一运动作为对于传统形而上学和本体论的一种批判,"与尼采的批判或者柏格森的批判,有着确定的、有限的、明显的亲缘关系"(J.Derrida, *Le phénomène et la voix*, Paris, PUF, 1967, p.27)。

在德里达看来,延异(différance)既不是一个词,也不是一个概念。延异所指向的,是"一种抵抗在感性与知性之间的对立的一种秩序"①。延异来自法语动词 différer,这个法语词可以回溯到拉丁词 dijjerre。法语动词 différer 有两重含义:(1)向后推延的行动,涉及一种时间化,一种关于时间和空间的原初建构;(2)不一样,与之不同,有差别的。

值得注意的是,在柏格森的绵延概念中,我们不难找到上述两种含义。首先,绵延是一种不断连续的不间断的过程,是一种延续,而且是一种不可分的连续。从中区分出过去、现在、未来,只是一种外在的、后来的、人为的区分。要使得这种区分得以可能,就必须假设有某种空间,从而使得上述的各种被区分状态得以被投射到空间之中。其次,绵延同时意味着一种延续不断的现在,从过去延伸到现在,不断扩展到未来,但这里所说的过去、现在、未来之间并不能找到一条清晰的分界线,而是三者浑然一体,不断扩大、伸展、膨胀。在场总是一再被推迟,指向后来者,或者说在场不断冲向未来、朝向未来喷涌,如果不是这样,那么在场就被固定化,停止下来成为某种"现成"(déjà fait)。"现成"的东西,不再能够有所为、有所行动、有所创造,因此,在某种意义上来说,就是"死亡",或者说"已死的"、无生命的东西。而那活生生的、则总是在"形成着"(se faisant),从而也是源源不断的生成、创造、行动,使得新的事物不断生成。于是,在这个意义上,我们可以说,绵延总是要求某种新的东西的到来,绵延本身就是一种欲望或者一种冲力(élan),不断地膨胀、不断地扩展、不断地创造,既始终是自身,又始终异于自身,不断丰富自身,给自身作增补、作添加,使之增高、变大,变异、变形,从而处在永远的发展和变化之中。

绵延和空间的辩证关系在于:一方面,人们往往从空间出发来理解时间,从而没法理解真正的作为绵延的时间;另一方面,正是绵延使得空间得以可能,使得关于时间的空间化理解成为可能。在日常生活和科学之中,我们需要某种表象的能力和行动,从而把绵延和变化不息的实在,投影到某种平面之上,只有借助这样一种表象能力,表象(représentation)才得以可能。

---

① Jacques Derrida, *Marges de la philosophie*, Paris, Minuit, 1972, p.5.

因此,和德里达的延异一样,绵延也起着某种非源头的源头的作用,绵延可以被视作德里达所说的"非完满的、非简单的源头,诸多差异的结构化的、差异着的源头"(l'origine non-pleine, non-simple, l'origine structurée et différante des différences)①。值得注意的是,绵延是一个过程,每一瞬间、在每个部分,都不断地发生着差异化过程和差异化事件,一切皆是变化和运动。在绵延之中,总是有着源源不断的创造,创造使得每一瞬间都充满着新颖性和奇迹,充满着不可预见性、不可回溯性、不可还原性。在柏格森眼中,在一个绵延着的宇宙之中,一切皆是新的,一切皆是创造。

至于说到在场与不在场所共同演出的复杂游戏,就必须联系到虚存(virtuel)概念。在法国哲学家之中,柏格森第一个深刻地表述这一概念。在《物质与记忆》(Matière et mémoire)一书中,柏格森就指出,绵延是虚存的。虚存不同于可能(possible),可能性是在某个事件发生之后,通过某种回溯,指出通向这一事件的诸条道路或者诸种方案。而虚存,则是事件未发生之前,以一种潜在的方式酝酿着事件的发生或者到来,从而无法提前规定任何可能的形式。绵延是以某种特殊的、界于在场与不在场之间的方式存在着。德里达发展了这种虚存的概念,并赋予更多的主动能力。正如德里达在《马克思的幽灵》一书中所说的,幽灵是某种不可见的东西、某种虚存的东西。但是,这种虚存的、不可见的东西,却能够看着我们,而不被我们看到。这样,幽灵就是某种超越了"在场与非在场、有效性与无效性、生命和非生命之间的对立"②。思考绵延,也就是让某种东西不断补充、增加、丰富我们的当下,也就是让处于过去的记忆不再是一种死的记忆,而是成为一种活生生的记忆,从而有可能不断地当下化、现实化,从而不断地把某种冲力带到当下之中,使得人得以不断地创造。这样,回忆也就如同德里达所说的幽灵一样,缠绕着现在。因此,对于过去的回忆而言,总是有着某种可能性,使得能够在某种"到—来"(未来)(à-venir)之中重新呈现。

如果说,在绵延与延异之间不乏共同点,当然二者之间也有着极大的差

---

① Jacques Derrida, *Marges de la philosophie*, Paris, Minuit, 1972, p.12.

② Jacques Derrida, *Spectres de Marx*, Paris, Galilée, p.34.

异:首先,在德里达眼中,柏格森的基于绵延的哲学思考,仍然是某种形态的在场形而上学。因为在柏格森那里,关于绵延的最初体验,正是我们对于自身的内心生活的直接体验和认识。在一定意义上,绵延可以被视作关于过去、现在、未来的一种综合,当然,在这种综合之上,并不能对过去状态与现在状态作一个清晰的区分。但是,在德里达那里,延异却并不是在场的,而是始终保持其幽灵性的一面,或者说始终保持某种虚存状态:延异是不可见的、虚存的、不在场的,但正是它使得各种差异和区分得以可能。

其次,德里达的思考主要是在符号领域,如语言、书写;而柏格森对于符号领域虽然也有涉猎,但其哲学所关注的主要的并非这一领域,而是在其不同的著作中,逐步在几个互不相同的领域展开,用柏格森的话来说,他陆续地研究了几个问题。如《论意识的直接材料》,许多讨论是在心理学开展的;《物质与记忆》之中,主要是生理心理学领域,通过这本书,柏格森把绵延的概念扩展到物质领域;在《创造的进化》中,讨论转移到生命科学领域,这样绵延概念也获得某种生机论的含义,在一种宇宙论维度之中,扩展为宇宙创化、大化流行的源初的生命冲力(élan vital)。总的来说,如果说德里达哲学是一种符号哲学,则柏格森哲学是一种自然哲学。在柏格森看来,符号、书写、语言,实际上都已经是一种空间化、平面化的思维的产物。使得符号、语言成为可能的,乃是某种前源初的东西(quelque chose de pré-originaire),即绵延。德里达同样也承认,有着某种使得符号、语言成为可能的前源初,但并没有如同柏格森那样清楚地指明这种前源初之物是什么,而毋宁使之保持在某种语言游戏之中,保持在在场与不在场、感性与理性、过去与未来的复杂的游戏之中。

四、结语

综上所述,德里达在《力量与意义》一文中,借助于柏格森的哲学概念来批判结构主义,指出结构主义关注形式而忽视了力量,从而沦为一种几何主义而忽视了绵延。在德里达看来,力量、绵延、变化等事物的悖论在于,它们只能在某些形式之中显现,如语言、话语、文字等,但这些形式只是一些踪迹(trace)。力量一旦显现为意义,力量本身就不再存在,力量始终在别处。

延异、解构、踪迹、幽灵等概念，都是一些富有创造性的哲学行动，想要去追问那不可把捉、不可固定、无法用语言呈现的东西，去追问那使得结构、语言、形式得以可能，以某种虚存方式存在的某种力量，而这也正是柏格森通过绵延这一概念所试图通达的，当然德里达在这条道路上走得更远。

通过对德里达的延异概念与柏格森的绵延概念进行比较，我们发现德里达和柏格森有着十分接近的理论立场，尽管两人的理论形态有着极大的差异。如果说德里达游走于哲学和文学之间，那么柏格森则一直致力于使得哲学和科学对话，从而试图使得他的哲学能够成为一种基于实证科学之中的"真正的经验主义"或者一种"实证的形而上学"。如果说德里达使得哲学越来越靠近文学，那么柏格森则是使哲学靠近科学但又与之保持距离。实际上，哲学本身正是处于科学和文学之间，一方面哲学和科学一样受到某种理论旨趣的支配，另一方面哲学和文学一样需要借助于语言、文字、符号来进行概念和形象的创造。也许，存在着两种极端的方式来思考哲学，一种是像思考诗歌和文学一样来思考哲学，另一种则是使得哲学无限地靠近科学。在这两种极端方式之间，我们也许可以更好地考察哲学本身之所是。

附录三：寻找真正的时间

——柏格森与海德格尔的时间观①

一、引言

毫无疑问，发表于 1927 年的《存在与时间》是海德格尔最为重要的著作。正如书名所揭示的，"存在"与"时间"是海德格尔要讨论的核心概念，并且这两个概念有着密切的关联。在海德格尔看来，自古希腊以来的哲学史，不仅遗忘了存在意义的问题，而且对于时间问题也总是局限于一种流俗的时间概念。现象学的方法使得海德格尔有可能通过重新发问的方式，通过解构哲学史的存在论和时间理论，在全新的视域之中更深入地理解存在问题和时间问题。在海德格尔看来，"在解答存在的意义问题的地基上，应可以显示：一切存在论问题的中心提法都植根于正确看出了的和正确解说了的时间现象以及它如何植根于这种时间现象"②。这一表述揭示出，存在问题与时间问题是密切相关的，对于时间的"流俗"领会也妨碍了对于存在的阐明。而自古希腊以来，之所以存在问题被遗忘了，正是因为人们总是未能在源头处把握时间。通阅《存在与时间》全书，我们发现海德格尔几乎将哲学史中他之前的哲学家都纳入"流俗"的时间领会之中，古希腊的亚里士多德、德国观念论的集大成者黑格尔、法国的生命哲学家柏格森都被归入到流俗的阵营。

在《存在与时间》一书中，对于柏格森的时间观，海德格尔虽然给出了好几处点评，但并未正面展开论述和批判。然而他对柏格森却是念念不忘，

---

① 本文曾首次发于《学海》2018 年第 5 期，标题为"寻找真正的时间：海德格尔对柏格森的批评"，收入本书时有修改。

② 海德格尔：《存在与时间》，陈嘉映、王庆节译，北京：生活·读书·新知三联书店，1999 年，第 22 页。

显然是将其视为主要的理论对手之一①。从一开始,海德格尔就把柏格森的时间概念断定为"对时间的流俗领会",他写道:"把沉淀在传统时间概念之中的时间解释检阅一番就可以明白看到这种对时间的流俗领会:而自亚里士多德直到柏格森,这种传统时间概念不绝如缕。"②随后不久,他进一步指出"亚里士多德的时间论著流传至今的对时间这一现象的第一部详细解释,它基本上规定了后世所有人对时间的看法——包括柏格森的看法"③。显然,在海德格尔版本的流俗时间概念史之中,亚里士多德开其端,而柏格森则是最后的重要代表。值得注意的是,在这两处引文之中,海德格尔在亚里士多德之后直接续上柏格森的名字,而竟然没有提到诸如圣奥古斯丁、莱布尼茨、康德、黑格尔等对时间问题有着重要论述的哲学家的名字。在第66 节,海德格尔进一步批评柏格森,指出他的时间解释是"一种在存在论上全无规定的和远不充分的时间解释"④。相对于上述几次蜻蜓点水的点评,在第82 节的长注释之中算是多费了点笔墨,海德格尔借着讨论黑格尔之机、顺便敲打了一下柏格森:

> 黑格尔的命题是:空间是时间。虽然柏格森在论理方面和黑格尔颇不相同,但他的结论却和黑格尔的命题是一致的。只不过柏格森倒过来说:时间是空间。就连柏格森对时间的看法显然也是从亚里士多德的时间论文的阐释中生长出来的。柏格森在《论意识的直接材料》中曾剖析时间与绵延的问题,他同时也出版了"亚里士多德论处所观念"(Quid Aristoteles de loco senserit)为题的论文,这不会仅仅是某种外在的、文献上的联系。有鉴于亚里士多德将时间规定为 arithoms kinesis(运动的数),

---

① 《存在与时间》一书中共有 5 处提到柏格森,分别是第 5 节(第 21 页)、第 6 节(第 31 页)、第 10 节(第 55 页)、第 66 节(第 379 页)、第 82 节的长注释(第 488 页)。
② 海德格尔:《存在与时间》,陈嘉映、王庆节译,北京:生活·读书·新知三联书店,1999 年,第 21 页。
③ 海德格尔:《存在与时间》,陈嘉映、王庆节译,北京:生活·读书·新知三联书店,1999 年,第 31 页。
④ 海德格尔:《存在与时间》,陈嘉映、王庆节译,北京:生活·读书·新知三联书店,1999 年,第 379 页。

柏格森在分析时间之前就先对数作了一番分析。作为空间的时间(参见《论意识的直接材料》,第69页)是量的接续。而他就逆着这种作为量的接续积聚的时间概念来描述绵延。这里不是对柏格森的时间概念和当今其他诸时间观念进行批判性剖析的地方。①

以上这段文字说明海德格尔十分熟悉柏格森的作品和思想。他不仅阅读了1888年出版的《论意识的直接材料》,居然还知道1889年出版的拉丁文论文《亚里士多德论处所观念》。这篇论文是柏格森用来申请博士学位的副论文,并未正式出版,主论文即《论意识的直接材料》。有鉴于此,海德格尔可能并未直接读过此文,即便如此,也足以说明他对于柏格森哲学极为关注。1925年夏季学期,海德格尔在马堡大学的讲课稿(后整理为《时间概念史导论》一书)中列有一个课程大纲,其中的"时间概念的历史部分",共分为三节,分别考察的是:(1)柏格森的时间理论;(2)康德和牛顿的时间概念;(3)亚里士多德对时间的第一次概念式揭示②。海德格尔指出柏格森试图超越传统的时间概念、达到更为本源的概念,但并未能真正地有所推进。在根据1927年的讲课稿整理而成的《现象学之基本问题》一书中,海德格尔还谈到了柏格森的另外两部著作,即1907年出版的《创造进化论》和1922年出版的《绵延与同时性》。他认为柏格森对于时间的研究是"最独特不过的"③,并且取得了实质性的成果。他也批评柏格森误解了亚里士多德,而且凭借绵延概念朝向本真时间的努力无法真正成功,但是"柏格森的研究还是有价值的,因为它显示了一种超越传统时间概念的哲学努力"④。总的来说,在海德格尔看来,柏格森已经认识到了亚里士多德以来的传统的

---

① 海德格尔:《存在与时间》,陈嘉映、王庆节译,北京:生活·读书·新知三联书店,1999年,第488页,略有改动。
② 海德格尔:《时间概念史导论》,欧东明译,北京:商务印书馆,2014年,海德格尔:《存在与时间》,陈嘉映、王庆节译,北京:生活·读书·新知三联书店,1999年,第11页。
③ 海德格尔:《现象学之基本问题》,丁耘译,上海:上海译文出版社,2008年,海德格尔:《存在与时间》,陈嘉映、王庆节译,北京:生活·读书·新知三联书店,1999年,第311页。
④ 海德格尔:《现象学之基本问题》,丁耘译,上海:上海译文出版社,2008年,海德格尔:《存在与时间》,陈嘉映、王庆节译,北京:生活·读书·新知三联书店,1999年,第311页。

时间概念的不足，并且试图通过绵延概念来把握源初的、本真的时间，尽管在海德格尔眼中柏格森的努力并未取得最后的成功，但显然柏格森的时间解释深受海德格尔的重视，并且对于海德格尔形成自己的时间概念起到了一定的启发作用。对于这一点，许多哲学家和国内外学者都有所注意。施皮尔伯格在《现象学运动》一书中，认为海德格尔哲学是对胡塞尔和柏格森的某种综合①。法国哲学家勒维纳斯甚至认为，柏格森的时间观对于海德格尔有着关键性的影响②。国内学者中，舒红跃、张黎在《何为时间？从柏格森、胡塞尔到海德格尔》一文中，则认为海德格尔的时间观是对胡塞尔和柏格森的综合。

　　对于海德格尔来说，亚里士多德是最早将流俗的时间解释概念化和系统化，而海德格尔本人对于时间的解释则可以视为一种正本清源的工作，即澄清流俗时间的存在论前提，回溯到本源的时间，论述流俗时间如何从本源时间那里派生出来。而对于柏格森而言，正如海德格尔所注意到的，"柏格森绵延学说恰恰来自与亚里士多德时间概念的直接争辩"③。那么，显然对于两位哲学家而言，如何理解亚里士多德及其时间观，如何通过批判亚里士多德从而建立起自己关于时间的哲学解释，都是极为关键的。本文试图分析柏格森和海德格尔对亚里士多德时间观的诠释，揭示两位哲学家的时间概念，最后试图指出两位哲学家在时间问题上的理论分歧。

二、关于亚里士多德时间观的阐释

　　1888 年，柏格森发表了《论意识的直接材料》④一书，这是他的博士论

① 施皮尔伯格：《现象学运动》，王炳文、张金言译，北京：商务印书馆，1995 年，第 598 页。
② "尽管柏格森的时间观和海德格尔的时间观有着根本的差异，如果没有柏格森对于绵延的优先性的强调，——这种绵延无法被简化为线性的、单质的时间，绵延的优先性某种程度上是本体论的，而不仅仅是心理学的——海德格尔将不可能提出他关于此在的时间性的设想。"(Emmanuel Levinas, Ethique et infini, Paris: Fayard, 1982, p.17) 关于勒维纳斯与柏格森之关系，参见 Jean-Louis Vieillard-Baron,《Levinas et Bergson》, Revue philosophique de la France et de l'étranger 2010/4(Tome 135), 第 455—478 页。
③ 海德格尔：《现象学之基本问题》，丁耘译，上海：上海译文出版社，2008 年，第 311 页。
④ 中译本根据英译本的书名 Time and free will，译作《时间与自由意志》(吴士栋译，北京：商务印书馆，1958 年)。

文。根据那个时期的规则,申请博士学位者,在主论文之外,还需要提交一篇用拉丁文撰写的副论文。柏格森提交的副论文就是我们之前提到的《亚里士多德论处所观念》("Quid Aristoteles de loco senserit")①。这篇论文考察的亚里士多德的《物理学》一书第四章中的前九个小节,处理的是空间、虚空两大主题,并未直接涉及讨论时间的第 10 至 14 小节。但由于空间和时间两个概念之间有着密切的联系,我们有理由认为,《论意识的直接材料》与《亚里士多德论处所观念》两篇论文之间应该有着互补的关系。

让我们先检讨一下柏格森的《亚里士多德论处所观念》一文。柏格森指出,从亚里士多德的文字之中可以得出一种关于处所(lieu)的定义。处所是什么呢? 是包围物体的内限面(la surface intérieur du contenant)②。处所不同于事物的质料,也不同于事物的形式,也不同于德谟克利特等原子论者所说的虚空。在柏格森看来,亚里士多德用处所的概念取代了空间的概念。亚里士多德和现代哲学家一样,认为空间是某种包围者,万物被包含在其中,万物位于空间之中,并且在空间之中展开运动。然而,亚里士多德的空间观念与现代人的空间观念有着巨大的差异。这种差异,柏格森归结为两点:(1)在现代人这里,会将纯粹的空间、广延与事物的物理性质分开,因此空间是一种绝对的、无限的虚空。一方面,在空间之中的事物,都是质料和形式的混合,都是有限的个体;另一方面,我们可以构想一个无限的空间,从而无数个有限的个体就以并置的方式被安放在这个空间之中的不同位置之中。然而,这样一种观点,是亚里士多德所无法赞同的。"空的空间(espace vide),即使存在,也无法生成任何事物。然而,在亚里士多德看来,

---

① 这篇论文于 1949 年被译为法语,以 L'idée de lieu chez Aristote 为题名,出版在《柏格森研究》(Etudes bergsoniennes)第二卷,译者为 Robert Mossé-Bastide,后收入 1972 年出版的《杂著集》(Mélanges),以及 2011 年出版的《哲学著述集》(Ecrits philosophiques)。

② Henri Bergson, L'idée de lieu chez Aristote, in Ecrits philosophiques, Paris: PUF, 2011, p. 95. 参见亚里士多德《物理学》,212a,中译本(张竹明译,北京:商务印书馆,2004 年),第 103 页。柏格森认为亚里士多德在《物理学》第四章讨论空间的部分,所讨论的其实是"处所"(loco, lieu)。张竹明也在一个注释中指出,"亚里士多德自己也把空间和处所混同了"(中译本,第 96 页)。

不能有所生成的也就不具备任何意义的存在。"①（2）在现代人看来，一个物体可能是静止的，也可能是运动的。一个物体是否运动，朝哪个方向运动，与该事物的性质并没有必然关系。运动似乎是添加到物体之上的一个外在的因素。然而，在亚里士多德看来，空间与运动是紧密相关、不可分离的。物体总是朝向特定的方向运动，如火往上升，水朝下流。不同于现代人的无限空间，亚里士多德的宇宙，是由无数元素组成，有着一定的秩序，是一个有限的宇宙。

在柏格森看来，亚里士多德关于时间的观点，与他关于场所、空间的一些观点，基本上是协调一致的。为了更明确地说明这一点，请允许笔者简单介绍一下柏格森在《时间观念史》（*Histoire de l'idée de temps*）②讲座中对亚里士多德的时间观的阐释。在这一系列讲座中，柏格森将亚里士多德的哲学诠释为柏拉图的理念论的继承和发展，亚氏实际上只是将柏拉图那里独立于感性事物之外的理念，移至感性事物之内并称之为形式。在古代哲学之中，特别是在柏拉图、亚里士多德的哲学之中，始终存在着一个重要的对立，即一方面是作为理念、形式的理智之物（intelligible），另一方面则是处在运动、流变之中的个别的感性事物；前者是理性的对象，后者是感性、想象的对象；前者是永恒的，处在时间之外，而后者则是处在不断地流变和生灭之中，处在时间之中。柏拉图通过分有说、模仿说来解决这一难题，而亚里士多德的形式质料说可以被认为是一种更为彻底的解决方案。亚里士多德认为时间是一种"被数的数"，柏格森对此特别指出，要使这一定义成为可能，前提是必须有进行计数活动的人、计数活动的发生以及被计算的形式、质料等。要使计数成为可能，必须将被数的对象视作"单位"，这个单位即"现

---

① Henri Bergson, L'idée de lieu chez Aristote, in *Ecrits philosophiques*, Paris：PUF, 2011, p.119.

② Henri Bergson, *Histoire de l'idée de temps*, cours au collège de France 1902–1903, Paris：PUF, 2016.柏格森并没有长期在大学担任教职，而主要是在法兰西公学（Collège de France）担任教授，为公众讲授哲学。1902—1903 学年，他讲授了《时间观念史》一课，但并没有手稿留下来。柏格森的一名忠实学生、诗人贝基（Charles Péguy）鉴于无法亲临课堂，请了两名速记员来记录柏格森的讲话，速记稿几乎一字不漏地记录了柏格森在课堂上的讲话，形成了这本《时间观念史》一书的主要依据。

在"。那么什么是"现在"？依据什么划分出如此多的作为瞬间的"现在"？亚里士多德并未明言，但柏格森认为可以联系他的空间观念来理解。一切处所，都是理念层面的第一重天的派生的结果。与之类似的，存在着一个包含了所有的时间的宇宙时间（temps universel），即理念层面的时间，而具体时间只是理念时间的派生物①。显然，在柏格森看来，亚里士多德实际上改头换面地重复了柏拉图在《蒂迈欧篇》中所提出的时间观：时间是永恒的派生物②。

柏格森也注意到了亚里士多德提出的关于时间和灵魂的关系问题。"如果心灵不存在，是否还存在时间？"③这似乎是认为时间是一种主观性的，与主体的感受、意识活动相关的东西，如果意识或者心灵不存在，那么时间也将不复存在。柏格森指出，康德正是接受了亚里士多德的这一看法，因此才将时间认为是感性的先天形式。在柏格森看来，对于这个问题，不能用现代人的方式来理解，而应该试图返回到古代人的立场之中。实际上，对于亚里士多德而言，心灵不存在是不可能的，一旦作为理念层面的第一重天被给出，心灵也将必然出现，时间也将必然出现。换言之，一旦理念存在，那么该理念在各个层面、各个级别的派生物也必然逐步地得以生成。

在海德格尔眼中，从亚里士多德到柏格森，都只是追随着传统的流俗的时间解释。由于《存在与时间》一书中海德格尔并未详细地对亚里士多德的时间观进行阐述和解释，我们主要参照《现象学之基本问题》来考察海德格尔对亚里士多德的时间概念的阐释。该书第二部分的第一章"存在论差异的问题"，重点讨论的时间、时间性等问题，并首先对亚里士多德的时间概念作出梳理和诠释。海氏首先梳理了亚氏在《物理学》中第四章中所阐述的时间概念。接下来，海德格尔用了 30 页左右的篇幅展开他的诠释。亚里士多德关于时间有以下的定义："因为时间正是这个，关于前后的运动的

---

① Henri Bergson, *Histoire de l'idée de temps*, cours au collège de France 1902–1903, Paris: PUF, 2016, p.159.

② 柏拉图：《蒂迈欧篇》，第 37c—37e 页。

③ 亚里士多德：《物理学》，第 223a20 页。中译本（张竹明译本）译为"如果意识不存在，时间是否存在呢？"

数。"①然而这个定义有待进一步加以解释和加以澄清。时间如何可能是数？"作为运动的数，时间乃是运动上面的'被数的数'。"②在海德格尔看来，这一定义将我们引向某种境域，他将亚氏的定义翻译为"时间乃是在对前和后（Vor und Nach）考虑中，在先后（Früher und Später）境域中来照面的运动上面之被数的数"。这样一种翻译"透露了亚里士多德式的时间现象（庸常领会的时间）与本源时间（时间性）的内在关联"③，因此海德格尔需要做的就是"从时间性出发，在时间定义中把庸常领会的时间之来源带到光天化日之下"④。接下来，海德格尔问，亚里士多德把时间阐释为被数的数，或者说阐释为数，其深意何在？现在本身，就包含着"不再"和"尚未"，现在本身也是变动者。现在不是界限（peras），而是数（arithmos）⑤，从而也是尺度⑥。运动者被衡量，即运动者存在于时间中。"诸物存在于时间中"，无非意味着，它们基于它们的变动特征被时间衡量，即存在者的时间内性。"存在者之时间内性意味着：被作为数（被数的数）的时间包容"。

　　海氏也注意到了，亚里士多德所提出的，时间的主观性问题。"时间乃是被数的数。如果灵魂不存在，那么也就没有计数活动、没有计数者。"⑦由此引发如下的疑问："通过对于'在时间中存在'的阐释，我们看到，时间作为包容者，作为自然事件存在于其中之所，仿佛比一切客体更为客观。另一方面我们也看到，仅当灵魂存在，时间它才存在。时间既比一切客体更为客观，同时又是主观的。"⑧对于这个难题，海德格尔用他的存在论来回答："此在，就其生存而言，比每一个客体都远更外在，同时又比每一个主体亦即灵魂都更为内在，因为作为超越性的时间就是敞开性。……如果从一种更为

---

① 海德格尔：《现象学之基本问题》，丁耘译，上海：上海译文出版社，2008 年，第 320 页。
② 海德格尔：《现象学之基本问题》，丁耘译，上海：上海译文出版社，2008 年，第 320 页。
③ 海德格尔：《现象学之基本问题》，丁耘译，上海：上海译文出版社，2008 年，第 325 页。
④ 海德格尔：《现象学之基本问题》，丁耘译，上海：上海译文出版社，2008 年，第 326 页。
⑤ 海德格尔：《现象学之基本问题》，丁耘译，上海：上海译文出版社，2008 年，第 339 页。
⑥ 海德格尔：《现象学之基本问题》，丁耘译，上海：上海译文出版社，2008 年，第 342 页。
⑦ 海德格尔：《现象学之基本问题》，丁耘译，上海：上海译文出版社，2008 年，第 347 页。
⑧ 海德格尔：《现象学之基本问题》，丁耘译，上海：上海译文出版社，2008 年，第 347—348 页。

本源的意义加以理解,时间现象是同世界概念,因而也就同此在结构自身联系在一起的。"①

三、绵延与同时性:柏格森的时间观

通过以上的梳理,我们不难发现,柏格森和海德格尔两位哲学家对亚里士多德的时间观的诠释,尽管有着不同的视角和立场,但是都深入地揭示出亚里士多德的时间概念及其不足。在笔者看来,两位哲学家都非常重视亚里士多德时间学说之中的两个重要观点,并且都以自己的方式追问其前提,从而提出自己的哲学主张。(1)时间是"被数的数",那么要进一步追问的是,计数是如何可能的? 在柏格森看来,只有假设对象可以被视作相同而且位置不重叠的元素,并且并列地放置在一种空洞、均匀、单一的空间之中,计数才有可能;对于海德格尔而言,计数之所以可能,是因为运动具有"从某某到某某"的维度,而维度是与位置、前后、左右、其他宇内存在者、其他此在等一同被思考的,从而只有从某种"世界"的境域出发才有可能思考运动、时间、计数。(2)时间的主观性。对于柏格森而言,计数活动以某种空间化的时间为前提,但这样的时间并非真正的时间,但在心灵的意识活动之中,能够感受到真正的时间,即作为绵延的时间。至于海德格尔,他则是明确地从此在出发,发展出一种存在论哲学来思考时间。因此,对于上述两个问题的思考,柏格森和海德格尔都提出了不同于亚里士多德的观点,他们也都提出了自己的时间概念。但是,在笔者看来,两位哲学家对于上述两个问题却有不同的侧重点。如果说柏格森更注重问题(1),即时间作为"被数的数"与数学、运动的关系,柏格森认为传统的时间观总是在某种数学化的空间场域来理解时间,而真正的时间只能是通过某种非数学的、非空间的绵延才能把握;那么海德格尔则侧重于问题(2),即时间的主观性问题,从而他将沿着胡塞尔在《内时间意识现象学》的思路,从此在的存在论分析出发来理解时间。让我们接下来分别考察两位哲学家的时间观。

---

① 海德格尔:《现象学之基本问题》,丁耘译,上海:上海译文出版社,2008 年,第 348 页。

柏格森《论意识的直接材料》（1888年出版）①一书，首次提出了"绵延"（durée）的观念，并且指出真正的时间乃是作为绵延的时间，而人们日常生活中所习以为常的时间只是空间化的时间。尽管这本书充满了心理学科学的素材，让我们误以为柏格森的绵延概念起源于对于内在意识的把握。但是，实际上柏格森的哲学起点，是对于19世纪以来的科学哲学的一种反思，他发现在当时的物理、化学等自然科学中所使用的某些基础概念，例如时间、空间、运动等，包含着一些未经反省的哲学前提。可以作如下一个假设，在一个物理系统之中，所有的物体运动速度都加倍，系统之中物体与物体之间的关系丝毫不发生改变，物理现象和物理规律并不发生改变。好比说，太阳系中的每个星球运动速度都翻倍，太阳系的运行规律仍然一样。由此，柏格森发现，科学时间并不绵延（le temps scientifique ne dure pas）②，科学中的时间只是一种空间化的时间观。然而，在人的内在体验之中的时间是不同于上述这种科学时间的，人的意识体验绵延不断，无法分割，不断向前，不断扩大，各个意识状态互相渗透、融为一体。19世纪心理学往往把这些状态投射到空间之中，使之形成一个个彼此孤立的个别的原子状态，然而这样的心理状态已经是人为建构的结果。

柏格森从关于多样性（multiplicité）的探讨出发来提出绵延概念，区分了物质对象的多样性和意识状态的多样性③。前者是空间中的多个对象的并置，其数目是可计算的。实际上，计算已经隐含着一个前提，即存在着一种均匀、单质的空间，从而陈列多个位置各异的对象。两个不同的对象，不能占据空间的同一个点，而是互不渗透的。与之相反，意识状态呈现出另一种多样性，与物质对象截然不同。意识状态总是彼此相续、互相渗透、彼此交融，每个当下的状态，既饱含着过去，亦包含着未来。各个意识状态汇集在一起，形成一种有机整体，也就是某种绵延。与绵延相对的，则是一种均

---

① 中译本书名据英译书名 Time and Free Will，译作《时间与自由意志》。参见柏格森：《时间与自由意志》，吴士栋译，北京：商务印书馆，1958年。

② Henri Bergson，《Lettre à W.James, 9 mai 1908》, in Henri Bergson, *Ecrits philosophiques*, Paris：PUF, 2011, p.745.

③ Henri Bergson, *Essai sur les données immédiates de la conscience*, Paris：PUF, 2007, p.65.

匀的、单质的空间。伽利略、笛卡尔、霍布斯等现代哲学家，正是基于这样一种空间观念，发展出他们的哲学体系。在这样一种现代哲学的构想之中，一方面，物质宇宙中的一切，都可以视为在无限的时间进程和无限的空间之中，无数个物质元素通过可计算、可测量的方式聚焦起来，从而形成宇宙中的万物以及万物的运动；另一方面，存在着一种纯粹的能动的思维，作为主体对宇宙中的运动和变化进行认识，从而形成各种各样的观念。只有事物的形状、长、宽、高等广延才属于事物的性质，而颜色、气味等变成了第二性质、偶性。甚至在某些哲学家（如贝克莱）看来，甚至广延也不能离开主体的认知活动而独立存在。物质简化为广延，这将是一个黑白的世界、一个扁平化的世界，一切感性性质都变得不再重要，世界变成了一个巨大的机器。人的生命、精神本身，也受到了机械论的威胁，被简化为机器，这正是马克斯·韦伯所说的"去魅"。在笔者看来，柏格森之所以提出绵延概念，是因为他试图批判和超越在现代哲学之中变成均匀、单质、几何化、数字化的时间和空间概念，重新使得这个被去魅的世界重新魅力化，使世界重新变回为多姿多彩、充满活力的世界。

通过绵延概念所获得的，不仅有着对于意识、生命的重新理解，也有着对于时间的重新理解。在柏格森看来，近现代的哲学中，无论是牛顿的绝对时间，还是康德那里作为先天感性形式的时间，都只是一种空间化的时间，而非真正的时间。空间化的时间观的关键在于把时间设想为某种"空虚而均匀单一的场所"（un milieu vide homogène）①。与空间概念相反，在绵延中，所有的状态都互相渗透、互相交融从而最终形成一个整体，从而不可能从中抽离出任何一个部分作为一个独立的原子状态。仅仅是通过人的理智的努力，才有可能从人的意识之中分离出过去、现在、未来，才有可能从中分析出一个又一个互相孤立、彼此分离的意识状态。因此，纯粹的绵延，是一种互相渗透的质的多样性（une multiplicité qualitative et pénétrante）、一种无外在性的延续（une succession sans extériorité réciproque）、一种有机的进展（un développement organique）、一种纯粹的异质性（une hétérogénéité pure）。

---

① Henri Bergson, *Essai sur les données immédiates de la conscience*, Paris: PUF, 2007, p.70.

它不断延续、又不断差异，每一瞬间都有异于此前的瞬间，却又不失其保持其自身。只有在纯粹的绵延中，才能把握真正的时间。举个例子来说："当我们闭上双眼，静静聆听一首乐曲，心中只想着乐曲，这样就非常接近这种作为我们的内在生活之流逝的时间本身；但是，一个乐曲仍然有太多的质的规定性，必须消除各个音符之间的差异，然后取消各个声音之间的差别使之融合为一，只记住之前的音乐与之后的音乐之间的相续，以及从来不曾中断的过渡，这种过渡乃是一种无区分的众多性，无分离的连续，从而最终找到根源的时间。这样才是直接地被感知到的绵延，没有这种绵延我们就不会具有关于时间的任何观念。"①

这样，我们就有了两种理解时间的方式，一种是人们习以为常的空间化的理解方式，即将时间理解为年月日、小时、分、秒等这样的刻度化的、线性的时间，另一种则是所谓的真正的时间，作为绵延的时间。只有在绵延的思之中，我们才有可能真正地把握到人的生命与精神。柏格森不满笛卡尔等人的现代时间观，也不愿意简单地回复到亚里士多德等古代哲学家的时间观，因此他试图独辟蹊径，试图通过建立绵延概念，来达到对于真正的时间的理解，并进而理解生命与自由。

如果说真正的时间乃是绵延，那么科学时间或者空间化的时间是如何可能的？是否如同古代哲学那样，将绵延视为原本或者理型，而将空间化的时间视为复本或者模仿？或者类似康德那样，将绵延视作某种主体的先验行为或者某种先验意识，从而有可能从绵延出发建构出一种空间？显然，柏格森并没有采纳这两种方案。柏格森对此问题的解决方式其实很干脆，他认为科学时间并非真正意义上的时间，而只是标示出一种同时性（simultanéité）。也就是说，科学时间所标示的，只是两个现象的同时发生。假设，某人被关闭在一个封闭的黑屋里，静静坐着，没有手表，没有手机，没有钟，看不到外面风景，听不到外面的声音，绝对的寂静，与外界也没有任何的信息的交流，唯一可做的，就是静坐，让自己的脑子胡思乱想，或者什么都不想，试问在这种情况下，此人是否还能够获得关于秒、分、小时、日、月的明确的时间观或者

---

① Henri Bergson, *Durée et simultanéité*, in *Mélanges*, Paris, PUF: 1972, p.98.

时间意识？即使此人原本在日常世界中能够清楚地感知和计算秒、分、小时等时间意识，但是在长期被封闭在黑屋中的情况下，这种秒、分、小时的时间意识将会慢慢变得淡薄，甚至消失。当然，在黑屋中可以获得关于内心生活的变化的一种感知，但这种感知只能建立起一种关于绵延、关于相续的感知，而无法形成一种空间化的时间。然而，也许有人会反驳，说这样的一种黑屋只是一种假设，现实中的人总是生活在无数个存在者共同构成的世界之中。人是一个生命体，而对于一个生命体而言，必然是生活在一定的环境（周围世界）（Umwelt）之中。生命体的生命活动，处在与外界的交互过程之中，从而生命体的活动，与外界的运动，有着某种同时发生的关系。每个生命体所处的环境，就构成这个生命体的生命活动所得以展开和发生的背景和参照系，任何一个活动的出现，都对应于外界的某种变化；而外界的某种变化（日与夜的交替、季节的变化、天气的变化、地形的变化），也促成生命体的某种改变（日出而作、日落而息、夏饮水而冬饮汤等）。因此生命体的活动与环境及宇宙之间，总是有着某种同时性。每一个环境，又是整个宇宙中的一部分，而宇宙本身，或者说地球上的生命体所处的宇宙本身，又是以太阳、月亮、星辰、地球等天体的运行为前提的，而这些天体的运行有其特定的规律。而这种特定的规律，最终就成为生命体展开其生命活动的前提。对于人类而言，这种宇宙规律，就构成了唯一的宇宙时间，而这个宇宙时间，也就成为各个民族的不同时间制度（历法）的前提。但尽管如此，宇宙时间最终所表示的，也并非时间本身，而是人类活动与日、月等天体活动的同时性。

我们假设，这个黑屋有一个天窗，打开天窗之后，我们可以透过屋顶的玻璃，看到天空。然而天空一片漆黑，没有星星，没有月亮。这时，尽管我们能看到一片天空，但由于天空中没有星象的变化，没有云彩的变化，没有阳光的变化，因此仍然如同待在黑屋中。这时候，突然天际出现了道流星，快速地划过天际。于是您的内心中激发出一种赞赏，一种惊叹，这种情感的绵延是与流星的绵延同时出现的。但是，我们仍然可以发现，这样的一种同时性，仍然被局限在一种主观性之中，我们无法将这两种绵延加以定位。我们无法准确地描述流星发生的时间（因为我们在黑屋中，仅凭我们自身的意识无法给时间的定位），无法准确地描述出流星在天空中出现的位置（因为天空中没有其他天体,没有北极星、月亮作参照来做空间定位)。由此可知,我们要得到一种具有普遍性、客观性的宇宙时间,还需要一个外在于我们的绵延,作为流星的参照物,这个参照物具有宏大性、普遍性,从而只能是日、月、星等天体的运行。因此,人类通过北极星等恒星,为天空中的其他星体作定位;通过山脉、河流、都市、道路,结合东、南、西、北等方位,为大地上的事物作定位;通过日、月的天体运动规律,来计算出一个普遍的时间(即历法),从而为人的内心生活中的事件以及人的作为、自然现象作定位。因此,同时性,乃是外在于我们内心绵延的两个外在事物或者两个外在的瞬间现象、瞬间运动的同时发生,这种同时发生伴随着我的心灵对于这两个现象的某种注视或者某种把握,这种把握既是一个整体性的、独一无二的行动,又是可以从中区分出三者的。例如,当我们静静坐在河边,看水静静流过,看小船慢慢行驶,看鸟儿飞过,在我们的内心深处,水流、小船、鸟飞三者其实是三件不同的事情但又是同时呈现而可以视为一件事情,即在一个画面中同时出现的三件事。

四、此在与时间:海德格尔的时间观

与柏格森类似,海德格尔也区分了两种时间,即本真的时间与流俗的时间。他试图从亚里士多德等人的流俗的时间解释出发,返回到本源时间。在海德格尔看来,流俗的时间只能是从本源的时间中派生出来的。什么是本源时间? 是"这个在预期、持留与当前化的统一性之中呈现出来的东西"[1],"作为将来、曾在与当前的本源统一,时间性在其自身之中便是绽出的—境域的"[2]。海德格尔将本源的时间称为时间性,通过预期、持留、当前化,此在向着另一个存在者出离,从而凭借"现在"、"然后"、"当时"来表述了自己。所以将来、曾在与当前被称为时间性之三重绽出,但三者又是本源是互相统属、融为一体的。所谓境域,"乃是绽出本身向之外于自己的敞开幅员"[3]。在海

---

① 海德格尔:《存在与时间》,陈嘉映、王庆节译,北京:生活·读书·新知三联书店,1999 年,第 356 页。

[1] 海德格尔:《存在与时间》,陈嘉映、王庆节译,北京:生活·读书·新知三联书店,1999 年,第 356 页。

[2] 海德格尔:《存在与时间》,陈嘉映、王庆节译,北京:生活·读书·新知三联书店,1999 年,第 366 页。

[3] 海德格尔:《存在与时间》,陈嘉映、王庆节译,北京:生活·读书·新知三联书店,1999 年,第 366 页。

德格尔看来,流俗的时间领会,总是习惯于把时间理解为现在序列。与之相反,本源的时间性却应该从未来开始。在《存在与时间》一书中海德格尔从关于此在的生存论分析出发,对本源的时间性进行了阐释。从该书第 65 节开始,海德格尔就从存在论出发来对时间加以阐明,即从此在出发来理解时间。在海德格尔看来,要把握本真的时间,首先要把握本真的存在。本真的存在,就在于"朝向最本己的别具一格的能在的存在"、在于"此在根本就能够在其最本己的可能性中来到自身"、在于"保持住别具一格的可能性而在这种可能性中让自身来到自身,这就是将来的源始现象"①。"绽出视野的时间性,首先从将来到时。打麻将流俗时间领会则在现在中看到基本的时间现象……"②这里的"将来",是从存在论意义上来说的,指的是"此在借以在最本己的能在中来到自身的来"③。而对于人而言,最重要的、最本己的将来是什么? 就是人终有一死这种此在的"最本己的、不可逾越的、无法逃避"的可能性。不同于儒家所强调的"未知生,焉知死",海德格尔强调"未知死,焉知生",只有先行到死亡之中去,才有可能真正地把握到人的生命和人的存在,即所谓"向死而生"、"向死而在"。在海德格尔看来,只有通过对于死亡的"畏",才有可能使得此在摆脱受制于"常人"(das Man)的沉沦状态,本真地"在"起来。这样一种本真的生存,就是使自身始终保持为一种有待发展、有待成形的可能性,而不是陷入任何一种现成的、既定的状态之中。正如海德格尔所言,"在向死存在中,这种可能性就必须不被减弱地作为可能性得到领会,作为可能性成形,并坚持把它作为可能性来对待"④。因为此在的生存总是源自这样一个遥不可及却又随时可能到来的死亡,因此现在和过去都源自将来。因此海德格尔深刻地指出,当人们将时

① 海德格尔:《存在与时间》,陈嘉映、王庆节译,北京:生活·读书·新知三联书店,1999 年,第 370 页。

② 海德格尔:《存在与时间》,陈嘉映、王庆节译,北京:生活·读书·新知三联书店,1999 年,第 481 页。

③ 海德格尔:《存在与时间》,陈嘉映、王庆节译,北京:生活·读书·新知三联书店,1999 年,第 371 页。

④ 海德格尔:《存在与时间》,陈嘉映、王庆节译,北京:生活·读书·新知三联书店,1999 年,第 300 页。

间理解为"不可逆的前后相续",这种"不可逆"的特征本身,正好说明了:"逆转之所以不可能的根据在于:公共时间出自时间性,时间性的到时首要地是将来的,是以绽出方式向其终结'行进'的,也就是说,时间性的到时已经'是'向着终结的'存在'。"①

五、两种时间观之比较

当 1900 年胡塞尔发表《逻辑研究》时,柏格森在法国已经是颇有名气的哲学家。正如舒红跃所指出的:"虽然胡塞尔和柏格森从来没有会过面,但当柏格森的直觉主义哲学传到哥丁根小组时,胡塞尔惊呼我们是真正的柏格森主义者。"②还值得一提的是,波兰现象学家英伽登(Roman Ingardin)正是在胡塞尔的指导下,完成其博士论文《柏格森论直观和理智》("Intuition und Intellekt bei Henri Bergson")。柏格森哲学与现象学之间确实不缺乏交集,也可能正因为这一点,法国的第一代哲学家中萨特、梅洛-庞蒂、勒维纳斯都受到了柏格森哲学和胡塞尔、海德格尔的现象学的双重影响。

回到柏格森与海德格尔两人的时间观。我们不难发现两位哲学家之间的共同点。这些共同点至少体现在以下几个方面:(1)和柏格森一样,海德格尔也区分了两种时间,即真正的时间和被派生的时间。对于两位哲学家而言,人们日常生活中所习以为常的钟表的时间,都是通过某种方式从真正的时间派生出来的,尽管两位哲学家对于何谓真正的时间有着不同的看法。(2)两位哲学家都或多或少地诉诸主体性一侧来寻找真正的时间。在柏格森那里,我们可以在人的原初的意识状态之中发现绵延;而对于海德格尔而言,通过从此在出发的存在论分析才有可能进入真正的时间。(3)两位哲学家的时间观,都可以视作对笛卡尔以来的现代哲学中的时间观念的一种反动。在柏格森看来,以笛卡尔等人为代表的现代哲学,实际上是以某种可以几何化、数学化的空间观念为前提的;而在海德格尔眼中,笛卡尔的哲学包含着未经澄清的存在论前提,即将某种特殊类型的存在者视作一般意义上的存在。

---

① 海德格尔:《存在与时间》,陈嘉映、王庆节译,北京:生活·读书·新知三联书店,1999 年,第 480 页。

② 舒红跃:《何为时间? 从柏格森、胡塞尔到海德格尔》,《江汉论坛》2014 年第 6 期。

尽管我们可以在两位哲学家之中找到一些共同点,但显然两人的哲学之间更多的是差异性,因为两人的哲学所指向的是两条完全不同的思路。海德格尔的哲学是一种存在哲学,无论是早期从"此在"出发来论述存在,还是晚期从语言、诗歌等出发来论述存在,因此他的现象学最终的目的,就是让存在本身显现出来。正如高宣扬教授所说的:"海德格尔自己对存在的思的过程,同存在自身以现象学方式而自我言说和自我显现的过程,不仅不是相互分离的,而且甚至是一致的和同一的。"①与之不同,柏格森的哲学既可以说是一种自然哲学,也可以说是一种精神哲学,试图在一种宇宙论图景之下,解释在自然的生生不息的创造过程之中,何以为形成各种层次、各种类型的存在者,包括无机物、动植物、具有意识和理性的生物(人)。因此在柏格森哲学中我们可以看到斯宾诺莎哲学中的"能生的自然"(natura naturans)、"被生的自然"(natura naturata)等概念的影子,在《创造的进化》一书中,正是通过"生命冲力"(élan vital)的伟大力量,才创造出多彩多姿、无限丰富的自然界。但柏格森的自然或者宇宙,不再是斯宾诺莎式的绝对服从必然性的宇宙,而是一个处在不断生成、不断创造的宇宙,因为每一种生命都如同绵延一样,处在不断的延续、变化、生成、创造、扩展之中,处在不断的运动和变化之中,从而不断创造出人们无法预见的新形式。对于个人而言,因为每个人就其生命本身、就其意识而言,都如同绵延一样,处在不断的变动和创造之中,因此生命本身就已经是自由,人是作为自由的存在去创造各种可能性,而不是在已经存在的若干可能性之中进行选择。柏格森的哲学就这一点而言,已经预示了萨特的自由观。但是,柏格森关于人的生命、人的意识等的观点,始终是就一般意义上的人而言,而并不考虑作为个别的人,也几乎不考虑人的生命中的阴暗面,如绝望、害怕、畏惧等。而对于"这个个人"的重视,却正是克尔凯郭尔、海德格尔、萨特等存在主义哲学家所共同关心的主题。如果说柏格森的"绵延之思"是对笛卡尔等人为代表的"科学之思"的一种批判和超越,这种批判和叔本华、尼采、狄尔泰等人的"生命之思"有着相似的追求;而海德格尔、萨特等人的存在主义哲学,从

---

① 高宣扬:《存在主义》,上海:上海交通大学出版社,2016年,第184页。

"这个个人"出发，即每一个个体就其自身而言所不可逃避、无法被取代的生命经验，从这种生命经验出发，构成了对于"生命之思"的一种批判和超越。因此，笔者认为，柏格森的哲学，和斯宾诺莎、尼采等人一样，是从一种宇宙整体的延续性、整体性出发，在一个宏大的视角之中，来设想个别性的生命、自由的生成，可以称为宇宙论的视角。在这个视角下，个体化的人格、事物、行动，都不过是整个宇宙生生不息的生成过程之中的一个事件；而海德格尔的哲学（至少就以《存在和时间》为代表的早期海德格尔思想而言），和萨特、克尔凯郭尔等人的哲学一样，其出发点就在于人与世界的分裂和对立，从而个体被视为如同一个沙粒被抛入世界之中，此在感觉自己是"无家可归的"（Umheimlich），世界对于个别的、独特的我而言就呈现"荒谬的"（加缪）、"恶心的"（萨特），因此海德格尔的哲学所需要努力达到的目标之一，就在于修复和突破这种分裂和对立。"延续性"（continuité）和"分裂"（rupture）①这两个词，不仅标示出柏格森和海德格尔二人不同的哲学出发点，亦可标示出柏格森哲学与二战后的法国存在主义和结构主义的差异。

因此，笔者认为，柏格森哲学及其时间概念对于海德格尔的最大启发，也许并不在于关于时间概念的具体结论，而在于把哲学问题下沉到世界之中、下沉到生命本身、下沉到生命本身的认识和实践活动之中，从而不再是从概念出发而是从现象本身出发来进行哲学思考。当然，对于"时间是什么？"这样一个哲学问题，是不可能一劳永逸地轻易解决的。也许我们需要沿着柏格森和海德格尔已经走过的路继续前进，去探寻真正的时间。

---

① 巴什拉、福柯、阿尔都塞等人特别强调"认识论断裂"（rupture épistémologique）的概念。

后　记

　　本书包括三个部分:第一部分是关于柏格森生命哲学的研究。这一部分,从生命哲学的角度,将本人在 2014 年出版的《身心与绵延——柏格森哲学中的身心关系》(北京:人民出版社,2014 年)一书中的第二至五章中的相关章节进行了修订和重组,并作了适当的补充。这几章主要讨论柏格森的《物质与记忆》与《创造的进化》,正是通过这两部著作,柏格森的生命哲学的主要观点得以体现,而这几章对于这两部著作进行了较为系统的解读。第二部分,主要是对于康吉莱姆哲学的初步研究,康吉莱姆对于生命科学与生命哲学都有着非常系统、全面和深入的认识。第三部分是附录,收录了本人发表过的与柏格森哲学相关的三篇论文。

　　感谢我的恩师高宣扬教授,将本书收录到他所主编的"生命哲学丛书"。高老师拥有渊博的学识、深刻的思想、高尚的人品,永远是我景仰的楷模。

　　感谢我的父亲邓名祥先生、母亲黄冬梅女士,完全有赖于他们的养育之恩,我所取得的每一个小小成就,都要归功于他们。感谢我的大姐邓彩虹、二姐邓海燕,厚重的亲情,是支持我在布满荆棘的哲思道路上继续前行的重要力量。

　　感谢我的爱妻刘云,不断给予我温暖的关怀和稳定的支持。感谢我的儿子和女儿,两位宝贝不断带给我生命的惊喜。

　　感谢我的同学、同事、同行、朋友,在我的哲学思考之路上,不断带给我启迪、帮助和友谊。

　　感谢人民出版社的洪琼先生耐心且细心的工作,使本书的编辑出版工作得以顺利进行。

邓　刚

2023 年 6 月 15 日于上海